BASTEI
LÜBBE

Über den Autor:

Jörg Eikmann, geboren 1946, ist ausgebildeter Psychologe, Eheberater und Psychotherapeut. Er arbeitet seit mehr als 25 Jahren in der Ehe- und Familienberatung, veranstaltet Seminare und Vorträge und hat neben seinen Artikeln für diverse Magazine bereits zahlreiche Bücher veröffentlicht.
Der Autor lebt mit seiner Frau in der Nähe von Braunschweig.

Jörg Eikmann

Endlich kann ich dich verstehen

Besser streiten, reden, lachen

BASTEI LÜBBE

BASTEI LÜBBE TASCHENBUCH
Band 60 554

1.+2. Auflage: August 2005

Vollständige Taschenbuchausgabe
der unter dem Titel ENDLICH KANN ICH DICH VERSTEHEN
bei Ehrenwirth erschienenen Hardcoverausgabe

Bastei Lübbe Taschenbücher und Ehrenwirth
in der Verlagsgruppe Lübbe

Redaktion: Claudia Schlottmann
Lektorat: Regina Maria Hartig
Umschlaggestaltung: © Gisela Kullowatz
unter Verwendung eines Entwurfs von Christina Krutz
und Harald Braun
Titelillustration: Harald Braun, Berlin
Satz: Bosbach Kommunikation & Design GmbH, Köln
Druck und Verarbeitung: Ebner & Spiegel, Ulm
Printed in Germany
ISBN 3-404-60554-3

Sie finden uns im Internet unter
www.luebbe.de

Der Preis dieses Bandes versteht sich einschließlich
der gesetzlichen Mehrwertsteuer.

Inhalt

Vorwort

Worüber beschweren sich die meisten Frauen in der Sprechstunde der Eheberatung? Wahrscheinlich kennen Sie die Antwort: »Mein Mann hört mir nicht richtig zu.« Manche sagen auch unverblümt, bei ihm gehe alles zum einen Ohr rein und zum anderen wieder raus, und das liege daran, dass nichts dazwischen sei, was das Gehörte aufhalten könne.

Und was bringen die Männer vor? Leiden sie vielleicht darunter, dass ihre Frauen zu viel reden? Mitnichten. Sie ärgern sich, weil ihre Frauen sie immer verändern wollen.

Auch Martin, 36 Jahre alt und seit neun Jahren mit Danni verheiratet, erlebt das so: »Offensichtlich bin ich ein Mängelexemplar, denn meine Frau will mich dauernd ummodeln. Manchmal glaube ich, sie würde mich am liebsten dressieren. Ich verstehe nicht, warum sie trotz meiner vielen Macken mit mir zusammen sein will.«

»Weil ich dich liebe, verdammt noch mal! Ist das so schwer zu verstehen?« Danni schaut ihren Mann mit funkelnden Augen an. »Und wenn du mich auch lieben würdest, dann würdest du dir mir zuliebe etwas mehr Mühe geben und mir mehr Anerkennung schenken. Das kann doch nicht so schwer sein.«

»Natürlich liebe ich dich, und natürlich erkenne ich dich an. Aber du willst das ja nicht merken.« Martins Stimme ist schneidender geworden.

Sofort folgt die Retourkutsche: »Du würdigst es nicht, dass ich neben Haushalt und Kindern auch noch die Büroarbeit für dich erledige. Liebe Worte von dir sind Mangelware. Außerdem fährst du mir in Gesprächen über den Mund. Ich fühle mich von dir nicht ernst genommen.«

Martin widerspricht: »Das stimmt so nicht. Das siehst du völlig falsch. Ich nehme dich ernst.«

»Das sagst du immer, aber du tust es nicht, das spüre ich. Als ich letztes Jahr meinen Job verloren hatte, steckte ich in einem richtigen Tief. Ich war zwar noch auf der Welt, hatte aber das Gefühl, jeden Moment von der Kugel runterzufallen. Dir war das total egal!«

Martin rutscht unruhig in seinem Sessel hin und her, und seine Stimme klingt beschwörend: »Das bildest du dir doch nur ein, das sind alles Hirngespinste. Ich bin abends früher nach Hause gekommen, und ich bin öfter mit dir weggegangen. Ich habe dich auch gefragt, ob du darüber reden möchtest. Was willst du denn noch?«

Seufzend ergänzt Danni: »So ist das immer mit unseren Gesprächen. Wir verstehen uns nicht, kriegen alles in den falschen Hals. Ich möchte Harmonie herstellen, aber dazu muss ich das Gefühl haben, verstanden zu werden. Bei uns gibt ein Wort das andere – und dann fahren wir uns fest.«

Auch da ist Martin anderer Meinung: »Das sind doch alles Kleinigkeiten, da macht man doch nicht gleich solch ein Palaver.«

»Kleinigkeiten nennst du das? Du nimmst mich ja schon wieder nicht ernst. Für mich sind das wichtige Dinge. Bei uns haben sich viele Kleinigkeiten angesammelt, deshalb schaukeln wir uns gegenseitig so schnell auf.«

Martin schüttelt den Kopf. »Weißt du, man kann auch Sachen zerreden. Du redest manches regelrecht kaputt.«

»Und du möchtest dich am liebsten nur durchmogeln. Wir können eben nicht vernünftig reden. Wir sind wie zwei Boxer im Ring, die gegeneinander kämpfen. Und dabei waren wir mal so richtig ineinander verliebt.«

Es macht traurig, wenn man sich viel zu sagen hat und doch nicht miteinander reden kann. Über 50 Prozent der Paare, die in die Sprechstunden der Ehe- und Partnerberatung kommen, klagen über solche Kommunikationsprobleme: Sie tun einander mit Worten weh oder gehen Gesprächen vorsichtshalber aus dem Weg, obwohl sie liebevolle Gefühle füreinander empfinden. Sie schaffen es nicht, Verständnis auszudrücken und auf die kleinen und dennoch so verletzenden Spitzen zu verzichten. Darum bringt es auch meistens wenig, wenn das Paar über seine Schwierigkeiten spricht. Die althergebrachte Kommunikation kann die Spannungen sogar noch verschärfen, weil hier der Teufel mit dem Beelzebub ausgetrieben werden soll: Wenn Paare immer wieder im selben Stil miteinander reden, erzielen sie auch immer dasselbe Ergebnis: Spannungen und Verletzungen.

Als Psychologe und Psychotherapeut habe ich mich auf die Therapie von Paaren spezialisiert, und bei dieser Arbeit erlebe ich wohltuend, wie sehr Menschen sich nach einer glücklichen, erfüllenden Beziehung sehnen und dass sie bereit sind, dafür auch etwas zu tun. Aber die gute Absicht allein reicht nicht. Man muss auch wissen, wie man es macht.

In diesem Buch lernen Sie Regeln für eine erfolgreiche Kommunikation kennen und erfahren, wie Sie mittels einfacher und erprobter Hilfen besser miteinander reden und Ihre Beziehung anregender gestalten können.

Wenn Sie wollen!

Ich versichere Ihnen: Es lohnt sich. Sie können einander verstehen!

Verstehen in diesem Sinne ist mehr als das Befolgen von Ratschlägen, das Ausprobieren von Rezepten. Es ist eine innere Einstellung, eine Erweiterung des Blickwinkels, ja, eine Erweiterung des Herzens.

Das gute Gespräch löst zwar nicht alle Probleme – doch wenn Sie nicht miteinander reden, werden Sie keine befriedigenden Lösungen für Ihre Probleme finden.

Also reden Sie – aber richtig!

Heiße Eisen und Milchkännchen

Wie Spannungen entstehen

»Man darf sarkastisch feststellen, dass der Mensch inzwischen die Distanz zum Mond überwunden hat, er aber immer noch daran scheitert, zu seinen Mitmenschen zu gelangen.«

Josef Rattner

»Bin ich zu dick – oder ist meine Hose zu eng?« Kritisch schaut sie in den Spiegel und zieht den Bauch krampfhaft noch ein wenig ein.

Er sieht sie freundlich an und ahnt, welche Antwort sie erhofft. Wie kann er es am geschicktesten ausdrücken?

»Es wird wohl etwas von beidem sein«, erwidert der Mann schließlich salomonisch und ist ziemlich stolz auf seinen diplomatischen Einfall.

Die Frau schaut ihn von der Seite an.

»Na, da hast du dich mal wieder um eine klare Antwort gedrückt. Aber das kenne ich ja von dir!« Ihre Stimme klingt ein wenig spitz und lässt ihre Enttäuschung ahnen. Und damit rauscht sie aus dem Zimmer.

Verblüfft bleibt der Mann zurück, schüttelt den Kopf und denkt: Wie man es auch macht – irgendetwas ist immer verkehrt! Und das nährt den schlimmen Verdacht in ihm, Männer und Frauen könnten einander einfach nicht verstehen. Man meint es gut, versucht, alles richtig zu machen, und bekommt dennoch kein nettes Wort und keine Anerkennung.

Manchmal fängt es harmlos an, doch dann hört man den vorwurfsvollen Angriff, die infame Unterstellung, das blanke Unverständnis, und schon ist man enttäuscht und wütend.

Ein Beispiel:

Seine Schuhe hallen auf den hellen Fliesen wider. Sie kommt gerade aus dem Badezimmer, zieht die Stirn kraus und kneift die schmalen Lippen zusammen.

Er sieht sie fragend an.

»Ist was?« Der leicht genervte Unterton in seiner Stimme ist nicht zu überhören.

»Ob was ist?« Ihre blauen Augen wandern nach oben, als suche sie eine himmlische Eingebung. »Du fragst noch, ob was ist? Das darf ja wohl nicht wahr sein. Wie oft habe ich dir schon gesagt, nein, wie oft habe ich dich schon freundlichst gebeten, deine Dreckschuhe auszuziehen, wenn du aus dem Garten kommst. Und was machst du? Du latschst hier wie selbstverständlich über den Flur, den ich gerade gewischt habe. Also ehrlich, du tust wirklich alles, um mir immer wieder zu beweisen, dass ich nichts weiter bin als deine dämliche Putze.«

Er bleibt stehen. Wird er sich jetzt liebevoll entschuldigen, weil er einen Fehler gemacht hat? Bekommt er ein schlechtes Gewissen?

Mitnichten. Kurz angebunden kontert er: »Jetzt komm mal wieder auf den Teppich! Was ist denn schon passiert? Das bisschen Schmutz ist doch kein Drama. Warum machst du immer so ein Theater um Bagatellen? Ich wische den Dreck weg, und dann ist alles wieder in Butter.«

Wird so das Problem aus der Welt geschafft?

Absolut nicht! Denn nun ist sie wieder dran: »Ach, plötzlich kannst du das! Interessant! Sonst machst du doch im Haushalt keinen Finger krumm und spielst lieber den Pascha.«

»Ich und Pascha? Den ganzen Tag rackere ich mich für euch ab! Du spinnst wohl! Immer brauchst du einen Dummen, aber da mach ich nicht mehr mit!«

Es ist ein Schlagabtausch, der nur mit Türenknallen

enden kann, ein Streit zwischen zwei Menschen, die ihr Leben zusammen verbringen möchten, aber die richtigen und verbindenden Worte partout nicht finden.

Und das liegt daran, dass jeder seinen Standpunkt hat und ihn nicht verlassen will. Die eigene Position ist beinahe heilig, sie verleiht ihrem Inhaber vermeintlich das Recht, die Situation allein aus seinem Blickwinkel zu betrachten und zu bewerten. Die Frau sieht den Dreck auf den gerade von ihr gewischten Fliesen, der Mann sieht ihre Kleinlichkeit und Wut. Er denkt: Kann sie meine Schufterei nicht mal honorieren? Und sie denkt: Kann er meine Ackerei im Haushalt nicht mal honorieren?

Die beiden sind eigentlich gar nicht so weit voneinander entfernt, nur wissen sie nichts davon. Beide sind enttäuscht von der Reaktion des anderen, sagen es aber nicht. Sie sind jeweils bei der eigenen Person und den eigenen Interessen. Sie versuchen erst gar nicht zu ergründen, was in ihrem Partner vorgehen könnte. Und genau das bringt sie auseinander, das ist die Ursache für die Spannung zwischen ihnen.

Die meisten Spannungen im Zusammenleben resultieren interessanterweise gar nicht aus den großen Konflikten und Meinungsverschiedenheiten, sondern aus dem banalen Kleinkram, dem Zoff um alltägliche Dinge. Dieser Zoff wird genährt von unerfüllten Wünschen, kleinen Verletzungen und Enttäuschungen, von dezenten Kränkungen, die zwar nicht beabsichtigt sind, aber dennoch an der Seele kratzen. Muss man es da erst bis zum großen Krach kommen lassen, oder wäre es nicht hilfreicher, immer wieder etwas für eine Entspannung der Situation, eine Verbesserung der Atmosphäre zu tun, damit der Beziehungscrash abgewendet werden kann?

Beispielsweise ist es ein Unterschied, ob Sie den Vorschlag Ihres Partners, am Wochenende seine Mutter zu besuchen, sachlich ablehnen oder ob Sie Ihren Partner ablehnen: »Ich habe keine Lust, den Nachmittag über bei deiner Mutter zu hocken. Das ist mir zu langweilig.« In dieser Form akzeptieren Sie nur den Vorschlag nicht. Wenn Sie aber etwas in der folgenden Art sagen, verletzen Sie Ihren Partner als Person: »Du mit deinen langweiligen Ideen! Dir fällt auch immer nur Familie ein.«

Ein gutes Gespräch lebt von wohlwollendem Interesse und von Anteilnahme. Fehlen diese beiden tragenden Bausteine, schleichen sich leicht Enttäuschung und Spannungen ein, wie in folgendem Beispiel.

Ein junger Angestellter hat von seinem Chef das Angebot erhalten, Abteilungsleiter in der Entwicklungsabteilung zu werden, ist sich aber noch unsicher. Abends sagt er zu seiner Frau: »Das Angebot ist schon verlockend, nur bin ich mir nicht sicher, ob ich die Aufgaben alle packe. Es soll ja auch noch manches umstrukturiert werden. Da käme einiges auf mich zu. Außerdem fühle ich mich noch ein bisschen jung für solch einen Job.« Er seufzt, und seine Frau empfiehlt: »Ach, mach dir doch keine Sorgen. Du packst das schon. Andere haben das ja auch geschafft.«

Macht solch eine Erwiderung Mut? Wird der Mann sich verstanden fühlen – oder eher abgewimmelt? Hat sich seine Partnerin auf ihn und seine Sorgen und Befürchtungen eingelassen, oder ist sie nicht vielmehr innerlich an ihm vorbeigegangen?

Vermutlich ist die kurze Erwiderung der Frau gut gemeint, doch sie bringt den Mann und das Gespräch keinen Schritt weiter. Und genau darauf kommt es an. Mit der Aussage: »Mach dir keine Sorgen, du schaffst das schon«, wird nicht auf den Sprecher eingegangen, sondern es handelt sich um eine persönliche Stellungnahme der Antwortenden. Sie ist bei sich und nicht bei ihrem Mann, sie drückt nur aus, was sie (!) denkt. Das wäre dann in Ordnung, wenn ihr Mann um ihre Einschätzung gebeten hätte: »Was meinst du, packe ich den Karrieresprung?«

Aber in unserem Beispiel ist der potenzielle Abteilungsleiter unsicher. Er erlebt einen inneren Konflikt, und es ist immer hilfreich, darauf einzugehen, wenn man Freud und Leid tatsächlich miteinander *teilen* will: Was macht dich unsicher? Was lässt dich zögern? Welche Aufgaben beunruhigen dich? Wo vermutest du das Problem?

In einem guten Gespräch verlässt man seinen eigenen Standpunkt, bemüht sich, die Beweggründe des anderen zu verstehen, und geht auf das ein, was er oder sie sagt. Man ist bei seinem Gesprächspartner und viel weniger bei sich selbst. Man leiht ihm nicht nur ein Ohr, sondern beide Ohren, indem man intensiv zuhört und zu verstehen versucht, was er oder sie genau meint. Und falls man nicht alles versteht, fragt man nach. Zuhören ist mehr als nur mal eben hinhören!

Das ist ein entscheidendes Merkmal der guten Kommunikation: Gespräche verlaufen dann produktiv, wenn sich der Sprechende mit seinem Anliegen wirklich beachtet fühlt und spürt, dass man ihn und seine Mitteilung ernst nimmt. Anders gesagt: Gespräche bringen nur dann Annäherung, wenn wir uns mit unserem Gesprächspartner beschäftigen – und nicht, wenn wir das Thema schnell vom Tisch fegen oder selbst Beachtung finden wollen. Auch wenn einem das Gehörte nicht zusagt, kann man es doch erst mal so stehen lassen und braucht nicht gleich mit Gegenargumenten zu kontern.

Dieses Gesprächsverhalten ist Ausdruck einer inneren Haltung: Ich akzeptiere dich und deine Meinung, und darum habe ich es nicht nötig, meine Meinung gegen deine zu stellen. Unser Gespräch ist kein Kampf darum, wer Recht hat, sondern ein Prozess, in dem wir immer mehr voneinander erfahren. Also weg vom Ringen um Standpunkte und hin zum Verstehen des Gehörten.

Vielleicht reizt Sie diese These zum Widerspruch: Bedeutet das, den Standpunkt des anderen zu teilen? Soll man alles einfach so hinnehmen? Wo bleibt man selbst mit seinen eigenen Interessen?

Auch wenn es Sie überrascht: Man hört zu, weil ein gutes Gespräch eben kein Zweikampf ist. Zuhören bedeutet nicht automatisch zustimmen. Aber es hilft, eine Eskalation zu vermeiden, und es ist die Basis für etwas sehr Entscheidendes: Erst in einer gelösten und von Verständnis geprägten Atmosphäre sind Menschen überhaupt bereit, Zugeständnisse zu machen. Jemand, der angespannt ist oder sich bedroht fühlt, wird sich verteidigen und auf seinen Vorteil erpicht sein. Wenn Sie dem anderen beispielsweise mitteilen, dass er etwas falsch sieht, dann wird er die Alarmglocken läuten hören, sich anspannen und noch überzeugendere Argumente für seine Sicht der Dinge suchen.

Opfer der Steinzeit

Ihr Gegenüber muss das tun, weil sein Reptiliengehirn es so will.

Im Laufe der Menschheitsentwicklung hat sich unser Gehirn verändert. Es musste immer mehr leisten und hat sich darum drei Spezialisten geschaffen: einen Bereich für das einfache Reflexhandeln, das so genannte Reptiliengehirn, einen als Sitz der Gefühle (das Limbische System) und einen für das komplizierte und kreative Denken, nämlich das intelligente Gehirn.

Für das menschliche Zusammenleben am interessantesten ist das Reptiliengehirn, das in seiner Schlichtheit auch bei einfachen Tierarten wie den Reptilien vorherrscht.

Im Prinzip kann es eine Situation nur nach den beiden Kriterien »gefährlich« oder »ungefährlich« einstufen und entsprechend reagieren. Wird die Situation als harmlos eingestuft, reagieren wir entspannt und locker. Anders sieht es dagegen aus, wenn wir uns bedroht fühlen: Wir erleben Stress und können nicht mehr klar und vernünftig denken. Unser Organismus produziert blitzschnell Kampfhormone. Das Gespräch verhärtet sich, und wir verteidigen unseren Standpunkt bis aufs Messer.

Und es gibt noch eine Steigerung: Erleben wir die Situation als so gefährlich, dass Gegenwehr zwecklos erscheint, ziehen wir uns vorsichtshalber in unser Schneckenhaus zurück und brechen das Gespräch ab. Wir sind tief getroffen und tödlich beleidigt. Mit diesem Rückzug möchten wir den anderen bestrafen. Leider erreichen wir dieses Ziel fast nie, sondern der Rückzug provoziert, und wir werden mit weiteren Argumenten überschüttet. Es scheint, dass Schweigen den anderen geradezu ermuntert, uns noch stärker zu attackieren.

Genau dieser Teil unseres Gehirns kommt Paaren in die Quere.

Fühlen wir uns nämlich in einem für uns wichtigen Gesprächsinhalt nicht verstanden oder angegriffen, springt prompt das Reptiliengehirn an: Man gibt entweder »Widerworte« oder zieht sich enttäuscht zurück und schmollt.

Dabei scheint mir, dass das Reptiliengehirn bei Männern schneller und häufiger auf Angriff schaltet. Das mag an unserer Urgeschichte liegen: Vor etwa 40 000 Jahren streiften Männer als Jäger durch die unwirtliche Natur und verfolgten Bären oder Wisente. Und wenn das Tier sich dann plötzlich groß und mächtig vor dem Jäger aufrichtete, musste blitzschnell zwischen Kampf oder Flucht entschieden werden.

Genau aus diesem Grund ist es ein so großer Unterschied,

ob Sie einen Standpunkt akzeptieren oder attackieren. Der weitere Verlauf des Gespräches hängt entscheidend davon ab! Einen bestimmten Standpunkt zu akzeptieren heißt nur, ihn ernst zu nehmen und zu würdigen – es bedeutet nicht, ihn auch zu teilen.

Die Meinung anzuhören ist eine Sache, sich nach ihr zu richten eine ganz andere. Ersteres hat mit Achtung zu tun, Letzteres mit Macht.

Menschen, die Gespräche als Mittel zur Durchsetzung eigener Interessen verstehen, fürchten oft, wenn sie einen Standpunkt ihres Gegenübers akzeptierten, bekomme der andere automatisch Oberwasser. Vielleicht ist das manchmal so. Aber wäre das schlimm? Wollen Sie miteinander reden oder sich bekämpfen? Wollen Sie in einem andauernden Wettstreit oder in einer verständnisvollen Beziehung leben?

Sehen wir uns noch einmal das Beispiel mit dem zukünftigen Abteilungsleiter an: »Das Angebot ist schon verlockend, nur bin ich mir nicht sicher, ob ich die Aufgaben alle packe…«

Was bringt es, wenn seine Frau auf seine Zweifel und Unsicherheiten eingeht? Werden sie dann nicht noch größer? Muss sie ihm nicht Mut machen, wenn sie von seinen Fähigkeiten überzeugt ist?

Ich fürchte, mit Floskeln wie »Du schaffst das schon« macht sie ihm nicht wirklich Mut, sondern signalisiert: Ich möchte nichts mit deinen Zweifeln zu tun haben, deshalb lasse ich mich darauf auch nicht ein. Das ist so ähnlich wie das Jammern vor dem Zahnarztbesuch, auf das man lapidar antwortet: »Es wird schon nicht so schlimm werden.« In solchen alltäglichen Situationen, durch die man einfach durch muss und in denen es nichts Tiefgreifendes zu bedenken gibt, können wir die Ängste oder Zweifel unserer Mitmenschen nicht immer so furchtbar ernst nehmen. Doch wenn jemand wirklich beunruhigt ist, wenn es um eine außergewöhnliche Situation, eine komplizierte und nicht alltägliche Angelegenheit geht, dann sollte man auf den Menschen und seine Gefühle eingehen, wenn man Spannungen im Zusammenleben vermeiden möchte.

Untersuchungen mit verliebten und verheirateten Paaren belegen, dass die meisten von ihnen sich immer über die gleiche Sache streiten, auch wenn die äußeren Anlässe wechseln: Es geht hauptsächlich ums Aufräumen, um Mithilfe im Haushalt, um Geld, Freizeitgestaltung, Sexualität, Kindererziehung, allerlei Missverständnisse und kleinere Streitereien: »Wir können nicht vernünftig miteinander reden, wir kriegen immer gleich Streit.«

Werden dieselben Paare nach einigen Jahren erneut untersucht, ist das Bild ähnlich: Sie streiten immer noch über die gleichen ungelösten Probleme – immer noch ist jeder von seinem Standpunkt überzeugt. Das Dumme ist nur, dass der Partner oder die Partnerin die eigene Sichtweise unverständlicherweise immer noch nicht teilt, sondern stur einen anderen Standpunkt vertritt. Und so streiten und verletzen sie sich immer weiter, weil sie einander nicht überzeugen können und zu keiner Einigung finden.

Eine Einigung scheint das höchste Ziel bei Meinungsverschiedenheiten zu sein. Das ist so, als wollte ein Vegetarier einen Steak-Liebhaber von der eigenen Philosophie der gesunden Ernährung überzeugen, indem er dessen Essgewohnheiten bekämpft.

Die Japaner lächeln weise zu diesem Thema, denn sie meinen, was gesünder sei, könne man nicht so pauschal beantworten: Für Menschen mit der Blutgruppe A sei Fleisch nämlich nicht so gesund, während Menschen mit der Blutgruppe o sogar Fleisch verzehren müssten.

Meinungen sind schließlich nur flexible Vorurteile. An uns selbst sind sie ein bewundernswerter Zug, bei anderen dagegen erscheinen sie uns als lästiger Starrsinn.

Es kommt nicht darauf an, wer Recht hat, sondern dass wir lernen, unseren eigenen Standpunkt zu relativieren, statt ihn auf Biegen und Brechen zu verteidigen...

Dabei ist der Name schon Programm: *Stand*punkt – da steht man fest auf einem Punkt. Warum um alles in der Welt wollen wir noch reden, wenn doch schon alles feststeht?

Ein Grundfehler in Gesprächen ist das Verliebtsein in die eigene Sicht der Dinge. Vergessen wir unseren Stolz auf einen festen Standpunkt, denn jeder Mensch nimmt doch nur das wahr, was für ihn Bedeutung hat. Denken wir doch einmal an die höchst unterschiedlichen Schilderungen von einem Urlaubsort. Der eine Rückkehrer berichtet voller Begeisterung von dem wundervollen Sandstrand, der andere von den herrlichen Lokalen und dem fantastischen Essen in den lauschigen Bodegas, noch ein anderer von den tollen Frauen am Strand, und ein vierter fand den Ort viel zu überlaufen und reizlos. Wäre es da nicht albern, von einem »richtigen« Standpunkt zu reden? Schließlich ist jede Betrachtungsweise aus der Sicht des Sprechenden richtig.

Gute Gespräche zeichnen sich nicht durch die Verteidigung persönlicher Ansichten aus, sondern durch einfühlendes Verstehen. Denn letztlich wollen alle Menschen nur das eine: beachtet und akzeptiert werden. Und erst in diesem Klima der Akzeptanz ist eine gute Konfliktlösung überhaupt möglich.

Von heißen Eisen und Milchkännchen

In fast jeder Ehe gibt es »heiße Eisen« und brisante Streitthemen, die sich oft an scheinbaren Kleinigkeiten entzünden. Manchmal reicht dafür ein Milchkännchen, so wie bei Alexandra und Joern.

Er berichtet: »Vielleicht ist nach 13 Ehejahren wirklich der Lack ab, aber ist das ein Grund, sich über alles aufzuregen? Manchmal verstehe ich immer noch nicht, was meine Frau meint, oder ich schüttele verständnislos den Kopf, weil sie aus meiner Sicht ganz unbegründet schnippisch reagiert oder sich über Verhaltensweisen von mir aufregt, die für mich nicht mal der Rede wert sind, beispielsweise wenn ich per Fernbedienung durch das Fernsehprogramm zappe. Was ist daran bloß so schlimm? Versteh einer die Frauen!

Auch das Milchkännchen ist ein neuralgischer Punkt in unserem Zusammenleben. Ganz in Gedanken stelle ich es manchmal irgendwo in unseren Geschirrschrank, denn wir benutzen es höchst selten – und eigentlich nur dann, wenn Besuch kommt. Aber jedes Mal regt sich meine Frau darüber auf, dass ich es nicht dahin stelle, wo es ihrer Meinung nach hingehört. Als wenn das so wichtig wäre!

Aber es bestärkt sie in ihrer Meinung, ich sei ein rücksichtsloser Egoist und würde nur so handeln, wie es für mich am besten ist, und dabei nicht an sie denken.

Aber das stimmt nicht, und darum möchte ich mir diesen blödsinnigen Vorwurf auch nicht anziehen. Natürlich denke ich an ihre Interessen. Schließlich kann sie unser Auto nutzen, wann immer sie will, und ich fahre dann mit dem Rad. Und bei Wind und Wetter gehe ich mit ihrem Hund raus, wenn sie keine Lust hat. Und ich nehme ihr viele Dinge im Haushalt ab. Beispielsweise bügele ich immer. Aber das alles zählt bei ihr nicht.«

Alexandra sieht das ganz anders: »Es zählt nicht, weil du bei tausend Kleinigkeiten demonstrierst, dass du dich nicht einmal fragst, wie dein Verhalten auf mich wirken könnte. Es macht mich nervös, wenn du dauernd die

Fernsehprogramme wechselst – aber du machst das am nächsten Abend wieder. Ich habe gerne eine Ordnung im Schrank – aber mein Herr und Gebieter stellt das Milchkännchen dahin, wo er es möchte. Das sind alles kleine Enttäuschungen für mich. Und viele kleine ergeben eine große Enttäuschung!«

Offensichtlich macht es Joern Spaß, quer durch die Fernsehprogramme zu schalten. Doch sein Spaß ist keine Freude für seine Frau. Sie reagiert schnippisch, was ihn wiederum aufregt. Er möchte für seine Mithilfe im Haushalt Anerkennung – für sie ist seine Unterstützung selbstverständlich.

So sind beide in ihrer persönlichen Sichtweise gefangen und denken aneinander vorbei. Eigentlich meinen beide: Du musst die Welt so sehen, wie ich sie sehe.

Für viele Paare ist die Feststellung enttäuschend, dass sie in etlichen Sichtweisen trotz aller Zuneigung doch nicht übereinstimmen. Sie verschmelzen nicht in romantischer Einigkeit, sondern müssen sich als zwei unterschiedliche Menschen annehmen. Das ist nicht leicht, und darum attackieren sich Partner lieber, indem sie einander diese Unterschiedlichkeit vorwerfen oder den anderen von der Richtigkeit des eigenen Standpunkts überzeugen wollen. Gelingt das nicht, wird enttäuscht geschmollt.

Das Geheimnis glücklicher Paare

Warum sind manche Paare glücklich, während andere immer wieder in Streit geraten oder sich verbittert anschweigen? Gibt es einen Königsweg zu einer guten Beziehung?

Wissenschaftler, die sich mit Partnerschaft und Ehe beschäftigen, kommen immer wieder zu denselben Schlussfolgerungen: In glücklichen und nicht so glücklichen

Partnerschaften schlagen sich die Menschen mit den gleichen Problemen herum. Es geht um unterschiedliche Einstellungen bei der Kindererziehung, bei der Freizeitgestaltung oder der Urlaubsplanung; bei der Verteilung des Geldes geraten Paare in Machtkämpfe; unterschiedliche sexuelle Wünsche und Eifersucht bergen ein weiteres Spannungspotenzial. Doch bei all dem gibt es einen wesentlichen Unterschied: Die Menschen in glücklichen Beziehungen gehen anders mit ihren Schwierigkeiten um.

Es lohnt sich, diesen anderen Umgang genauer unter die Lupe zu nehmen.

Um es vorwegzusagen: Die Glücklichen müssen auch mit Enttäuschungen und Ärger umgehen, aber sie tun es anders als die Unglücklichen. Sie reden und streiten liebevoller miteinander. Sie kämpfen seltener gegeneinander, tun sich gegenseitig weniger weh und vermuten nicht so schnell böse Absichten hinter dem Verhalten des anderen.

Das Geheimnis der glücklichen Partnerbeziehung liegt in der Art und Weise, wie diese Menschen miteinander reden, Konflikte angehen und ihre Wünsche besprechen. Zufriedene Paare hören einander zu und bemühen sich, den anderen zu verstehen, statt den eigenen Standpunkt durchzusetzen und Recht zu haben. Sie agieren gelassener, weil es ihnen nicht ums Gewinnen geht. Sie wissen, dass jedes Problem seine zwei Seiten hat und jeder Mensch die Welt durch seine individuelle Brille sieht. Das ist nun mal so, und das muss man respektieren.

Was aber passiert in vielen nicht so glücklichen Partnerschaften? Da wird kritisiert und bewertet, beurteilt und gekämpft, und eigene Standpunkte werden energisch verteidigt. Dabei zerstören Missverständnisse, Spannungen, andauernde Auseinandersetzungen und verletzender Streit auf Dauer jede Beziehung. Sie führen nämlich zu einer Einengung unserer Wahrnehmung: Wir hören und sehen nicht mehr das, was tatsächlich ist, sondern nur noch das, was zu unserem inneren Bild vom anderen passt. Er oder sie bekommt einen Stempel aufgedrückt, und das war's dann. Haben wir erst den Eindruck, unser Partner würde uns nicht verstehen, dann werden wir zwangsläufig immer mehr »Beweise« für unsere Annahme finden. Der Teufelskreis der sich selbst erfüllenden Prophezeiung beginnt.

Vielleicht haben wir viel zu lange gehofft, die Liebe könne alles zum Besten wenden. Und dann mussten wir feststellen, dass dieses wunderbare Gefühl alleine nicht reicht. Das ist auch nicht verwunderlich und ganz genauso im alltäglichen Leben: Selbst wenn wir unser Auto noch so sehr lieben, werden wir dadurch nicht automatisch zu einem guten Fahrer oder einer sicheren Fahrerin.

Liebe allein garantiert noch keinen verständnisvollen Umgang und keine guten Gespräche miteinander, denn sie ist nur die Energie, die uns immer wieder antreibt, Gespräche zu versuchen, Einigungen anzustreben, Kompromisse einzugehen. Doch wenn wir bei jedem neuen Versuch die alten Fehler machen, wird im Endeffekt nichts besser, sondern höchstens deprimierender.

Zwei Beispiele:

Ein junger Mann argumentiert: »Natürlich kann ich mit Kritik umgehen. Aber nur, wenn sie auch berechtigt ist.« Und wer entscheidet über die Berechtigung?

Einer Frau ist nach fünf Ehejahren klar geworden: »Ich komme überhaupt nicht an dich ran. Bei dir geht alles zum einen Ohr rein und zum anderen gleich wieder raus. Was mit mir ist, lässt dich völlig kalt.«

Ihr Mann schüttelt energisch den Kopf: »Das stimmt doch überhaupt nicht. Wenn du richtig drüber nachdenken würdest, dann würdest du das auch merken. Aber natürlich gehe ich nicht auf jeden Blödsinn von dir ein. Es muss schon Hand und Fuß haben.«

In diesen Sätzen schwingen eine Menge Verachtung, Geringschätzung und Überheblichkeit mit. Ob sich die Partnerin dabei verstanden fühlt?

Intimität und Nähe in der Partnerschaft sind etwas Beglückendes und Kostbares. Doch es gibt sie nicht zum Nulltarif. Sie wachsen im Prozess des gegenseitigen Kennenlernens, indem jeder dem anderen sein Innenleben offenbart, seine Hoffnungen, Träume und Ängste, und indem Beweggründe und Gefühle des anderen respektiert werden. Um das zu erreichen, müssen wir »richtig« miteinander reden. Dazu benötigen wir Zuneigung, Verständnis und Akzeptanz.

Und den Faktor A.

Der Faktor A

Wie Sie auf Ihren Partner eingehen

»Man kann keine Einheit erzielen,
wenn man sich gegenseitig auf die Füße tritt.«
François Mitterrand

Streitereien und Zerwürfnisse haben stets einen Hintergrund, eine emotionale Ursache. Darum lassen sie sich auch selten auf der sachlichen Ebene klären. Oberflächlich betrachtet geht es beispielsweise »nur« um die dreckigen Fliesen, tatsächlich geht es jedoch um viel mehr: um Missachtung, Lieblosigkeit, Macht...

Mit anderen Worten: Es geht immer um Gefühle und nicht so sehr um die Sache an sich. Leider streiten sich Menschen privat und im Berufsleben viel zu häufig über sachliche Argumente und erwarten, mit mehr und besseren Argumenten ihren »Gegner« überzeugen und zur Aufgabe seines Standpunktes bewegen zu können.

Das ist jedoch schlicht und einfach unmöglich.

Wenn Sie die Auffassung des anderen Menschen nicht würdigen, bricht schnell ein Streit aus, weil sich Ihr Gesprächspartner nicht ernst genommen und deshalb auch nicht gut fühlt. Mit Groll im Herzen kann man keine Übereinstimmung finden oder gar zulassen.

Mit Groll im Herzen hat man nur einen einzigen Wunsch: Man will sich rächen und dem anderen eins auswischen. Aber Zugeständnisse will man nie und nimmer machen.

Darum sind beispielsweise auch folgende Äußerungen kontraproduktiv:

- »Kannst du nicht einmal sachlich bleiben?«
- »Nun reagier doch mal logisch!«

- »Wenn man es vernünftig betrachtet, ist doch gar nichts passiert.«
- »Man kann sich doch nicht nur von seinen Gefühlen leiten lassen.«
- »Jetzt wirst du aber wirklich unsachlich.«

Durch solche Bemerkungen fühlt sich Ihr Gegenüber nicht nur unverstanden, sondern kritisiert. Und das reizt zum Widerspruch!

Damit Einigungen überhaupt möglich sind, braucht man eine gute Gesprächsatmosphäre. Und die entsteht, wenn Sie Ihrem Partner Wertschätzung und Achtung entgegenbringen und sich für seinen Standpunkt interessieren. Eine Liebesbeziehung ist nämlich eine gefährliche Beziehung: Gerade von Menschen, die wir lieben, erwarten wir Verständnis, Zuwendung und Interesse, und entsprechend verletzt sind wir, wenn unsere Erwartungen enttäuscht werden.

Alle Menschen spüren das Bedürfnis nach Liebe und Zuneigung, nach Achtung und Anerkennung. Das ist das Spannungsfeld unseres Lebens: Wir sehnen uns nach Nähe zu einem anderen Menschen, andererseits möchten wir aber auch ein eigenständiges Wesen sein, das sich selbst verwirklicht. Und diese beiden Wünsche sind nicht immer leicht unter einen Hut zu bringen.

Eine wichtige Voraussetzung für gute Gespräche ist das Wissen um die beiden Motive, die das Erleben jedes Menschen steuern: der Wunsch nach Anerkennung und der Wunsch nach Selbstverwirklichung.

Wenn Anerkennung fehlt, werden nicht nur Gespräche spannungsreich, sondern die Partnerbeziehung insgesamt gerät ins Trudeln, weil man an der Liebe und Zuneigung des anderen zweifelt.

»Die Hälfte der Männer und Frauen, die uns wegen Partnerproblemen aufgesucht haben, gibt auf irgendeine

Weise zu verstehen, dass sie nicht oder nicht genug geliebt werden«, schreibt Dominik Prodöhl in seinem Buch »Gelingen und Scheitern ehelicher Partnerschaft«. Interessant an der Untersuchung ist die Zahl derjenigen, die von sich aus angeben, den anderen nicht zu lieben. Streng genommen müssten das ja ebenfalls 50 Prozent sein. Sind es aber nicht! Nur weniger als ein Viertel bekennt, den anderen nicht so gern zu haben, der Rest glaubt, dem Partner genügend Wertschätzung zu zeigen.

»Mangel an erlebter Wertschätzung und das Gefühl, dominiert zu werden, erweisen sich als häufige Grundprobleme in der Partnerschaft. Dabei konzentrieren sich beide ganz auf die Rolle des anderen. Die eigene Haltung ihm gegenüber kommt dagegen kaum zur Sprache«, stellt Prodöhl weiter fest. Man erwartet demnach viel vom anderen und beschäftigt sich wenig mit sich selbst. Wenn man das Gefühl hat, die eigene Ansicht zähle nicht, oder wenn der andere nicht zuhört, dann wird an der Liebe gezweifelt.

Ein paar Beispiele:

Eine Frau klagt: »Ich sage etwas, und du hörst mir überhaupt nicht zu.«

Ihr Mann rechtfertigt sich sofort: »Im Moment habe ich Wichtigeres im Kopf.«

Wahrscheinlich schmerzt es sie, dass er nicht einmal wissen möchte, was sie denn auf dem Herzen hat.

Bei einem anderen Paar beklagt die Frau schon im ersten Jahr des Zusammenlebens: »Ich finde, du bist in erster Linie mit deinem Beruf verheiratet.«

Er: »Blödsinn! Das stimmt doch gar nicht.«

Sie: »Natürlich stimmt das, sonst würde ich es nicht sagen.«

Er: »Wenn es so wäre, würde ich das doch auch merken!«

Möglicherweise kennen Sie auch folgende Situation: »Wenn etwas nicht so klappt, wie mein Mann sich das vorgestellt hat, gibt er mir die Schuld daran. Ich fühle mich natürlich angegriffen und bin vor Wut so blockiert, dass ich nicht mehr mit ihm reden kann und mich still zurückziehe.«

Ein Mann, knapp über 50: »Auf der Geburtstagsfeier haben die Frauen über die Männer gelästert, die allmählich eine Glatze kriegen. Meine Frau hat mitgemacht und sogar noch getönt: ›Hier, wollt ihr meinen kleinen Glatzenkönig haben? Ihr könnt seinen Kopf als Schminkspiegel nutzen.‹ Damit hat sie ja allen gezeigt, dass sie mich nicht mehr will. Ich kam mir vor wie ein begossener Pudel. Und dann hat sie sich aufgeregt, als ich gegangen bin. So was muss ich mir doch nicht gefallen lassen, oder? Ich bin dann für ein paar Tage zu Verwandten gezogen.«

Es tut weh, nicht gewollt zu werden, aber es bringt das Paar keinen Schritt weiter, wenn dieser Schmerz nicht ausgedrückt wird, etwa folgendermaßen: »Lass mal allmählich gut sein, denn solche Sprüche tun mir weh und ärgern mich.«

Verletzend wirkt es auch, wenn der geliebte Mensch keine Zeit mehr hat: »Mein Mann ist nur noch für seine Arbeit da. Er kommt erst spät nach Hause. Für mich und die beiden Kinder (drei und fünf Jahre) hat er dann weder Zeit noch Energie. Am liebsten wäre es ihm, wenn die Kinder bei seiner Heimkehr tief und fest schliefen. Aber das sehe ich gar nicht ein. Da soll er sich schon kümmern. Die Kinder haben schließlich ein Recht auf ihren Vater.«

Wenn Sie genau lesen, hören Sie vielleicht das eigentliche Anliegen dieser Frau heraus: Auch für seine Frau hat dieser hart arbeitende Mann keine Zeit mehr. Und mit ihr wollte er doch immer und ewig zusammen sein! Gilt jetzt nur noch, bis dass die Arbeit uns scheidet?

Kann man sich mit einem ausgelaugten und gestressten Partner noch gescheit unterhalten? Darf man überhaupt noch etwas von ihm fordern, beispielsweise Interesse und Aufmerksamkeit? Darf man ihn mit den Ereignissen des Tages zusätzlich belasten? Wird er später liebevoll und zärtlich sich dem Vorspiel widmen? Was ist bloß aus dem Casanova von damals geworden? Ohne ein paar persönliche Worte am Abend wird sie (mal wieder) keine Lust im Bett verspüren: Sie erlebt alles so distanziert, so kalt und unpersönlich. Vorspiel ist eben mehr als sexuelle Anmache, es bedarf auch der Erotik des Gedankenaustausches, und wenn da etwas fehlt, dann soll auch ruhig der Rest fehlen. Das hat er nun davon!

Hinter dem scheinbar sachlichen Wunsch, er möge doch früher heimkommen, verbirgt sich also mehr. Das wird an der Weigerung der Frau deutlich, ihre Kinder vorher zu Bett zu bringen: Menschen, die einem nahe sind, kann man sich nicht so einfach vom Halse schaffen. Wenn man A gesagt hat, dann muss man eben auch B sagen.

Ich vermute, die Frau wünscht sich mehr Aufmerksamkeit, Anteilnahme und Anerkennung und möchte ihrem Mann eigentlich sagen: »Komm doch früher nach Hause, ich sehne mich nämlich so nach dir. Hab doch mehr Zeit und Energie für ein Gespräch mit mir. Ich brauche mehr Nähe. Als wir verliebt waren, hast du doch auch manchen Termin sausen lassen, weil dir das Zusammensein mit mir wichtiger war. Wenn das jetzt nicht mehr so ist, dann kann das doch nur bedeuten: Du liebst mich nicht mehr.«

Auch bei dem wütend hingeschleuderten Vorwurf »Ich bin doch nicht deine dämliche Putze« aus unserem früheren Beispiel geht es nur oberflächlich betrachtet ums Putzen und um die Verteilung der Hausarbeit. Eigentlich steckt dahinter der Wunsch nach Anerkennung: Wenn ich den Flur putze und du zehn Minuten später mit dreckigen Schuhen über die sauberen Fliesen latschst, dann ist das eine Missachtung meiner Arbeit und damit auch meiner Person.

Von einem Autoverkäufer lernen

Was können Sie tun, um Gespräche verständnisvoll und fruchtbringend zu führen?

Für gute, verständnisvolle Gespräche möchte ich Ihnen empfehlen, an den Faktor A zu denken: A wie Anerkennung, A wie Achtung oder A wie Akzeptanz. Im Grunde meinen die Begriffe ja etwas Ähnliches. Sie bezeichnen die Sehnsucht aller Menschen, angenommen, akzeptiert und anerkannt zu werden. Und wenn Sie diese Sehnsucht befriedigen, verläuft Ihre Kommunikation in anderen Bahnen.

Der erfolgreichste Autoverkäufer der Welt, Joe Girard aus Amerika, hat den Faktor A meisterlich beachtet. Er brachte potenzielle Kunden dazu, ihn zu mögen – und dann bei ihm zu kaufen. Natürlich beriet er seine Kundschaft gut, und selbstverständlich machte er interessante Offerten, doch das taten seine Mitbewerber auch. Joe Girard war erfolgreicher, weil er eine persönliche Beziehung zu den potenziellen Autokäufern herstellte, indem er jeden Monat seinen 13 000 früheren Kunden eine Karte mit einem wechselnden Gruß schickte: Alles Gute zum Valentinstag, zum Frühlingsanfang, zum Geburtstag. Auf der Vorderseite lautete der Text stets gleich: »Ich mag Sie.« Eigentlich banal, fast ein bisschen billig, vielleicht auch typisch amerikanisch. Immerhin verkaufte er mehr als die anderen Autoverkäufer, weil er wusste: Wir schätzen Menschen, die ausdrücken, dass sie uns mögen.

Weil das so ist, sagt die scheue Agnès in Jean Giraudoux'

Bühnenstück »Der Apollo von Bellac« einem griesgrämigen Bürovorsteher und den Direktoren einer Firma, sie seien schön. Das ist nicht bloß Schmeichelei, denn wenn man jemandem sagt, er sei schön, dann macht ihn das tatsächlich schön. Agnès verzaubert sogar den Präsidenten des Unternehmens: »Wie haben Sie das nur angestellt, Mademoiselle Agnès? Bis heute verkam dieses Haus, das unter meiner Leitung steht, in Trübsal, in Trägheit und Dreck. Sie haben es kaum betreten, und schon erkenne ich es nicht wieder. Mein Türsteher ist dermaßen höflich geworden, dass er sogar seinen eigenen Schatten an der Wand grüßt.«

Anerkennung ist so etwas wie das wichtigste Vitamin der Seele. Wir alle benötigen es, und zwar in ziemlich hohen Dosen. Und da es sich, ähnlich wie das Vitamin C, immer wieder verbraucht, muss es stets neu zugeführt werden. Anerkennung muss immer wieder spürbar werden, sonst entstehen psychische Mangelerscheinungen mit bedrohlichen Folgen; im schlimmsten Fall endet das mit dem Absterben einer Beziehung.

Der Faktor A wird lebendig, wenn ein Mensch einen anderen Menschen versteht, statt ihn zu beurteilen, wenn der Partner so sein darf, wie er nun mal ist, und dennoch geliebt wird.

Aber wie kann ich einen Menschen lieben, der mich ärgert und der sich anders verhält, als ich es mir wünsche?

Zu lieben könnte ja bedeuten, einen Menschen trotz seiner Ecken und Kanten gern zu haben und zu schätzen. Vielleicht hilft es, wenn wir nicht vergessen, dass diese ungeliebten Eigenschaften nur einen Teil der gesamten Persönlichkeit des anderen ausmachen. Denn wenn es Schatten gibt, muss es auch Licht geben. Wenn wir allerdings nur die Schatten sehen, werden wir ewig im Dunkeln tappen und nie den ganzen Menschen wahrnehmen.

Ich möchte Ihnen noch ein Beispiel für die bemerkenswerte Wirkungsweise des Faktors A erzählen:

Ein Mann kommt von einer Tagung nach Hause zurück. Schwungvoll stellt er seinen Aktenkoffer ab und stürmt ins Wohnzimmer. Es ist schon spät, aber seine Frau ist noch wach und liest einen Krimi. Nachdem sie ihren Mann kurz begrüßt hat, setzt sie sich wieder aufs Sofa und liest weiter. Er ist jedoch noch ganz angeregt von all den Ereignissen und Erkenntnissen der Tagung und plaudert munter drauflos. Seine Frau lässt ab und zu ein lang gezogenes »hm« erklingen, stellt aber keine Fragen.

»Hörst du mir überhaupt zu?«, erkundigt er sich nach einiger Zeit. »Doch, schon«, lautet ihre Antwort. »Aber ich kann mit deinen Schilderungen wenig anfangen. Das interessiert mich nicht so.«

»Na, dann eben nicht«, erwidert der Mann gekränkt, nimmt sein Bier und verlässt den Raum: ein einsamer Jäger, dessen Beute verschmäht wird.

Aus Sicht der Frau stellt sich die Situation anders dar: Sie hat sich in ihre spannende Lektüre vertieft und möchte gern noch ein wenig lesen. Sie hat ehrlich ihre Meinung gesagt, denn wenn seine Eindrücke von der Tagung sie nun mal nicht interessieren, möchte sie kein Interesse heucheln. Das versteht sie unter Ehrlichkeit. Sollte das falsch sein?

Nein, aber vielleicht hätte ihr Mann sie besser verstehen können, wenn sie ihm bereits am Beginn seiner enthusiastischen Schilderung mitgeteilt hätte, dass sie im Moment nicht zuhören möchte: »Ich kann verstehen, wie sehr dich das alles beschäftigt. Aber im Moment bin ich so in mein Buch vertieft, da möchte ich gern weiterlesen. Lass uns nachher reden.«

Das wäre für ihn zwar auch nicht besonders erfreulich gewesen, aber wenigstens nicht so abweisend und enttäuschend.

Zuhören und wiederholen

Ein gutes Gespräch ist der Schlüssel für eine gute Beziehung, denn es schafft Nähe und Vertrauen, verbindet und entspannt. Es ist ein Geschenk. Aber Geschenke fallen nicht vom Himmel.

Ich weiß, wie teuflisch schwierig Gespräche sein können, doch es wäre falsch, sich deshalb vor ihnen zu fürchten. Man muss nur wissen, wie man den zahlreichen Fallstricken entgeht.

Für ein gutes Gespräch gibt es grundlegende Hilfen:

1. Hören Sie erst einmal nur zu, ganz ohne Kommentar. Nicken Sie manchmal, um Ihre Aufmerksamkeit zu signalisieren, vielleicht sagen Sie zwischendurch auch mal »hm« oder »ach so«, aber ansonsten versuchen Sie nur zu verstehen, was Ihnen der andere mitteilen will. Er kann erzählen, und das erleichtert und fördert das angenehme Gefühl, akzeptiert zu sein.
2. Anschließend wenden Sie die Methode des hilfreichen Dialogs an.

Dabei wiederholen Sie mit Ihren Worten, was Sie von Ihrem Partner gehört haben. Es muss nicht wortwörtlich stimmen, sondern lediglich sinngemäß. Dadurch zeigen Sie, dass Sie das Gesagte verstanden haben und sich damit beschäftigen.

Mit diesen beiden Fertigkeiten haben Sie schon sehr viel für ein verständnisvolles Gespräch getan, denn aufmerksames Zuhören und der hilfreiche Dialog sind die besten und einfachsten Möglichkeiten, dem Gesprächspartner Anerkennung und Wertschätzung zuteil werden zu lassen.

Ein Beispiel:

Ein junges Paar baut gerade ein Haus. Plötzlich macht sich die Frau Sorgen wegen der Höhe der Kredite und der

Größe des Hauses. »Ich habe Angst, dass uns das alles über den Kopf wächst. Ich bin es nicht gewohnt, in solchen Dimensionen zu denken. Und dann die viele Arbeit. Und was wird aus einem zweiten Kind?«

Der junge Mann wischt ihre Bedenken beiseite. Sie solle sich bloß keine Sorgen um ungelegte Eier machen. Im Moment gebe es Wichtigeres. Außerdem lasse sich für alles eine Lösung finden, wenn man es nur richtig wolle.

Sie beharrt darauf, ihm wenigstens ihre Sorgen zu schildern. Er hört widerstrebend zu und meint dann: »Ich sehe das anders. Das sind doch Banalitäten, was du sagst. Wir können doch jetzt nicht alle Pläne über den Haufen werfen. Es fällt mir immer stärker auf, wie zögerlich und ängstlich du doch bist. Wir haben das so geplant, und jetzt wird es auch durchgezogen.«

Der junge Mann geht in keiner Weise auf die Sorgen seiner Frau ein, ja, er spricht ihnen ihre Berechtigung ab und lässt sogar noch einen leichten Vorwurf anklingen. Ist es da verwunderlich, wenn sie sich unverstanden und abgelehnt fühlt?

Wie hätte er anders – verständnisvoller – reagieren können, ohne seinen eigenen Standpunkt aufgeben zu müssen?

In einem guten Gespräch geht es nicht darum, die eigene Überzeugung zu verleugnen. Sie können (und sollen) sie durchaus vertreten, nur sollten Sie zuerst Ihrem Gesprächspartner und seinem Standpunkt Anerkennung zollen. Das tun Sie, wenn Sie sich mit der Meinung des anderen beschäftigen, indem Sie diese mit Ihren Worten wiederholen. Anerkennung bedeutet eben nicht, dass Sie jemandem nach dem Munde reden, sondern dass Sie die andere Meinung ernst nehmen und bedenken. Ihr Gesprächspartner fühlt sich dann besser, reagiert »weicher« und kann den eigenen Standpunkt gegebenenfalls verlassen. Mit Groll im Herzen wird man hingegen hart und unnachgiebig.

Was aber, wenn Ihr Gesprächspartner Ihnen seine Argumente um die Ohren haut und gar nicht daran denkt, auf Ihre Sichtweise einzugehen?

Dann sollten Sie es mit folgendem Satz probieren: »Du siehst das so und so – darf ich dir jetzt einmal schildern, wie ich es sehe?« Und dann warten Sie nicht erst die Antwort ab, sondern skizzieren möglichst knapp Ihre Sicht der Dinge.

Noch eleganter wird es, wenn Sie zusätzlich eine Prise Anerkennung einstreuen.

Zurück zum Beispiel mit dem jungen Paar und dem Hausbau. Auch hier geht es, wie stets, in erster Linie um Gefühle und nicht um Sachliches. Sie ist beunruhigt wegen der Höhe der Schulden. Sie fragt sich, ob sie die je werden zurückzahlen können und was passiert, wenn ihr Mann als Alleinverdiener krank oder arbeitslos wird. Müssen sie dann das schöne Haus verkaufen? Zum anderen plagt sie die Vorstellung, die 180 Quadratmeter Wohnfläche in Ordnung halten zu müssen und dann womöglich keine Zeit und Kraft mehr für das ersehnte zweite Kind zu haben.

Gefühle haben es so an sich, dass sie innere Anspannung erzeugen und raus wollen: Reden erleichtert! Die junge Frau möchte nur mal das loswerden, was sie im Moment so quält ...

Natürlich ist denkbar, dass ihr Mann selbst schon schlaflose Nächte hat, weil auch ihn die Sorgen mächtig drücken. Aber er will das vielleicht nicht zugeben. Also muss er ihre Gefühle ignorieren, um nicht selbst weiter angesteckt zu werden. Deshalb wählt er die lapidare Beschwichtigung: Wenn man nur will, lässt sich für alles eine Lösung finden. Und jetzt beunruhige mich nicht weiter!

Nach den Regeln des hilfreichen Dialogs könnte sich

seine Reaktion anders anhören: »Du bist beunruhigt, weil du noch nie mit so viel Schulden umgegangen bist. Das ist fremd für dich und unheimlich. Aber vielleicht hilft es dir, wenn ich dir versichere, dass ich alles von zwei Banken habe durchrechnen lassen.«

Und zu ihren anderen Bedenken: »Ich habe verstanden, dass es dich beschäftigt, ob du das große Haus ordentlich in Schuss halten kannst und noch Zeit für ein zweites Kind hast.«

Denkbar wäre auch eine andere Formulierung: »Du machst dir Sorgen, ob du die Arbeit packen wirst?« Es gibt nämlich nie nur eine einzige mögliche Form.

An diesem Punkt sind Paare oft beunruhigt und fragen: Was mache ich, wenn mein Gesprächspartner ewig lange erzählt? Ich kann mir das nicht alles merken und es erst recht nicht wiederholen. In solch einer Situation kann man entweder um eine Pause bitten und dann das bisher Verstandene wiederholen, oder man muss entscheiden, was am Gehörten wichtig ist und nur diesen Aspekt herausgreifen.

Es gilt aber auch für den Sprechenden, sich zu begrenzen: Wer zehn Minuten lang monologisiert, darf sich nicht wundern, wenn der Angesprochene so viel Information weder verarbeiten noch speichern kann. Während eines Bombardements mit Worten schalten die meisten Zuhörer automatisch ab. So werden Missverständnisse geradezu heraufbeschworen. Wenn Sie also verstanden werden wollen, ist es klug und hilfreich, die Zahl der Worte nicht ausufern zu lassen und zwischendurch eine Pause zu machen. Weiterreden können Sie immer noch. Eine große Zahl von Argumenten erschlägt den anderen eher, als dass sie ihn überzeugt. Es kommt nämlich nicht so sehr auf die sachlichen Gründe an, sondern vielmehr auf die entspannte und offene Atmosphäre.

Da man sich natürlich leicht verhören kann, hebe ich bei der Wiederholung zum Schluss gern die Stimme fragend an. Das soll heißen: Stimmt das so? Bewährt hat es sich auch, anschließend direkt zu fragen: »Habe ich dich so richtig verstanden?« Oder: »Hast du das so gemeint?«

Sollten Sie nicht korrekt wiederholt haben, so ist auch das keine Katastrophe. Ihr Gesprächspartner erzählt noch einmal, präzisiert vielleicht einiges, um es Ihnen leichter zu machen, und dann wiederholen Sie erneut sinngemäß, was Sie nun verstanden haben.

Ich stimme nicht mit Kollegen überein, die meinen, allein schon das Zuhören erzeuge eine harmonische Atmosphäre. Nach meinen Erfahrungen reicht das allein noch nicht aus, weil die meisten Menschen beim reinen Zuhören innerlich abschweifen. Eigene Gedanken schießen durch den Kopf, und schon ist man abgelenkt... Es ist nützlicher, wenn man das Gehörte mit eigenen Worten wiederholt, weil man sich dadurch zum genauen Hinhören zwingt.

Außerdem geht man damit einem anderen Problem aus dem Wege: Die meisten Menschen denken beim Zuhören bereits an mögliche Gegenargumente, um den eigenen Standpunkt zu festigen. Mit dem hilfreichen Dialog ist das nicht ohne weiteres möglich, weil man sich ja auf das Zuhören und Wiederholen konzentrieren muss – und das ist gut für das Gespräch.

Am einfachsten beginnen Sie Ihre Wiederholung folgendermaßen: »Ich habe dich so verstanden, dass du *das und das* meinst. Habe ich das richtig verstanden?«

Damit räumen Sie die Möglichkeit ein, eventuelle Verständnisfehler zu korrigieren. Dann wiederholen Sie noch einmal die neue Information: »Ich versuche es jetzt noch einmal. Du siehst das *so und so*, für dich ist *dies und das* wichtig.« Diese neuerliche Wiederholung verstärkt den

Eindruck, dass Sie die Äußerungen Ihres Gegenübers tatsächlich ernst nehmen.

Der Nutzen dieser Kommunikationshilfe liegt auf der Hand:

- Sie müssen genau hinhören, um wiederholen zu können.
- Akzeptanz und gegenseitige Wertschätzung werden gefördert.
- Verständnisfehler werden bei der Wiederholung deutlich und können sofort korrigiert werden.
- Durch die Wiederholung des Gehörten verlangsamt sich das Gesprächstempo. Die Folge: Spannungen schaukeln sich längst nicht so rasch hoch. Das Gespräch dauert zwar etwas länger – doch was macht das schon, wenn es insgesamt produktiver und entkrampfter verläuft?

Ein Gegenargument, mit dem ich in meiner Praxis zuweilen konfrontiert werde, lautet: »Das hört sich ja blöd an. Ich bin doch kein Papagei!«

Ich verstehe, wenn Sie sich nicht lächerlich machen wollen, aber ich kann Ihnen versichern, dass sich das vermeiden lässt, indem Sie nicht exakt nachplappern, sondern mit Ihren eigenen Worten den Sinn oder die Grundaussage des von Ihnen Gehörten wiederholen.

Manchmal entspringen derartige Bedenken einer gewissen Unsicherheit vor dem Neuen. Am einfachsten ist es, wenn Sie es ausprobieren und sich ein eigenes Urteil bilden.

Das richtige Zuhören

Sie können gut zuhören?

Die meisten Menschen glauben das von sich. Zuhören ist schließlich keine Kunst. Man macht es ja andauernd. Nur ist das noch keine Gewähr für »Qualitätsarbeit«.

Machen Sie gleich mal die Probe aufs Exempel!

Hier ist eine kleine Geschichte: »Ich war enttäuscht, weil es in den zwei Wochen Urlaub sechs Mal geregnet hat. Und an drei weiteren Tagen war es auch noch ziemlich bewölkt. Also nix mit Bräune! Na ja, bei einer Schnäppchenreise für 399 Euro darf man auch nicht zu viel erwarten. Da ist kein schönes Wetter im Preis inbegriffen. Unsere Tochter mit ihren hautengen Jeans tobte jede Nacht durch die Discos. Das Hotel war gut, nur an der Bar war schon um 23 Uhr finito. Blöd fand ich auch, dass unser Flieger schon bei Sonnenaufgang startete. Andererseits waren wir bereits zum Frühstück wieder in München.«

Versuchen Sie nun, folgende Fragen zu beantworten:

Was kostete die Reise?

An wie vielen Tagen war es bewölkt?

Wohin ging die Reise?

Was trug die Tochter am Abend?

Wann schloss die Hotelbar?

Wie lange dauerte der Urlaub?

Wo landete das Flugzeug?

Wie spät war es bei der Ankunft?

Mit welcher Gesellschaft verreiste der Erzähler?

Wie lange waren die Geschäfte geöffnet?

Na, zählen Sie doch mal Ihre Treffer. Zufrieden? Oder steigerungsfähig? Dann halten Sie sich an den hilfreichen Dialog, um sicher zu sein, dass Sie tatsächlich alles mitbekommen. Übrigens: Für die letzten beiden Fragen enthält der Beispieltext keine Angaben.

Der hilfreiche Dialog hilft Ihnen auch, mit Spitzen, Unterstellungen und Vorwürfen geschickt umzugehen. Solch ein Gesprächskiller lauert im Beispiel mit dem jungen Paar und dem Hausbau, wenn er sagt: »Es fällt mir immer stärker auf, wie zögerlich und ängstlich du doch bist.«

Dieser Satz ist der Verständigung natürlich nicht eben

förderlich, denn er enthält einen pauschalen Vorwurf, und wer würde den schon gerne auf sich sitzen lassen?

Hier ist die Gefahr groß, dass die Frau mit einem Gegenangriff kontert (»Ach nee, und du bist wohl immer mutig und entschlussfreudig!«), klüger wäre es jedoch, selbst in solch einer Situation die Regeln des hilfreichen Dialogs anzuwenden: »Ich habe verstanden, dass du mich zögerlich und ängstlich findest. Vielleicht trifft das auf *diese Situation* zu.«

Damit »fährt« sie den Angriff ihres Mannes »runter«, lässt sich also nicht die Gesprächsform aufzwingen, sondern gestaltet nun selbst den weiteren Verlauf: »Ich möchte ja nur, dass ich meine Besorgnis loswerden kann, und ich finde es schön, dass du versuchst, mich zu verstehen.«

»Es fällt mir immer stärker auf, wie zögerlich und ängstlich du doch bist«: Das ist schon starker Tobak, aber man macht es nicht besser, wenn man entrüstet aufschreit und versucht, den Vorwurf zu entkräften. Normalerweise würde man ja erwidern: »Das stimmt doch überhaupt nicht«, und dann würde die »Gegenseite« auch noch Beweise liefern müssen, um nicht das Gesicht zu verlieren. Solche unter Druck zusammengesuchten Argumente fallen meistens härter aus, als sie eigentlich gemeint sind.

Die Folge: Die Atmosphäre ist vergiftet, und der Adrenalinspiegel steigt unkontrolliert an bis zum großen Knall.

Häufig wird ein persönlicher Angriff gestartet, weil man ahnt oder aus Erfahrung weiß, dass der andere auf den Vorwurf anspringt – und dann kann man herrlich lange diskutieren und verliert das ursprüngliche, eigentlich wichtige Thema völlig aus dem Auge. Man wird auf einen Nebenkriegsschauplatz geschubst, damit an der tatsächlichen Front Ruhe herrscht.

In unserem Beispiel geht es um den Nebenkriegsschauplatz Ängstlichkeit und zögerndes Verhalten. Von den konkreten Befürchtungen der Frau sind die beiden völlig weg, und das Bedürfnis nach Anerkennung ist nicht befriedigt worden. So sicher wie das Amen in der Kirche kommt es bei solch einem Gesprächsverlauf zu Spannungen und weiteren Angriffen.

Mein Rat: Lassen Sie sich nicht auf einen Nebenkriegsschauplatz locken, sondern bleiben Sie bei Ihrem Thema. Und dafür spielt es keine Rolle, ob Sie – wie die Frau in unserem Beispiel – ängstlich und zögerlich sind. Bestätigen Sie lieber die angriffslustigen Äußerungen (»das kann in dieser Situation schon sein«, »vielleicht ist das hin und wieder so«, »du erlebst mich so, aber ich möchte weiter über meine Sorgen sprechen«), und wiederholen Sie ruhig noch einmal Ihr Problem oder Ihre Frage.

Indem Sie sich nicht das Heft aus der Hand nehmen lassen, fördern Sie ganz nebenbei auch noch den Respekt Ihres Gegenübers. Respekt wird einem nämlich nicht entgegengebracht, weil man alles schluckt und mitmacht, sondern weil man Akzente setzt und klare Vorstellungen ausdrückt.

Praktische Übungen

Für den konstruktiven Verlauf eines Gesprächs ist es so wichtig, die Regeln des hilfreichen Dialogs zu kennen und anwenden zu können, dass ich Ihnen nun einige praktische Übungen anbieten möchte. Es wäre sinnvoll, wenn Sie jeweils auf einem Blatt notieren würden, was Sie gehört haben.

»Wenn irgendwas nicht so klappt, wie du es dir vorgestellt hast, gibst du mir die Schuld. Dann fühle ich mich natürlich angegriffen und bin vor Wut so blockiert, dass ich nicht mehr mit dir reden kann und mich still zurückziehe.«

Was haben Sie verstanden?

Ein Mann, knapp über 50: »Auf der Geburtstagsfeier haben die Frauen über die Männer gelästert, die allmählich eine Glatze kriegen. Meine Frau hat mitgemacht und sogar noch getönt: ›Hier, wollt ihr meinen kleinen Glatzenkönig haben? Ihr könnt seinen Kopf als Schminkspiegel nutzen.‹ Damit hat sie ja allen gezeigt, dass sie mich nicht mehr will.«

Was bewegt diesen Mann, worum geht es ihm?

Vermutlich fühlt er sich gekränkt oder gar angegriffen. Beim hilfreichen Dialog kommt es nicht unbedingt darauf an, gleich beim ersten Versuch das »richtige« Gefühl des anderen zu treffen. Es reicht, wenn Sie verständnisvoll auf das Gesagte eingehen, denn dadurch wächst das Gefühl der Akzeptanz, und das bewirkt automatisch, dass Ihr Gesprächspartner sich zum Weiterreden ermutigt fühlt.

Wie könnte eine hilfreiche Erwiderung also lauten?

Mein Vorschlag: »Ich habe gehört, dass du dich verletzt fühlst durch die Äußerung deiner Frau.«

Oder: »Ich habe verstanden, dass du dir richtig blöd vorgekommen bist, als deine Frau sich so über dich geäußert hat.«

Eine junge Frau beklagt sich: »Ich sage etwas, und du hörst mir überhaupt nicht zu.«

Die Versuchung ist groß, sich zu rechtfertigen: »Das stimmt überhaupt nicht!« Doch schon dieser kleine Satz kann den Blutdruck klettern lassen und die Spannung gefährlich erhöhen.

Deshalb wäre eine Erwiderung im Sinne des hilfreichen Dialogs viel produktiver.

Wie könnte sie lauten?

Mein Vorschlag: »Du hast den Eindruck, ich höre dir nicht zu?«

Oder: »Du merkst nicht, dass ich dir zuhöre?«

Lassen Sie uns nun noch einmal eine Situation im Detail durchspielen, um die Vorteile des hilfreichen Dialogs zu vertiefen.

Christa schaut ihren Mann Thies an, weil sie ihn gern anschaut und es ihr ein Gefühl von Vertrautheit und Nähe gibt. Außerdem macht sie sich in letzter Zeit Sorgen um ihn, weil er sehr viel arbeitet und blass wirkt.

»Ist was?« Er blickt von seiner Zeitung auf.

»Nee, was soll denn sein?«

»Ich meine nur. Weil du so komisch guckst. So lauernd.«

»So lauernd«: Da schwingt eine angriffslustige Unterstellung mit, die Christas warmes Gefühl im Nu in Richtung Eisschrank verändert.

»Blödsinn! Ich gucke doch nicht komisch. Und schon gar nicht lauernd. Du bist wahrscheinlich überreizt. Ist ja auch kein Wunder. Wann hast du schon mal Zeit für dich oder für uns?«

Er spricht in die Zeitung hinein: »Fang nicht wieder davon an, dass ich keine Zeit für die Familie hätte! Ich habe nun mal beruflich viel um die Ohren. Jedenfalls sehe ich es nicht ein, immer der Sündenbock zu sein.«

Vermutlich erlebt Thies sich in einer Zwickmühle, in der er sich gar nicht gut fühlt: Beruflich ist er stark gefordert, und jetzt verlangt Christa auch noch im privaten Bereich mehr Einsatz. Er reagiert barsch, um sich aus dieser Situation zu befreien, und hofft: Vielleicht hört sie mit dem leidigen Thema auf, wenn ich grob zu ihr bin.

Sie: »Du bist überhaupt nicht der Sündenbock. Aber

so, wie du mit den Kinder umspringst, das kann man nur noch verantwortungslos nennen.«

Offensichtlich ist die Stimmung bei diesem Paar schon von vornherein aufgeheizt. Umso wichtiger ist es gerade dann, die Erregung zu dämpfen. Und dafür gibt es den hilfreichen Dialog.

Lassen wir die beiden noch einmal von vorn anfangen:

»Ist was?« Thies blickt von seiner Zeitung auf.

Christa: »Nee, was soll denn sein?«

Hilfreich wäre es, wenn Thies etwa folgendermaßen reagieren würde: »Du bist nicht irgendwie missgestimmt? Du schaust nämlich nicht gerade zufrieden aus.«

Wenn Christa nun mit dem hilfreichen Dialog arbeitet, geht es so weiter: »Du meinst, ich bin unzufrieden? Ja, das stimmt.«

Nun muss er in den sauren Apfel beißen und sich mit ihrem Unmut beschäftigen. Für das Gesprächsklima ist es von Vorteil, die Dinge beim Namen zu nennen. Dadurch werden Missverständnisse vermieden, und der Druck vermindert sich.

Thies fährt fort: »Und was macht dich unzufrieden?«

Sie, mit giftigem Blick: »Dass du für die Kinder kaum noch Zeit hast, und wie du mit ihnen umspringst, das finde ich verantwortungslos.«

Vorsicht, Hochspannung! Christa ist geladen, und das sollte Thies berücksichtigen, indem er besonders behutsam mit ihr umgeht.

»Du bemängelst meine fehlende Zeit und findest meinen Umgang mit den Kindern schlimm. Habe ich das richtig verstanden?«

Dass er sein Verhalten wahrscheinlich nicht schlimm findet, tut im Moment noch nichts zur Sache. Das Ziel ist eben nicht, mit möglichst weißer Weste dazustehen, sondern das eskalierende Gespräch zurück in produktive Bahnen zu lenken ...

Sie macht weiter: »Ja, ich finde es schlimm, wenn du so streng mit ihnen bist. Du tust immer gleich so, als wären die beiden die schlimmsten Rabauken in der ganzen Stadt. Du lobst sie fast nie, und ich finde, du unternimmst zu wenig mit ihnen.«

Auch das wird wohl am Ego kratzen. Dennoch: Mit eigenen Worten das Gehörte wiederholen!!!

Thies: »Ich habe dich so verstanden, dass du mich als zu streng erlebst, dass du meinst, ich lobe die Jungs nicht und kümmere mich zu wenig um sie.«

Zugegeben: Es braucht schon etwas Zurückhaltung, hier nicht einen Gegenangriff zu starten. Aber es geht!

Christa: »Ich meine nicht, du kümmerst dich zu wenig, sondern du kümmerst dich ausgerechnet immer dann, wenn sie was angestellt, also aus deiner Sicht etwas verbrochen haben. Aber du machst zu wenig gemeinsam mit ihnen, so Vater-Sohn-Sachen. Vielleicht mal zusammen Rad fahren oder so.«

Thies wiederholt, was er gehört hat: »Du meinst, ich sollte mehr mit ihnen zusammen unternehmen. Hab ich das so richtig verstanden?«

Nun nickt Christa: »Genau! Siehst du das nicht so?«

Thies: »Eigentlich nicht. Ich finde, die Jungs nehmen sich ganz schön viel raus. Sie werden mit ihrem Verhalten in der Schule noch mächtig Schwierigkeiten kriegen. Ich erlebe dich da so vorsichtig, du greifst nicht durch. Und für mich bleibt dann die erzieherische Drecksarbeit, wenn ich sie zur Räson bringen muss.«

Vielleicht erkennen Sie nun mehr von dem, was Thies beschäftigt: Er scheint unzufrieden mit seiner Rolle als »harte Hand« zu sein. Der Ausdruck Drecksarbeit legt das jedenfalls nahe.

Eigentlich liegen die Positionen des Paares gar nicht so weit auseinander: Beide sind unzufrieden mit dem Verhältnis des Vaters zu seinen Söhnen. Christa findet ihren Mann zu streng und vermisst gemeinsame Aktivitäten der »Männer«. Thies fühlt sich als strafender Vater missbraucht und nimmt wahrscheinlich an, sie habe sich den angenehmeren Teil in der Erziehung ausgesucht. Solche gemeinsamen Leidensaspekte werden im Spiel »Angriff – Verteidigung – erneuter Angriff« natürlich nicht erkennbar. Erst das ruhige Wiederholen bietet die Chance, Verbindendes zu entdecken.

Christa: »Du glaubst, dass sie später Probleme kriegen, weil ich aus deiner Sicht nicht streng genug bin? Und du fühlst dich in deiner Rolle als Bestrafender nicht wohl?«

Thies: »Genau! Eine Scheißrolle ist das. Aber einer muss ja wohl durchgreifen und Grenzen setzen! Und da du das nicht tust…«

Achtung, Gefahr der Gegenwehr!

Doch es geht auch ruhiger, indem nachgefragt und um Klärung gebeten wird: »In welchen Situationen sollte ich deiner Meinung nach strenger sein?«

Hier möchte Christa ein konkretes Beispiel hören, um Thies besser zu verstehen. Es geht ihr nicht darum, das Beispiel zu erschüttern, sondern überhaupt zu begreifen, was Thies genau meint.

Die beiden könnten stundenlang theoretisch über den erzieherischen Wert von Strenge und den Einfluss von Lob und Tadel diskutieren. Dabei handelt es sich letztlich um ganz persönliche Ansichten, die meistens durch eigenes Erleben in der Kindheit geformt worden sind: Wer die Strenge in seinem Elternhaus als bedrohlich erlebt hat, wird als Elternteil eher für eine nachgiebige Erziehung plädieren, und wer zu viel Nachsicht erlebt hat, der möchte seine Kinder später lieber an die Kandare nehmen.

Allgemein verbindliche Regeln für eine richtige Erziehung gibt es nicht, deshalb ist das konkrete Nachfragen in der Auseinandersetzung zwischen Christa und Thies hilfreich. Anhand konkreter Situationen können sie sich vielleicht auf eine gemeinsame Erziehungsstrategie einigen. Also: »Wo sollte ich deiner Meinung nach strenger sein?«

Thies schildert, was ihn in letzter Zeit besonders erzürnt hat: »Zum Beispiel wenn Johannes sein Fahrrad in der Einfahrt liegen lässt. Ich habe keine Lust, jedes Mal sein Rad zur Seite zu räumen, wenn ich in die Garage fahren will. Deshalb habe ich es ihm ja weggenommen und für 14 Tage eingeschlossen.«

In dieser Zeit konnte Johannes nicht mit den anderen Kindern durch die Gegend fahren und hing missmutig zu Hause herum, was Christa auf die Nerven ging. Aber was würde es bringen, wenn sie ihm das jetzt vorhielte? Wer würde sich dadurch besser fühlen?

Sie hält ihre Sichtweise des Problems deshalb zurück und fragt: »Dich ärgert seine Nachlässigkeit mit dem Fahrrad?«

Thies: »Ich erlebe das als Provokation. Er gehorcht einfach nicht! Das kann man ihm doch nicht durchgehen lassen.«

Christa: »Nein, kann man nicht, das finde ich auch. Also stellt sich die Frage, wie wir damit umgehen. Wenn du sein Rad einschließt, macht er mir das Leben sauer. Ich kann es schlecht ertragen, wenn er so traurig durch die Gegend läuft.«

Thies: »Du findest auch, dass man sein Verhalten nicht einfach ignorieren kann? Immerhin ist das doch schon mal was Gemeinsames. Was schlägst du also vor?«

Es bringt das Gespräch enorm weiter, wenn ein Paar sich die unterschiedlichen Ansichten nicht um die Ohren haut, sondern immer wieder überlegt, mit welchen konkreten Maßnahmen das Problem gelöst oder wenigstens entschärft werden kann. Schwierigkeiten sind nicht zum Streiten da, sondern zum Überwinden.

Christa: »Im Moment habe ich noch keine Idee. Ich wusste ja bisher überhaupt nicht, was dich so ärgert. Ich könnte mir vorstellen, dass wir ihn belohnen, wenn er sein Rad ordentlich zur Seite stellt. Beispielsweise, dass du dann was mit ihm machst, vielleicht am Wochenende. Ich hätte dabei ein besseres Gefühl.«

Ich weiß nicht, ob dies die bestmögliche Lösung des Problems ist, doch sind die Eltern im produktiven Gespräch geblieben, ohne sich zu verletzen und zu zerstreiten. Vorher war ja überhaupt keine Lösung in Sicht. Entscheidend ist nicht unbedingt, dass man immer die optimale Einigung erzielt, sondern dass man respektvoll miteinander umgeht, um im Gespräch zu bleiben und sich abends in die Arme nehmen zu können.

Dagegen muss man im Zustand der inneren Anspannung auf der Hut sein und kann keine konstruktiven Lösungen für ein Problem finden. Man kommuniziert nämlich mit dem Reptiliengehirn des Partners und nicht mit dem vernünftigen Menschen. Deshalb scheitern Gespräche ja so oft und ufern in verletzenden Streit aus.

Probieren Sie das aufmerksame Zuhören und den hilfreichen Dialog aus! Sie werden sehen, damit haben Sie bereits die wichtigsten Hilfsmittel für eine stressarme Kommunikation in der Hand. Gespräche verlaufen dann gut, wenn sich beide Partner gut fühlen, und das erreichen Sie, wenn Sie den Faktor A lebendig werden lassen. Diskutieren Sie nicht über sachliche Aspekte, sondern denken Sie daran, dass jeder Mensch zuerst sich und seinen Standpunkt verstanden fühlen möchte, um sich anschließend in seiner Argumentation bewegen zu können.

Sie hören, was Sie hören wollen

Wie Sie sich Gefühle machen

»Wahrheit ist der Name,
den wir unseren wechselnden Irrtümern geben.«
Rabindranath Tagore

»Ich kapiere nicht, wie aus einer harmlosen Bemerkung ein heftiger Krach entstehen kann. Ich habe das doch gar nicht so gemeint.«

Es ist ein kleines Drama: Menschen haben zwar Ohren, dennoch hören sie nicht richtig und schon gar nicht neutral. Sie hören, was sie hören wollen. Und da wundern wir uns über Missverständnisse und Unverständnis?

Eine klassische Situation: Ein Mann steht vor dem Kleiderschrank und ruft: »Wo sind denn meine Socken?« Während seine Frau seine Stimme und seine Worte hört, bewertet sie automatisch seine Frage. Ist ihre Laune gerade gut und die Beziehung zu ihrem Partner harmonisch, so wird sie beispielsweise antworten, dass sie die Socken in die untere Schublade gelegt hat. Er wird sich bedanken, und alles ist in schönster Ordnung.

Ist sie aber gestresst oder hat sie sich am Abend vorher über ihn geärgert, hört sie vielleicht: »Er will mir Vorwürfe machen, weil ich keine Ordnung in den Schränken halte.« Diese Vermutung wird bei ihr Ärger auslösen, und ihre Stimme wird genervt klingen: »Wann lernst du endlich mal, deine Sachen alleine zu finden?«

Ist er gut drauf, wird er sich knapp bedanken und den Vorwurf in ihrem Satz ignorieren. Aber wenn auch er angespannt ist, dann gibt jetzt ein Wort das andere.

Worte sind eben mehr als aneinander gereihte Buchstaben: Sie übermitteln Botschaften. Wir können auch sagen: Es gibt einen Sender, der etwas übermitteln will, und einen Empfänger, der die Botschaft aufnimmt.

Stellen Sie sich vor, ein guter Bekannter ruft Sie an und sagt: »Endlich bist du mal da! Ich versuche schon seit Stunden, dich zu erreichen.«

Neben der reinen Information (»Ich versuche schon seit Stunden, dich zu erreichen«) übermittelt der Anrufer noch etwas, nämlich ein Gefühl oder eine Bewertung. Und diese verborgene Nachricht muss nicht deckungsgleich sein mit dem, was der andere hört. Häufig ist sie das auch nicht, und dann gibt es ein Problem.

In diesem Beispiel schwingt eine Erleichterung des Senders, vielleicht aber auch ein Vorwurf mit, etwa im Sinne von: Nie bist du zu erreichen!

Manchmal entscheiden der Tonfall und der Gesichtsausdruck, wie die Information beim Sender ankommt: Falten auf der Stirn drücken Ärger aus, eine weiche Stimme eher Erleichterung.

Oft entscheidet aber auch die Befindlichkeit des Empfängers darüber, was er aus der Information macht: »Ach, tut mir Leid, dass du mich nicht erreicht hast. Um was geht's denn?« Oder die andere Möglichkeit: »Na, ich werde doch wohl noch unterwegs sein dürfen. Willst du mich etwa an die Kette legen?«

Wer ärgert wen?

In einem Gespräch vis-à-vis nimmt der Empfänger Worte und Körpersprache (Tonfall, Gestik und Mimik) wahr, doch das geschieht keinesfalls objektiv. Vielmehr werden diese Informationen subjektiv verarbeitet: Es wird interpretiert, und erst dadurch werden bestimmte Stimmungen oder Gefühle ausgelöst, die im nächsten Schritt zu einer Reaktion des Empfängers führen.

Es ist also nicht fair, dem Partner zu unterstellen, er habe Sie geärgert. Sie haben sich nämlich selbst geärgert, indem sie das Informationspaket des Partners so interpretiert haben, dass Sie sich ärgern mussten.

Betrachten wir ein anderes Beispiel. Angenommen, Sie stehen in der Kälte und warten auf Ihren Freund oder Ihre Freundin. Schließlich taucht der erwartete Mensch endlich auf, allerdings 20 Minuten zu spät.

Wie werden Sie wohl reagieren?

Die meisten Menschen, die so lange Zeit in der ungemütlichen Kälte gewartet haben, werden unfreundlich reagieren und den anderen anfauchen: »Schau an, du lebst ja noch! Welch ein Wunder! Du bist mir vielleicht ein schöner Freund! Lässt mich hier stundenlang warten.«

Was ist passiert?

Die Kälte kriecht in Ihnen hoch, und Sie fragen sich nach dem Grund der Verspätung. Vielleicht sagen Sie sich: Wenn man mich so lange warten lässt, kann ich wohl keine große Bedeutung für den anderen Menschen haben. Diese Interpretation wird Sie wahrscheinlich ärgerlich stimmen, und dann machen Sie Ihrem Ärger Luft, indem Sie loswettern.

Aber es könnte auch ganz anders kommen, wenn Sie die Verspätung anders bewerten würden: »Oh, schon 20 Minuten zu spät. Hoffentlich ist nichts Schlimmes passiert.«

Bei dieser Vermutung über den Grund der Verspätung sind Sie vielleicht besorgt, und ein Stein fällt Ihnen vom Herzen, wenn Ihr Freund oder die Freundin endlich unbeschadet um die Ecke biegt: »Gut, dass du da bist. Ich hatte mir schon Sorgen gemacht. Ist alles in Ordnung?«

Kleine Ursache – große Wirkung

Ein anderes Beispiel, in dem alles ganz harmlos beginnt:

Lutz ist gerade aus dem Büro nach Hause gekommen und sieht neugierig die Post durch. Da bittet ihn seine Frau Marlis, doch schnell noch Getränke zu holen.

Für diese Tätigkeit ist er zuständig, und so ist ihr Wunsch nichts Besonderes. Dennoch kommt es zu einer Missstimmung, die sich beide erst im Nachhinein erklären können.

Er fährt sie unwillig an: »Mein Gott, kann ich denn nicht mal fünf Minuten lang in Ruhe die Post lesen, ohne gestört zu werden?«

Welche Laus ist ihm über die Leber gelaufen?

Lutz ist ziemlich geschafft und freut sich auf den ruhigen Feierabend. Und in diese Stimmung platzt seine Frau mit ihrem Wunsch nach Getränken. Im Geiste sieht er, wie er die leeren Getränkekisten in den Kofferraum wuchtet, losfährt und im Supermarkt in der endlos langen Schlange an der Kasse steht. Hätte sie ihn nicht schon am Morgen bitten können? Dann wäre er auf dem Weg zur Arbeit gleich beim Supermarkt vorgefahren. Dieser innere Film löst bei ihm weitere Gedanken aus: Immer will sie was von mir. Warum kann sie mich nicht mal in Ruhe lassen, wenn ich gerade nach Hause gekommen bin? Aufgrund seiner Gedanken fühlt er sich unverstanden und genervt, und es platzt aus ihm heraus: »Mein Gott, kann ich denn nicht mal fünf Minuten lang in Ruhe die Post lesen, ohne gestört zu werden?«

Marlis ahnt natürlich nichts von seinen Gedanken, und deshalb versteht sie seine Reaktion nicht, denkt sich aber ihren Teil: Sein Verhalten ist unverschämt! Da erinnere ich ihn freundlich an seine Aufgabe, für die Getränke zu sorgen, und er meckert mich gleich an. Was bildet er sich eigentlich ein? Er kann sich ruhig ein wenig an den häuslichen Pflichten beteiligen. Viel macht er wirklich nicht…

Während Marlis so denkt, kontert sie ärgerlich: »Wann darf man denn den gnädigen Herrn noch mal ansprechen?«

Und nun beginnt das Spiel von vorn: Natürlich hört Lutz die Spitzen in ihren Worten und im Tonfall und sagt sich: Marlis geht überhaupt nicht auf mich ein. Sie ignoriert meinen Wunsch nach Entspannung. Das verstärkt seinen Ärger, und entsprechend reagiert er: »Wenn du mich als Sklaven betrachtest, brauche ich ja gar nicht mehr nach Hause zu kommen!«

Marlis runzelt ärgerlich ihre Stirn: Lutz spinnt doch wohl! Sieht sich als Sklaven, dabei drückt er sich bei jeder Gelegenheit um die Hausarbeit. Das, so meint sie, darf sie sich nicht bieten lassen, das geht eindeutig zu weit. Auf einen groben Klotz gehört ein grober Keil: »Hast du sie nicht mehr alle? Wer erledigt denn hier fast alle Arbeiten? Du etwa? Du bist doch regelmäßig müde, wenn du nach Hause kommst, und lässt mich schuften.«

Sehen Sie, so können sogar harmlos beginnende Gespräche zu heftigster Verstimmung führen – obwohl niemand etwas Böses beabsichtigt hat.

Das liegt daran, dass wir nicht objektiv wahrnehmen, sondern automatisch (!) das Mitgeteilte interpretieren.

Fachleute sprechen dabei von einer Kommunikationskette in vier Schritten:

1. Schritt: Wir nehmen wahr: Wir hören, sehen, riechen oder schmecken etwas.
2. Schritt: *Wir bewerten* oder interpretieren unsere Wahrnehmung, indem wir der Information eine Bedeutung geben. Dieser Prozess hängt von unserer Verfassung und dem Zustand der Beziehung

zum Gesprächspartner, aber auch von unseren früheren Erfahrungen ab.

3. Schritt: *Wir fühlen* etwas. Entsprechend der Interpretation des Wahrgenommenen bekommen wir ein »passendes« Gefühl: Zum Beispiel sind wir enttäuscht, sauer, erleichtert, glücklich, gespannt, beruhigt, verärgert, deprimiert, zufrieden, gereizt, bedrückt, ängstlich, empfindlich.

4. Schritt: *Wir reagieren.* Unser Gefühl bewirkt ein entsprechendes Verhalten. Beispielsweise: Wir schimpfen, wenden uns ab, schweigen, meckern, streicheln, schlafen ein, kontern.

Unser Gefühl in einem Gespräch hängt also ganz entscheidend davon ab, wie wir eine Botschaft auffassen.

Die Art und Weise der Interpretation, also der persönlichen Bewertung, ist die große Unbekannte in Gesprächen: Man meint etwas ganz harmlos und sticht dennoch mitten in ein Wespennest, löst womöglich einen Schwall von Vorwürfen aus, weil man den anderen Menschen an einer empfindlichen Stelle getroffen hat.

Wo diese sensiblen Stellen sind, hängt von der Lebensgeschichte unseres Gesprächspartners, von seinen Erfahrungen und den daraus gezogenen Schlussfolgerungen ab. Sie bilden ein persönliches Glaubenssystem oder Programm, das die Interpretation steuert. Wenn wir diese individuellen Überzeugungen nicht kennen, werden wir leicht unerwartete Reaktionen hervorrufen und mehr auslösen, als wir beabsichtigt haben und als uns lieb sein kann.

Programme: Die heimlichen Herrscher

Wie Ihre Vergangenheit mithört

»Die Kinderkrankheiten der Seele
brechen erst bei den Erwachsenen aus.«
Hans Weigel

Unsere individuellen Erfahrungen hören immer mit und bewerten jedes Gespräch, darum reagieren wir nicht immer so vernünftig, wie wir gerne möchten. Gefühle entstehen in uns und verleiten uns zu ganz bestimmten Verhaltensweisen, ohne dass uns dies immer bewusst wäre. Diese Gefühle kommen von weit her, von früher, aus unserer Vergangenheit. Sie resultieren aus all den Erlebnissen und Erfahrungen des kleinen Kindes, das immer noch in uns steckt. Dieses Kind hat das, was ihm widerfahren ist, mit seiner kindlichen Art des Denkens bewertet.

Der Filmschauspieler Harrison Ford, inzwischen einer der bestbezahlten Filmstars aller Zeiten, litt lange unter quälenden Selbstzweifeln. In einem Interview der Fernsehzeitschrift »TV Hören und Sehen« wurde er gefragt: »Sie sind doch schon so lange ein Weltstar. Wieso haben Sie sich überhaupt für einen Versager gehalten?« Wahrscheinlich vermutete der Interviewer, aktuelle Erfolge würden die erlittenen Kränkungen ausbügeln. Ford belehrte ihn: »Ich schätze mal, dass die Gründe dafür in meiner Jugend liegen. Als Teenager war ich nämlich der absolute Außenseiter: Ich hatte keinen einzigen Freund, war sehr introvertiert und unsicher und hatte das Gefühl, ganz anders als alle anderen zu sein. Obendrein wurde ich jeden Tag nach der Schule von den anderen verprügelt. Und solche schlechten Erfahrungen können ein ganzes Leben lang nachwirken. Es macht einen zwar widerstandsfähiger, aber man hat auch immer irgendwie das Gefühl, nicht richtig dazuzugehören.« Der Schauspieler sieht in diesen Erlebnissen seine Schwierigkeit begründet, überhaupt Freundschaften zu schließen, »denn ich öffne mich Fremden nicht gern und kann nur sehr schlecht über meine tiefsten Gedanken und Gefühle reden«.

Wirken solche Erfahrungen tatsächlich ein ganzes Leben lang nach, wie Harrison Ford meint? Psychologen stimmen darin überein, dass gerade Erlebnisse aus der Kindheit unser Seelenleben erheblich beeinflussen, auch wenn wir uns an viele Situationen und Erfahrungen nicht bewusst erinnern können. Wir sind nämlich von einer Art »Kindheits-Amnesie« betroffen, weshalb wir uns zum Beispiel nicht an unseren zweiten Geburtstag erinnern können, selbst wenn wir uns noch so sehr anstrengen. Es tauchen höchstens ein paar Erinnerungsfetzen auf, die aber aus dem Zusammenhang gerissen sind. Die Ursache dafür haben Gehirnforscher gerade entdeckt: Kleine Kinder denken auf eine andere Art als größere Kinder, die sich wiederum in ihrer Denkart noch einmal von den Erwachsenen unterscheiden. Weil wir als Erwachsene anders denken, können wir keine Eselsbrücken zu sehr früh Erlebtem bauen.

Die persönliche Welt

Aus allem, was ein Kind hört, formt es das Bild von sich und seiner Umwelt. Es ist so etwas wie seine seelische Muttersprache, und genau wie die gelernte Sprache wird sie nie mehr vergessen.

Wenn man als Kind häufig hört: »Iss deinen Teller leer«, dann wird das zu einer persönlichen Überzeugung, zu einem Programm, und man wird auch als Erwachsener nichts auf dem Teller liegen lassen können. »Ich kann mich beim Essen einfach nicht beherrschen«, verkünden solche Menschen – und sie haben Recht. Sie sind Opfer ihres Programms, ihrer inneren Überzeugung. Der Schriftsteller Wilhelm Lichtenberg sah in solchen Überzeugungen einen »Irrtum, dem die Menschen sich in ihrer Jugend verschrieben und den sie dann später aus Trotz und falscher Scham nicht mehr korrigieren wollen«, doch hier irrte er: Wir ändern unsere Überzeugungen deshalb nicht, weil sie uns gar nicht bewusst sind, weil wir sie gar nicht mehr bemerken. Sie sind zu unbekannten, doch höchst einflussreichen persönlichen Vorurteilen geworden.

Wenn ein Vater seinem ängstlichen Sohn wiederholt prophezeit, aus ihm würde nie ein richtiger Mann, und er den Jungen deshalb nicht richtig ans Herz drücken kann, dann hat das Folgen: Dieser Junge wird als Erwachsener alles versuchen, um betont männlich aufzutreten, weil er glaubt, nur durch dieses Verhalten verletzender Kritik entgehen zu können. Wehe, wenn jemand seine Männlichkeit anzweifelt! Sein Programm lautet nämlich: Ich fürchte, nicht männlich genug zu sein und deshalb abgelehnt zu werden. Und: Ich möchte auf keinen Fall mit dieser Angst konfrontiert werden.

Das Programm ist die Quintessenz aus den Meinungen unserer Eltern über uns und den kindlich-naiven Schlussfolgerungen aus unseren Erlebnissen. Sind wir als Kind gehänselt worden, so hat das geschmerzt. Später wehren wir uns heftig, wenn jemand an diesen alten Schmerz rührt: »Stimmt doch gar nicht, ist doch völliger Quatsch, du spinnst wohl!« Wir müssen den Schmerz abwehren, und das umso mehr, je massiver uns jemand mit diesem frühen Kummer konfrontieren will...

Natürlich zeigen Kinder auch Verhaltensweisen, die ihre Eltern nicht mögen. Die Eltern bringen das zum

Ausdruck, und allmählich fürchtet das Kind Ablehnung, wenn es dieses unerwünschte Verhalten erneut zeigt. Da das Gehirn nichts vergisst, erwartet auch der Erwachsene Ablehnung, wenn ihm später genau dieses Verhalten unterstellt wird.

Beispielsweise wehren sich manche Menschen selbst dann nicht, wenn man sie ungerecht behandelt oder sogar unterdrückt. Sie brausen nicht auf, sondern schlucken ihren Ärger lieber hinunter. Es ist, als würden sie ihre Unzufriedenheit heimlich wie eine Marke in ein Rabattmarkenbuch einkleben – und irgendwann ist dann Zahltag, und sie explodieren lautstark. Für andere Menschen ist diese Reaktion völlig unverständlich, denn sie haben ja keine Ahnung von der Existenz dieses Sammelbuches.

Gibt man einem solchen Menschen den an sich vernünftigen Ratschlag, seinem Herzen rechtzeitig Luft zu machen, bringt das wenig. Sofort meldet sich nämlich eine innere Stimme: »Erinnere dich, was früher passiert ist, wenn du wütend warst. Weißt du noch, wie deine Eltern dich bestraft haben? Sie waren enttäuscht, haben nicht mit dir gesprochen oder drohend verkündet, solch ein böses Kind nicht zu mögen.« Vielleicht gab es auch körperliche Bestrafung – auf jeden Fall war das alles so schlimm, dass noch der Erwachsene fürchtet, missachtet und bestraft zu werden, wenn er seinen Gefühlen freien Lauf lässt. Das Runterschlucken des Ärgers ist im Laufe der Jahre zu einem persönlichen Verhaltensprogramm geworden.

Es schmerzt, wenn man uns unterstellt, wir seien dumm, würden etwas falsch sehen oder nicht verstehen. In Gedanken hören wir immer noch die Stimme der Eltern, beispielsweise den vorwurfsvollen Ausruf: »Warum kapierst du das nicht? Wie kann man sich nur so dumm anstellen!« Die Stimme klingt nicht liebevoll, sondern enttäuscht oder verärgert, weshalb wir uns in der aktuellen Situation schnell wieder wie damals fühlen, nämlich bedroht und unverstanden.

Meckert die Mutter ständig über ihren Mann, so lernt der Junge, dass er besser nicht die Eigenschaften seines Vaters haben sollte. Deshalb bringt ihn auch 30 Jahre später der Vorwurf seiner Frau, er sei genau wie sein Vater, in Sekundenschnelle an die Decke, denn er bewertet das als Bedrohung: Ich werde abgelehnt, wenn ich so bin. Also muss er dieses gefährliche Bild abwehren: »Stimmt doch gar nicht!«

Das Putzprogramm

Zu den frühen Botschaften gehören auch die Leitsätze und Überzeugungen unserer Herkunftsfamilie: »Wir Müllers sind bescheiden. Wir fahren nicht das größte Auto.« Die Kinder werden das später auch so praktizieren, selbst wenn der Partner ein größeres Auto möchte. Oder die Kinder lehnen die Einstellung ihrer Eltern ab, und dann befolgen sie als Erwachsene das Anti-Eltern-Programm: In diesem Beispiel würden sie erst recht einen repräsentativen Wagen steuern. Das Programm setzt Grenzen, von denen der Verstand nichts weiß, es beeinflusst uns mehr, als uns vielleicht lieb ist.

Noch ein paar Programmsätze: »In unserer Familie ist es üblich zu studieren«; »Aktien sind nur etwas für reiche Leute«; »Es gehört zu den Aufgaben der Frau, sich um den Haushalt zu kümmern«; »Du hast zwei linke Hände«; »Was sollen denn die Nachbarn dazu sagen«; »Gefühle gehen niemanden etwas an«; »Wehe, du machst etwas falsch«; »Du musst lieb sein, sonst mag ich dich nicht«. Entspricht das Kind diesen familiären Überzeugungen, kann es sich sicher und angenommen, eben in Übereinstimmung mit der Familie, fühlen: *So* muss ich sein, und *das* muss ich befolgen, dann werde ich gemocht. Später sind wir verwirrt, wenn unsere Umgebung diese Werte in Frage stellt. Es ist, als würde an unserer persönlichen Integrität gerüttelt, und das können wir natürlich nicht zulassen.

Reagiert jemand sehr heftig oder gar aggressiv auf eine an sich harmlose Bemerkung von Ihnen, können Sie mit ziemlicher Sicherheit von einer »Programmberührung« durch Ihre Worte ausgehen: Sie haben an den persönlichen Überzeugungen gekratzt – und das zeigt heftige Wirkung.

So war das auch bei Rolf und Sylvia – der Anlass war klein, die Spannung anschließend aber groß: Rolfs Mutter kündigt am Telefon einen Kurzbesuch für zwei Tage an. Rolf freut sich, doch Sylvia kneift gequält die Augen zusammen und seufzt: »Hilfe, da muss ich ja noch putzen!«

Das versteht er nicht. »Wieso musst du extra putzen? Ist doch nur meine Mutter und nicht der Schah von Persien.«

»Eben drum! Sie ist doch so genau mit ihrem Haushalt, und bei uns hängen so viele Spinnweben rum. Der Eindruck prägt sich bei ihr auf Monate ein, und nachher hält sie mich für eine Schlampe.«

»Ach, du spinnst doch«, kontert Rolf, »es ist mir total neu, dass sie dich jemals als Schlampe bezeichnet hätte. Das redest du dir nur ein.«

»Und warum hast du ihr nicht gesagt, dass ihr Besuch zur Zeit unpassend ist? Wenigstens hättest du vorher mit mir darüber reden können. Ich weiß nicht, wo mir der Kopf steht, und dann ausgerechnet muss deine Mutter aufkreuzen.«

Bekanntlich ist Angriff ja die beste Verteidigung, »Spinnst du? Ihre Besuche sind so selten wie ein Sechser im Lotto. Was soll der Aufstand?« Rolf fühlt sich jetzt in der Zwickmühle. Einerseits würde er es nicht übers Herz bringen, seine Mutter auszuladen, andererseits möchte er keinen Krach mit Sylvia. Und ein wenig Erkenntnis schwingt auch mit: Natürlich hätte er seine Frau vorher fragen sollen. Das wäre zwar korrekt gewesen, gleichzeitig findet Rolf es aber auch lächerlich, wegen allem erst seine Frau zu fragen.

Das Gespräch der beiden fährt sich rasch fest, Standpunkte bilden sich und blockieren zunehmend jede Möglichkeit, aufeinander zuzugehen. Und dann ist ein Gespräch nur noch ein Schlagabtausch, eine bittere Farce.

Die wahre Ursache für diese Gesprächsverhärtung sind die tief verwurzelten Programme, die persönlichen Überzeugungen. Sie bilden Hürden, die der andere mit immer besseren Argumenten überwinden möchte. Doch leider werden dadurch die Hürden nur noch höher. Weil die Programme überwiegend unbewusst sind, können sie mit vernünftigen Argumenten nicht erschüttert werden.

Hier hilft nur der hilfreiche Dialog weiter, weil wir dadurch die Programme des anderen klarer erkennen und besser verstehen können.

Stellen wir uns doch einmal vor, Rolf und Sylvia hätten den hilfreichen Dialog angewandt. Dann wäre ihr Gespräch so oder ähnlich verlaufen:

Rolf hätte ganz neutral wiederholt: »Ich habe verstanden, dass es für dich wichtig ist, für den Besuch meiner Mutter zu putzen.« Der Satz mag sich lapidar anhören, dennoch ist er bedeutungsvoll, weil Rolf jetzt Sylvias Programm akzeptiert, obwohl er es noch nicht versteht: Das Putzen ist ihr wichtig.

Vorher hat er noch eine Gegenposition bezogen (»Ist doch nur meine Mutter und nicht der Schah von Persien«), mit der er ausdrückte, Sylvias Haltung nicht zu verstehen. Genau dadurch provozierte er seine Frau zu einer Bekräftigung ihres Standpunktes (»Eben drum!«). Vermutlich wollte er keinen Einwand seiner Frau gelten lassen, und so fühlte sich Sylvia mit ihrem unbewussten Programm (»Ich muss eine gute Hausfrau sein, sonst werde ich abgelehnt«) nicht angenommen. Fehlt die Akzeptanz, wird jedes Gespräch schwierig, denn Anerkennung ist nun mal die Musik, die man immer wieder hören möchte.

Das Gespräch geht weiter, indem Sylvia ihre Beweggründe schildert: »Natürlich ist es mir wichtig, dass es bei uns sauber und ordentlich ist. Ich weiß doch, wie deine Mutter alles mit Argusaugen betrachtet, weil sie selbst eine perfekte Hausfrau ist. Das ist genau wie bei meiner Mutter. Wer den Haushalt nicht ordentlich in Schuss hält, der hat in ihren Augen versagt und bekommt prompt ihre Ablehnung zu spüren.«

Rolf ist weiter um Verständnis bemüht: »Du fürchtest, bei meiner Mutter in Misskredit zu geraten?«

»Ich befürchte? Ich weiß, dass es so sein wird!«

Natürlich könnte Rolf nun beschwören, bei seiner Mutter sei das nicht so, oder ihn würden die Spinnweben gar nicht interessieren, doch für Sylvia steht die befürchtete Ablehnung fest: Sie weiß aufgrund ihrer Erfahrungen in ihrem Elternhaus, dass es so sein wird. Es bringt deshalb nichts, wenn Rolf ihr das auszureden versucht.

Sylvia sagt, der Besuch passe ihr im Moment nicht, weil sie wegen ihrer anderen Arbeit nicht zum Saubermachen komme: »Du hättest mich doch vorher fragen können, ob es mir passt.«

Rolf nimmt das auf: »Du hast dir gewünscht, dass ich den Besuch erst mit dir kläre?«

Sylvia: »Klar. Der Zeitpunkt ist wirklich unpassend.«

Rolf: »Du weißt doch, wie leicht sich meine Mutter ausgeladen fühlt, wenn wir auf ihre Besuchswünsche nicht eingehen. Und mir fällt es schwer, ihr abzusagen, wo sie doch so selten kommt.«

Auch Rolf wird von einem Programm als heimlichem Herrscher gesteuert. Als guter Sohn darf er seine Mutter nicht vor den Kopf stoßen, indem er ihr eröffnet: »Ich muss erst klären, ob meine Frau mit deinem Besuch einverstanden ist.« Wahrscheinlich gibt es noch ein weiteres Programmelement: Als »richtiger« Mann benötige ich doch nicht die Erlaubnis meiner Frau, um eine solche Entscheidung zu treffen!

»Du *musst* eine gute Hausfrau sein und für Ordnung sorgen«, und: »Als Mann *muss* man nicht wegen jeder Kleinigkeit seine Frau fragen«: Das Ausgeliefertsein an unser inneres Programm führt zu einem Gefühl von Ohnmacht. Mächtiger werden wir erst dann, wenn unsere inneren Überzeugungen vom Partner nicht bekämpft werden, sondern wir gemeinsam unsere Probleme zu lösen versuchen.

In unserem Beispiel bedeutet das: Sylvia fühlt sich unter Druck und wird sich sehr unwohl fühlen, wenn sie nicht vor dem Besuch der Schwiegermutter für Ordnung sorgen kann, und Rolf möchte seiner Mutter nicht absagen.

Wie könnte eine Lösung für diese festgefahrene Situation aussehen?

Dieses Paar könnte sich so einigen, dass beide gemeinsam die Wohnung putzen. Dann stünde Sylvia nicht so unter Druck, und Rolfs Mutter könnte zu Besuch kommen. Eine andere Möglichkeit: Sylvia bietet Rolf an, mit seiner Mutter zu sprechen und ihr einen anderen Termin für den Besuch vorzuschlagen, an dem sie alle mehr Zeit füreinander hätten.

Die durch den hilfreichen Dialog geförderte Entspannung macht Problemlösungen leichter und oft überhaupt erst möglich.

Bier ist männlich

Viele Elemente unseres Programms übernehmen wir unbewusst, nämlich durch Imitation. Wenn Ihr Vater zum Feierabend regelmäßig ein Bier getrunken hat, werden Sie als Sohn das für normal und für typisch männliches Verhalten gehalten haben und diese Tradition fortsetzen. Bemängelt Ihre Partnerin das, werden Sie unsanft reagieren.

Wenn es in Ihrem Elternhaus üblich war, dass Ihre Mutter alles aufräumte, so werden Sie als Ehefrau auch dazu neigen, selbst wenn Sie sich jedes Mal darüber beschweren, die Drecksarbeit machen zu müssen: Genau diese Haltung, es tun zu *müssen*, verrät Ihr gelerntes Programm. Sie können nicht effektiv dagegen protestieren, indem Sie vielleicht die dreckigen Klamotten Ihres Liebsten tagelang da liegen lassen, wo sie ihm gerade aus der schwachen Hand gefallen sind, weil es Ihnen in den Fingern juckt, Ordnung zu schaffen.

Ihr Partner wird diese Halbherzigkeit, Ihren Konflikt zwischen Wollen und Sollen, schnell mitbekommen, und Ihre Aufforderung, doch endlich mal die Socken dahin zu tun, wo sie hingehören, wird von ihm zwar gehört, aber nicht befolgt. Letztlich kann er sich ja darauf verlassen, dass Ihr »eingebautes« Programm siegt. Warum sollte er Ihnen die Arbeit dann abnehmen?

Aus lauter Liebe? Da muss ich Sie leider enttäuschen. Nicht einmal die größte Liebe verändert unsere gelernten Überzeugungen, denn diese sind meistens in früher Kindheit und Jugend gebildet worden und deshalb tief und fest in unserem Gehirn verankert. Wir sind eben nicht so frei, wie wir es gerne wären.

Bömbchen und Bomben

Wie kommt es in Gesprächen zu Anspannung, Gereiztheit und überschäumender Aggressivität?

Ohne es zu wollen, werden Bömbchen und Bomben gezündet, indem ein Sender etwas mitteilt, was der Empfänger nicht ertragen kann, weil es dessen persönliche Überzeugungen tangiert.

Erinnern wir uns noch einmal an das Beispiel zwischen Christa und Thies. Anfangs schaut Christa Thies zärtlich und ein wenig besorgt an, doch er erlebt ihren Blick als lauernd.

Christas freundliche Gefühle kippen um, ihr Tonfall verändert sich: »Du bist wahrscheinlich überreizt. Ist ja auch kein Wunder. Wann hast du schon mal Zeit für dich oder für uns?«

Er fühlt sich angegriffen: »Ich habe nun mal beruflich viel um die Ohren. Jedenfalls sehe ich es nicht ein, immer der Sündenbock zu sein.«

Das erlebt Christa als Provokation, und so gibt dann ein Wort das andere...

In der nachträglichen Analyse fügen sich einzelne Puzzlestücke zu einem Bild zusammen. Ein Programm aus Kindertagen färbt die Wahrnehmung von Christa und Thies, prägt ihre Reaktionen. Der Vater von Thies schimpfte oft über die Neugier seiner Frau, die sich – wie er fand – in alles einmischte: »Nie kann man mal für sich sein.« Zudem fühlte er sich beurteilt und kritisiert: »Das ist ja nicht zum Aushalten.«

Das Programm von Thies besagt: Frauen wollen alles wissen, sie belauern ihre Mitmenschen und schlagen mit ihrer Kritik zu.

Darum erlebt er Christas Blick auch als »lauernd« (so wie sein Vater die Mutter damals sah). Weil er Kritik befürchtet, will Thies Christa mit Worten auf Abstand halten und einschüchtern.

Nun läuft aber auch bei ihr ein Programm ab. Ihr Vater war distanziert und hatte wenig Zeit für seine Familie. Christa kam nicht richtig an ihn ran, und es tat ihr weh, so wenig von ihm zu haben. Als Thies nun sein verbales Abwehrmanöver startet, klingeln bei ihr die kindlichen Alarmglocken: Es drohen wieder Kummer und Schmerz. Auch mein Mann distanziert sich. Darum unterstellt Christa Thies auch automatisch Zeitmangel, was er wiederum als Vorwurf interpretiert, er sei ein schlechter Vater. Wer möchte das schon sein? Also muss dieses Bild weg, indem es geleugnet wird.

Die Vergangenheitsfalle schnappt gnadenlos zu.

Jeder Mensch hat ein bestimmtes Wunschbild von sich verinnerlicht: Ich bin verantwortungsvoll, ein guter Vater, eine gerechte Partnerin, ich nehme meine Aufgaben in der Familie ernst, bin rücksichtsvoll und so weiter. Es ist, als würden wir in unserer seelischen Existenz bedroht, wenn uns jemand etwas unterstellt, was wir als negativ und unfreundlich empfinden. Und dann kracht es.

Eine Frau erzählte mir in einem Beratungsgespräch, dass sie sich als Kind von ihrem Stiefvater unter Druck gesetzt, zu hart bestraft und überdies auch noch eingeengt fühlte. Als sie 17 Jahre alt war, fasste sie sich ein Herz und warf dem Stiefvater all das vor: »Warum bist du nur so hart zu mir? Was habe ich dir denn getan?«

Der Stiefvater hörte sich die Vorwürfe ruhig an, stand auf und ging zur Tür. Sie war überrascht, denn sie hatte einen Wutausbruch erwartet. Doch der kam nicht. Der Stiefvater drehte sich nur kurz um und meinte: »Wenn ich dich so falsch behandle, solltest du nicht länger hier wohnen. Also ziehst du aus. Zum Abendbrot will ich dich hier nicht mehr sehen.« Und verließ den Raum.

Sie musste tatsächlich ausziehen, eine Versöhnung war unmöglich.

Das ist eine bittere Erfahrung, die das weitere Leben entscheidend prägt. Die junge Frau zog daraus ihre Schlüsse: Es ist höchst riskant, die Wahrheit zu sagen, seine Empfindungen mitzuteilen oder jemanden zu kritisieren. »Wissen Sie«, erklärte sie mir, »es ist viel besser, man hält seinen Mund. Dann kriegt man wenigstens keine Probleme.«

Und jetzt stellen Sie sich vor, was diese Frau wohl denkt, wenn ihr Partner von ihr erfahren möchte, wie sie die von ihm geschenkte Uhr oder seinen Urlaubsvorschlag findet. Wenn er längere Zeit schweigt, möchte sie ihn zwar gerne nach dem Grund dafür fragen, traut es sich aber doch nicht. Da sie bei kritischen Äußerungen schlimme Folgen fürchtet, sagt sie lieber gar nichts.

Und nur im Traum würde es dieser Frau einfallen, sich bei ihrem Partner zu beschweren oder eigene Ansprüche zu stellen, beispielsweise wenn er am Abend das Auto haben will und sie deswegen mit dem Bus zu einer Freundin fahren muss, oder wenn er eigenmächtig bestimmt, dass ihr runder Geburtstag groß gefeiert wird, obwohl sie lieber eine zärtliche Liebesnacht mit ihm in einem schnuckeligen Hotel mit Wasserbett und Whirlpool verbringen würde. Die Ursache für ihre Zurückhaltung ist die Angst, womöglich wieder verstoßen zu werden – wie damals von ihrem Stiefvater. Diese Befürchtung ist ihr nicht richtig bewusst, dennoch wirkt sie sich massiv auf ihr Verhalten aus.

Das Zusammenleben zweier Menschen ist so kompliziert, weil wir es jeweils mit zwei Programmen zu tun haben, die noch dazu unterschiedlich sind. Und sich vielleicht sogar beißen. Kein Wunder, dass da manchmal die Fetzen fliegen.

Wenn Sie nichts über diese unbewussten, Sie und Ihren

Partner gleichwohl steuernden Programmierungen wissen, dann beißen Sie sich womöglich die Zähne aneinander aus. Denn dann können Sie etliche Verhaltensweisen des anderen nicht verstehen und nehmen sie vielleicht sogar persönlich, obwohl sie mit Ihnen nichts, mit der Vergangenheit aber sehr viel zu tun haben.

Bei einem anderen Paar zum Beispiel gab es regelmäßig Streit, wenn der Mann sich beim Frühstück in die Zeitung vertiefte. Die Frau schrie ihn an und schimpfte wie ein Rohrspatz, obwohl er ihr immer wieder treuherzig versicherte, dass er alles mitbekomme, was sie ihm sage.

Diese Frau hatte schon als Kind schmerzhaft erlebt, wie ihre Eltern ihr nicht ausreichend Aufmerksamkeit schenkten. Beispielsweise zog sie ihre Puppe nett an und zeigte sie dann ihrem Vater, doch er murmelte nur beiläufig: »Ja, schön«, und blätterte weiter in seinen Akten.

Die Form ihres Protests lernte sie von der Mutter, die mit ihren Stimmungen nicht hinter dem Berg hielt und bei Enttäuschungen lautstark schimpfte. Ohne sich dessen bewusst zu sein, lernte das Mädchen, dass man kräftig protestieren muss, wenn einem etwas gegen den Strich geht.

Allerdings hat ihr Verhalten heute auch fatale Folgen, denn Angriffe und Beschimpfungen machen ihren Partner nicht sensibel, sondern lassen ihn abstumpfen. Und prompt erfährt sie erneut, was ihr schon früher zu schaffen gemacht hat: Er beachtet sie nicht.

Den Programmen auf der Spur

Wenn Sie einmal an heftige Auseinandersetzungen in Ihrer Partnerschaft denken, werden Sie mit großer Wahrscheinlichkeit feststellen, dass solche Kräche sich meist an ganz bestimmten Knackpunkten entzünden. Genau an diesen

Punkten wird Ihr Programm oder das Ihres Partners »angekratzt«.

Am besten ist es natürlich, wenn Sie diese heißen Themen meiden, doch das lässt sich nicht immer durchhalten. Wenn es dann wieder einmal knallt, hilft nur noch aufmerksames Zuhören, Wiederholen und Nachfragen, um die Spannung zu reduzieren.

Wenn Sie Ihren eigenen Programmen auf die Spur kommen wollen, können Sie sich fragen, in welchen Situationen es in den letzten Wochen Spannungen oder Enttäuschungen in Ihrer Beziehung gegeben hat. Was haben Sie da gesagt oder getan? Was könnte das beim anderen ausgelöst haben?

Eine andere Möglichkeit: Unterhalten Sie sich über schlimme und enttäuschende Erlebnisse in Ihrer Kindheit, über das, was Sie als Kind besonders gefürchtet haben, was in Ihrer Herkunftsfamilie verpönt war und was man anstellen musste, um von den Eltern Interesse und Zuwendung zu erhalten.

Wenn Sie wirklich die Gespräche mit Ihrem Partner verbessern wollen, sollten Sie sich die Mühe machen und die Knackpunkte aufschreiben, bei denen es in Ihrer Partnerschaft zum Streit kommt. Dafür brauchen Sie Zeit, aber es lohnt sich, wenn Sie zusammenbleiben möchten!

Bei Caroline, einer 36-jährigen Klientin von mir, der ich diesen Vorschlag gemacht hatte, standen folgende zwei Punkte auf dem Blatt Papier:

- »Es hat mich aufgeregt, als du aus eigener Machtvollkommenheit heraus einfach drei Wochen Urlaub gebucht hast, obwohl ich dir gesagt hatte, ich wollte in diesem Jahr nur zwei Wochen verreisen.«
- »Ich werde sauer, wenn du mir mal eben in der Küche an die Brust tatschst, als gehörte sie dir.«

Carolines Mann könnte sich nun fragen, ob dieses Verhalten von ihm wirklich Grund genug ist, sich so aufzuregen. Schließlich hat er es nur gut gemeint, als er statt der zwei sogar drei Urlaubswochen möglich machte. Und wenn er seine Freude über ihren schönen Busen ausdrückt, ist das doch kein Weltuntergang.

Betrachten wir diese Situationen einmal aus dem Blickwinkel der Frau und überlegen, ob der Ärger ein verwandtes Thema hat. Wodurch wird die Unzufriedenheit ausgelöst? Welches Programm könnte sich dahinter verbergen?

Caroline verwendete den Begriff »Machtvollkommenheit«, und in der Tat geht es ihr um das Thema »Macht des Mannes«: Er ignoriert ihren Wunsch nach einer bestimmten Urlaubsdauer und berührt ihre Brust, wenn er gerade Lust dazu verspürt.

Jeder Anlass, für sich genommen, ist vielleicht nicht so dramatisch, doch offensichtlich häufen sich seine »Machtmissbräuche«, und so können schon kleine Ereignisse das Fass zum Überlaufen bringen.

Caroline könnte jedoch, statt ihrem Mann Vorwürfe zu machen, einfach konsequent sein: Zwei Wochen Urlaub waren abgemacht (hat sie das klar genug gesagt?) – und dann wird sie nicht um des lieben Friedens willen drei Wochen verreisen. Wenn seine Hand sich in einem unpassenden Moment ihrem Busen nähert, könnte sie ihm eins auf die Finger geben: »Jetzt nicht!«

Wenn jemand auf das Thema Macht »gepolt« ist, besitzt er ein besonders feines Gespür für all das, was auch nur im Entferntesten nach Übergriffen oder Machtmissbrauch aussieht. Das Programm sensibilisiert eben ungemein. Und dadurch wachsen Spannungen rasch an.

Auf den ersten Blick ist es vielleicht schwierig, den Konflikt zwischen Caroline und ihrem Mann zu verstehen, doch es wird leichter, wenn wir die Hintergründe kennen.

Caroline erlebte ihren Vater als sehr tyrannisch. Er

machte seiner Frau das Leben schwer, während sie nur schluckte, denn zur Gegenwehr fehlte ihr der Mut. Sie fühlte sich völlig abhängig und weinte oftmals vor der Tochter.

Jetzt können wir vermuten, was das bei der kleinen Caroline ausgelöst haben mag.

Vielleicht hat sie unbewusst folgende Schlüsse gezogen: Meine Mutter leidet, weil mein Vater so grob und so egoistisch ist. Wenn man sich nicht wehrt, muss man leiden und wird traurig. Deshalb werde ich mir das später nicht gefallen lassen, sondern meinen Mann rechtzeitig in die Schranken weisen. Ich will nicht weinen müssen!

Dieser Vorsatz wurde im Laufe der Zeit zu einer inneren Überzeugung, und so reagiert Caroline sauer, wenn ihr Mann ihre Interessen ignoriert. Sie regt sich nicht darüber auf, dass er drei Wochen Urlaub bucht, sondern dass er es einfach von sich aus ohne Rücksprache mit ihr tut. Es ist der Schuss Eigenmächtigkeit, der sie auf die Palme bringt.

Als ich schließlich ihren Mann kennen lernte, merkte ich, wie sehr die beiden sich als Paar ergänzen. Sie ahnen sicher schon, was Carolines Mann in seiner Kindheit erlebt und was ihn geprägt hat.

Sein Vater verkündete immer wieder, ein Mann dürfe nicht unter dem Pantoffel seiner Frau stehen. »Männer haben nicht die Welt erobert, um zu Hause klein zu sein«, pflegte er zu sagen. Das unbewusste Programm von Carolines Mann lässt sich auf einen Punkt bringen: Als Mann sollte man das Sagen haben, und die Frauen werden das letztlich akzeptieren müssen – auch wenn sie hin und wieder aufbegehren. Spricht's – und entscheidet mal eben für seine Frau mit.

Auch diesem Paar habe ich den hilfreichen Dialog empfohlen, damit sie sich gegenseitig zuhören und jeder in

Ruhe sein Problem schildert: Welches Programm berühre ich bei dir? Ich will dich nicht überreden, sondern etwas von dir erfahren. Es geht dabei immer wieder um die wohltuende Akzeptanz und Anerkennung, denn mit Groll im Herzen kann man sich weder verstehen noch einigen.

Caroline war es nur wichtig, überhaupt gefragt zu werden, als Person wahrgenommen und anerkannt zu werden. Eigentlich hatte sie nichts gegen drei Wochen Urlaub, und sie genoss seine erotische Berührung, wenn sie innerlich dazu bereit war: »Ich fände es schön, wenn du kurz anfragen würdest, ob du mit meiner Brust spielen darfst. Prinzipiell finde ich das in Ordnung, nur manchmal stört es mich, weil ich dann partout nicht in der Stimmung bin.«

Gute Gespräche setzen eine gute Kenntnis des Gesprächspartners voraus, das gilt im beruflichen und erst recht im privaten Bereich. Warum ich das immer wieder betone? Weil es unserem »normalen« Denken zuwiderläuft, dass wir in allen Gesprächen an den Empfänger denken müssen. Sonst lautet die Parole doch, den anderen mit besseren Argumenten, mit Vorwürfen oder Anklagen zu etwas zu bewegen. Aber die irrige Annahme, dass das überhaupt möglich ist, führt zwangsläufig zu Kommunikationsproblemen. Erfolgreiche Kommunikation berücksichtigt die inneren Programme des Gesprächspartners und stellt sich auf sie ein. Man will den anderen ja nicht reizen. Erst in einer entspannten Gesprächsatmosphäre ist Veränderung möglich, lassen Konflikte sich konstruktiv lösen.

Beim Vater Beachtung finden

In unserer Kindheit lernen wir, was wir tun müssen, um bei Vater oder Mutter Beachtung zu finden; in den meisten Fällen gibt es ein ganz bestimmtes Verhalten, auf das wir immer wieder zurückgreifen. Dieses Verhaltensmuster wenden wir auch später noch an, um von unserem Lebenspartner wahrgenommen zu werden. Wehe aber, wenn uns das bei ihm nicht gelingt oder wenn unsere Kindheitsstrategie sogar auf offene Ablehnung stößt!

Für Frauen ist die Beziehung zum Vater als »erstem Mann« besonders wichtig. Auf welche Verhaltensweisen reagierte der Vater mit Aufmerksamkeit – im positiven oder negativen Sinne, freundlich oder unfreundlich? Jeder Mensch benötigt ein Echo aus seiner Umgebung, dabei ist es zweitrangig, ob dieses Echo verständnisvoll oder hart ist – Hauptsache, es erfolgt überhaupt eine Reaktion.

Manche Väter reagieren, wenn ihnen das Verhalten der Tochter unangenehm auffällt. Die Tochter lernt dadurch: Ich muss gegen den Strom schwimmen, damit ich zur Kenntnis genommen werde. Ich passe mich nicht an, sondern gebe Kontra. Und da sie das so gut gelernt hat, behält sie dieses Verhalten auch als Erwachsene bei. Auf Außenstehende mag es trotzig wirken, aber das ist ihr egal, denn ihr vorrangiges Ziel ist es ja, beachtet zu werden. Anpassung wäre für sie wie eine Niederlage. Ihr Lebensmotto lautet: »Ich kämpfe, also lebe ich.«

Mit einem solchen Menschen kommt es natürlich leicht zu Auseinandersetzungen, aber andererseits ist das Zusammenleben mit ihm sicher spannend und abwechslungsreich. Nur muss man eben damit rechnen, dass diese Partnerin dazu neigt, ihre eigene Sichtweise in den Vordergrund zu stellen. Sie wird auf Anhieb selten die Gemeinsamkeiten erkennen, sondern sich von ihrem Partner abgrenzen: »Klar, dass du das so siehst. Aber hast du dich mal gefragt, wie ich darüber denke?« Vielleicht provoziert sie ihn auch, um dadurch mehr Aufmerksamkeit zu bekommen: »Nein, ich kann jetzt unmöglich mit dir reden, nicht, nachdem du dich so egoistisch gezeigt hast. Ich muss das Gefühl haben, dass ich verstanden werde, und das hast du mir gerade nicht gegeben. Ich bin nicht bereit, über dieses Thema zu reden.« Sicher fühlt sich der Partner auch hilflos, wenn er auf einen Wunsch von ihr eingeht und dennoch Kritik erntet: »Du gehst doch jetzt nur mit mir ins Kino, weil ich das gewünscht habe. Aber ich glaube nicht, dass du das wirklich willst.«

Dabei geht es nur vordergründig um den Seitenhieb, tatsächlich handelt es sich um den Versuch, Beachtung zu finden und ernst genommen zu werden. Und genau dieses Bedürfnis kann mit dem hilfreichen Dialog recht einfach befriedigt werden.

Schwierig wird es dagegen, wenn Sie einen Menschen, der meint, gegen den Strom schwimmen zu müssen, einfach fragen: »Warum kannst du mir nicht einfach mal zustimmen?« Sie treffen damit zwar ins Schwarze, doch zugeben wird der andere das sicher nicht, sondern eher antworten: »Warum sollte ich dir zustimmen? Weil du die Wahrheit gepachtet hast?«

Zustimmung können Sie erst erwarten, wenn Sie dem anderen Beachtung geschenkt haben.

Ganz anders verhält sich die brave, angepasste Tochter. Sie spürt Vaters bewundernden Blick, wenn sie ihm Recht gibt und ihm freundlich zustimmt. Sie lernt, sich einzufühlen und die Bedürfnisse der anderen instinktiv zu erahnen.

Das sind später die Frauen, die sofort aufstehen und an den Kühlschrank rennen, wenn ihr Mann beim Abendessen beiläufig fragt: »Sind noch Tomaten da?« Und dann grinst er cool und meint: » Ich wollte doch nur wissen, ob noch welche im Haus sind, sonst hätte ich morgen welche eingekauft.«

Solche Partnerinnen werden häufig ausgenutzt, weil sie es zulassen. Denn zum Ausnutzen gehören stets zwei: einer, der ausnutzen möchte, und einer, der mitspielt.

Es kann aber auch sein, dass das kleine Mädchen die bewundernden Blicke des Vaters registriert hat, als ihre Mutter ihm den neuen Pullover vorführte. Später wird die Tochter dem Vater ihre neuen Jeans zeigen, und er wird anerkennend mit dem Kopf nicken: »Steht dir wirklich gut!«

Unbewusst sagt sie sich: Ich muss mich zurechtmachen, damit ich Bewunderung erhalte. Diesen Typ lieben Boutiquenbesitzer am meisten. Denn auch später, als Frau, wird sie ihr Äußeres pflegen, um die Blicke auf sich zu ziehen. Und es wird leicht zu Spannungen kommen, wenn der Partner mit Komplimenten geizt oder gar über die Kosten ihrer modischen Extravaganzen wettert.

Noch ein anderer Tochtertyp muss viel leisten und erfolgreich sein, um sich sicher fühlen zu können. Unbewusst sagt sich das Mädchen, später die Frau: »Wenn ich gute Leistungen bringe und erfolgreich bin, bekomme ich Liebe und Zuneigung.«

In der Schule ist dieses Mädchen fleißig wie eine Biene. Wenn sie wieder eine gute Zensur geschafft hat, strahlt der Vater und klopft ihr anerkennend auf die Schulter. Leistung wird zu ihrem Lebensinhalt, und für ihre geschminkten Geschlechtsgenossinnen in den teuren Designer-Klamotten hat sie nur einen geringschätzigen Blick übrig.

Bei der Mutter ankommen

Auch Männer haben sich in ihrer Kindheit typische Verhaltensmuster angeeignet. Um ihre Programme kennen zu lernen, sollten Männer die Beziehung zu ihrer Mutter unter die Lupe nehmen: »Was musste ich als Junge tun, um die Augen meiner Mutter zum Strahlen zu bringen?«

Häufig leben Männer nach dem Muster: »Ich muss erfolgreich sein – im Beruf und im Bett. Nur wenn ich der Tollste bin, fühle ich mich sicher.«

Eng verwandt mit diesem Typus ist der Starke, der nie unsicher sein darf. Er verfährt nach dem Motto: »Ein Indianer kennt keinen Schmerz.« Mit Gefühlen steht er auf Kriegsfuß, denn er möchte alles im Griff haben. Ihm fällt es schwer, Versäumnisse oder Fehler zuzugeben, er befürchtet nämlich, die Achtung seiner Umgebung zu verlieren.

Interessant ist der Typ »großer Junge«: Das sind Männer, die sich in vielen Situationen nicht gerade männlich, sondern eher wie große Jungen verhalten. Manchmal hat das seinen eigenen Charme, oft ist es für Frauen aber enttäuschend und nervig.

In seiner Kindheit hat dieser Mann erlebt, wie seine Mutter seinen Vater lächerlich machte, und daraus geschlossen, dass Mannsein nicht besonders attraktiv ist. Häufig spielen Frauen, die von ihrem Mann enttäuscht sind, ihren Partner und ihren Sohn gegeneinander aus, indem sie dem Jungen vermitteln, er sei der einzige Lichtblick in ihrem Leben: »Wenn du nicht wärst …«

Der Typ »großer Junge« verspricht viel und hält wenig.

Beispielsweise bittet seine Frau ihn, mal wieder die Dachrinnen zu reinigen, und er verspricht es auch, steigt aber wochenlang nicht auf die Leiter. Tief in seinem Inneren möchte er seine Partnerin nicht enttäuschen, doch in erster Linie möchte er keinen Streit haben. Folgerichtig weicht er aus, verhält sich wie eine Gummiwand. Er setzt sich nicht mit seiner Frau auseinander, sondern gibt ihr um des lieben Friedens willen stets Recht. Er ist überzeugt, sich nicht durchsetzen zu können, und mogelt sich deshalb lieber so durch. Aber gerade dadurch reizt er Frauen bis zur Weißglut. Seine Partnerin wird ihn zwangsläufig irgendwann auffordern, doch endlich mal Flagge zu zeigen. Aber wie soll er das schaffen, wenn er es nicht gelernt hat?

Ein anderer Typ zeigt hingegen zu oft Flagge. Er geht von der Annahme aus, Frauen seien mächtig, darum müsse man ihnen stets Paroli bieten. Das sind die Männer mit den dominanten oder überbehütenden Müttern. Wer diesem Typ entspricht, sagt sich unbewusst: »Nie wieder will ich klein und manipulierbar sein, nie wieder will ich unter dem Pantoffel eines weiblichen Wesens stehen.«

Wenn seine Frau ihm sagt, er solle doch mal endlich die dreckigen Socken in den Wäschekorb werfen, wird er verächtlich die Nase rümpfen und genau das nicht tun, um zu demonstrieren: Du hast mir gar nichts zu sagen!

Die Angst vor der starken Frau wird zum Lebensprogramm: Man muss das Weib im Griff haben, ihr ein schlechtes Gewissen machen, sich entziehen und sie ab und an ganz überraschend loben.

Falls Sie einen solchen Mann kritisieren, wird er das als Demonstration Ihrer Macht interpretieren und darum lebhaft protestieren. Es ist, als hätten Sie ihn herausgefordert. Auch hier ist der hilfreiche Dialog ideal, um diese Beziehungsfalle zu umgehen.

Was uns trifft

Überaus empfindlich reagieren wir, wenn uns unterstellt wird, wir würden einem für uns wichtigen Programm zuwiderhandeln. Dazu einige Beispiele:

- »Es ist gemein, wenn du dich nicht um deine kranke Mutter kümmerst.« Man hört: Du bist grausam und hartherzig. Wer kann das schon auf sich sitzen lassen?
- »Schade, dass du nicht zärtlich sein kannst.« Wer könnte so einen Satz unwidersprochen lassen? Da muss man

einfach protestieren, den anderen zum Schweigen bringen, und meistens glauben wir, das mit der Wucht unserer Gegenargumente zu schaffen.

- »Mit dir kann man einfach nicht reden!« Man hört: Du bist dumm. Das fordert zum Kontern heraus: »Aber mit dir kann man reden, was?«
- »Ich bin dir doch völlig egal. Dir ist nur dein Beruf wichtig.« Was wird er hören? Vielleicht: Du liebst mich nicht. Da er seine Frau liebt, muss er diese Unterstellung abschmettern: »Stimmt doch gar nicht.« Vielleicht erlebt sich der Mann auch in einem Zwiespalt, möchte er doch, seinem Programm folgend, einerseits den beruflichen Anforderungen und andererseits den Wünschen seiner Frau gerecht werden. Fühlt er sich in dieser Situation massiv unter Druck, könnte sein Reptiliengehirn mit Angriff reagieren, und dann bricht er womöglich einen Streit vom Zaun.

Frauen sollten damit rechnen, dass das Versorgungsprogramm ihres Mannes, nämlich für die Familie und die finanzielle Sicherheit verantwortlich zu sein, ein beträchtliches Gewicht für ihn hat. Die meisten Männer können sich nur schwer von diesem inneren Leitbild befreien.

Aus gutem Grund löst der Satz »Das siehst du mal wieder völlig falsch« heftige Enttäuschung oder Verärgerung aus, denn es wird gehört: Du bist blöd und machst alles falsch.

Ähnlich verhält es sich mit der Behauptung: »Es stimmt nicht, was du sagst!« Gehört wird: Du bist nicht aufrichtig, du lügst.

»Du spinnst! Das habe ich nie und nimmer so gesagt!« Gehört wird: Du bist sogar zu dumm zum Zuhören.

»Ich hätte besser auf meine Eltern gehört, die mich vor dieser Ehe gewarnt haben.« Gehört wird: Niemand hat mich richtig gern. Falls der hier Angesprochene sich schon in seiner Kindheit nicht angenommen fühlte, werden jetzt alte Ängste aktiviert.

»Deine Mutter hatte doch auch nichts anderes zu tun, als ihren Mann fertig zu machen!« Sie hört: Unsere Familie taugt nichts, also tauge auch ich nichts. Er lehnt mich ab und wird mich irgendwann verlassen.

Alles nur Sprüche, nichts als dumme Sprüche? Auch wenn sie nicht immer so böse gemeint sind, wie sie klingen, berühren sie häufig ein Programm des Gesprächspartners und lösen dadurch einen nicht mehr von der Logik, sondern von Gefühlen gesteuerten Prozess aus. Unter Umständen schaltet sich sogar das Reptiliengehirn ein, und wir wissen ja, was dann passiert.

Die Geister, die ich rief

Manchmal rutscht einem ein blöder Satz einfach so raus. Schließlich kann man sich nicht immer kontrollieren und jedes Wort auf die Goldwaage legen.

Sollte Ihnen das passiert sein und Ihr Gesprächspartner explodiert, dann reagieren Sie am besten so, wie es bei Streitigkeiten stets hilfreich ist: Nutzen Sie die entspannende Kraft des Faktors A (wie Anerkennung), indem Sie deutlich machen, dass Sie nichts gegen den anderen haben und ihn auch nicht verletzen wollten. Sagen Sie einfach den Standardsatz zum »Herunterkochen« der Gefühle: »Ich glaube, ich habe dich mit meinen Worten verletzt. Das wollte ich nicht.« Und bloß nicht über den Inhalt diskutieren! Das würde alles nur noch komplizierter und schlimmer machen. Falls Ihr Partner sich aber immer weiter aufregt, so wissen Sie, wie massiv die Verletzung gewesen ist. Also weiter den Faktor A einsetzen: »Deine Reaktion zeigt mir, wie sehr ich dich getroffen habe. Das wollte ich wirklich nicht.« Punkt, aus, Schluss! Nichts

Inhaltliches, kein Wort mehr! Bedenken Sie bitte: Im Moment wandeln Sie auf einem Minenfeld, und da bewegt man sich klugerweise möglichst wenig – und diskutiert wird da schon gar nicht.

Vielleicht beruhigt sich Ihr Partner dennoch nicht. Dann hilft eine alte Erfahrung: Niemand kann stundenlang brüllen oder Vorwürfe machen. Die Energie des Ärgers erschöpft sich nämlich, und das umso schneller, je weniger Öl Sie ins Feuer gießen. Dabei ist der Faktor A so etwas wie der seelische Feuerlöscher. Er hilft immer, wenn es brennt.

Nützlich für das Zusammenleben ist natürlich eine »Feuerversicherung«. Damit Sie nicht immer wieder alte seelische Wunden aufreißen, sollten Sie sich merken, in welchen Bereichen besondere Verletzungsgefahr besteht, und für alle Fälle den hilfreichen Dialog einsetzen, um den Faktor A heilsam wirken zu lassen.

Vernunft gegen Gefühl

Warum wir unterschiedlich denken

»Ein Gehirn ist ein Organ, mit dem wir denken, dass wir denken.«
Ambrose Bierce

»Für meinen Mann ist immer alles in Ordnung. Er spürt gar nicht, dass wir uns fremd werden. Er ist unsensibel und ohne Gefühl. Ich frage mich, warum ich ihn geheiratet habe.«

»Meine Frau will immerzu reden. Aber durch Reden wird die Welt auch nicht besser. Sie sieht viele Probleme, aber sie packt sie nicht an. Sie nörgelt und nörgelt. Das nervt ganz schön.«

»Als ich ins heiratsfähige Alter kam, hat mir meine Mutter einen guten Rat gegeben: ›Kind, achte bei einem Mann immer auf die Hände. Die sind wichtig, denn die wirst du am meisten von ihm sehen, nämlich jeden Morgen, wenn er vor dir sitzt und die Zeitung liest. Sagen wird er sowieso nichts.‹« Annika seufzt laut. »Leider hatte sie Recht! Und am Abend ist es kaum anders. Da heißt es für ihn: Füße hoch, Fernbedienung umklammern, auf den Bildschirm starren. Es ist, als trüge er ein Schild: Bitte nicht stören, bin beschäftigt! Leider ist er nicht mit mir beschäftigt. Reden ist nicht angesagt. Er lebt in seiner Welt.«

Seine Welt ist oft nicht ihre Welt, und das enttäuscht.

Seine Welt kann aber gar nicht ihre Welt sein, jedenfalls in einigen Bereichen nicht, denn sein Gehirn ist nicht ihr Gehirn. Und das hat Folgen.

»Der wahre Unterschied zwischen Mann und Frau zeigt sich im Badezimmer: Männer duschen gern, Frauen liegen lieber stundenlang in der Badewanne und plantschen in komischen Essenzen. Reine Zeit- und Wasserverschwendung!« Torsten ist sich da ganz sicher, schließlich ist er schon über sechs Monate mit Gaby zusammen.

»Wie nüchtern und berechnend du bist! Warum kannst du nicht einfach mal genießen?« Gaby versteht Torsten nicht. Mal wieder nicht. Als Gott die Welt erschuf, da hat er leider keine Bedienungsanleitung für Männer mitgeliefert. Das rächt sich bis heute.

»Ich liebe dich«, haucht Melanie in Mirkos Ohr und knabbert ein wenig an seinem Ohrläppchen, während er weiter in seiner Autozeitung blättert. Dabei macht er ein Gesicht, als hätte er gerade in eine Zitrone gebissen. Melanie knabbert etwas aggressiver. Verdammt, kann er mit dem blöden Lesen nicht mal aufhören? Früher hätte er mir bei dieser Anmache schon die Hand unter den Rock geschoben. Und jetzt? Nichts dergleichen!

Mirko findet den Bericht über das neue Luxusauto hochinteressant. Ausgerechnet jetzt muss sie mit Liebeserklärungen kommen. Dass Frauen kein Gespür für Stimmungen und Situationen haben!

Kurz bevor sich Melanie zu den Mittelohrknochen durchgearbeitet hat, fragt sie schmachtend: »Liebst du mich, Süßer?«

»Klar«, brummt er, »warum sollte ich nicht?« Er blickt sie kurz an, um dann mit fester Stimme zu sagen: »Und jetzt möchte ich gern weiterlesen.«

Abrupt beendet Melanie die Knabberstunde: »Warum musst du immer wie ein Eisblock sein?«

Vielen Frauen erscheint der Mann als rohes, gefühlloses Wesen. Warum nur um alles in der Welt liest er beim Frühstück in der Zeitung, was er sowieso schon aus der Tagesschau vom Vorabend kennt? Was veranlasst ihn, sich nach jedem kurzen Rock umzudrehen? Warum schweigt er, wenn man ihn nach seinen Gefühlen fragt? Warum redet er nicht über Probleme im Beruf? Warum drückt er sich vor der Hausarbeit, während er ganz selbstverständlich Stunden für sein Hobby aufbringt, aber nicht mal Minuten für seine Partnerin?

Versteh einer die Kerle!

Wissen Sie, warum Ihr Mann in einer fremden Stadt so ungern andere Menschen nach dem Weg fragt und sich lieber mühsam durchwurstelt? Weil er das Erfolgserlebnis braucht, es alleine geschafft zu haben. Oder verstehen Sie, warum er beharrlich schweigt, wenn Ihnen die Galle überläuft und Sie Ihrem Ärger lautstark Luft machen? Es dauert doch eine halbe Ewigkeit, bis er mal reagiert. Und dann seine Lügerei! Ganz genau sehen Sie, dass er was hat, dass er nicht gut drauf ist. Teilnahmsvoll erkundigen Sie sich, was ihm denn fehle. Und was hören Sie? Die stereotype Antwort: »Nichts. Was soll ich schon haben?«

Männern wird es hingegen ein ewiges Rätsel bleiben, warum Frauen dauernd über Gefühle reden wollen. Als wenn die Welt aus nichts anderem bestünde!

Männer denken kühl und nüchtern, Frauen erleben Gefühle und benötigen Kontakt. Des Rätsels Lösung: Wir besitzen zwar ein Gehirn, in ihm arbeiten aber zwei Gehirnhälften. Und jede davon hat ihre ganz eigenen Aufgaben...

Sie sprechen mit links

Die linke der beiden Gehirnhälften ist für die kühle Vernunft zuständig, die rechte für das Fühlen und die Kreativität. Die linke möchte sich mit der Technik des Sportwagens beschäftigen, die rechte mit dem Gefühl, der Zuneigung, der Nähe. In manchen Situationen kommt es auf den kühlen Kopf an, der blitzschnell alle Risiken abwägt und sich nüchtern entscheidet, in anderen Lebenslagen sind Einfühlungsvermögen und Mitgefühl wichtig. Also alles zu seiner Zeit. Allerdings scheinen Männer und Frauen unterschiedliche Zeitbegriffe zu haben.

Von der linken Gehirnhälfte wird das Sprechen gesteuert. Worte werden unter Beachtung der Sprachregeln zu logischen Sätzen mit einer Aussage verknüpft. »Links« setzt sich klare Ziele und steht für Präzision beim Denken. Es ist der Bereich, der von der Partnerin immer wieder fordert: Nun komm doch mal auf den Punkt!

Was aber ist mit den Gefühlen, die doch gerade im partnerschaftlichen Miteinander so wichtig sind? Die linke Hirnhälfte zieht nur verächtlich die Nase kraus, denn Gefühle gehören nicht zu ihren Freunden. Sie stören den zielgerichteten Ablauf, sind Sand im Getriebe der logischen Vernunft.

Bei Männern steht die linke Hirnhälfte (fast) immer unter Strom. Ob im Schlaf oder bei anstrengender Tätigkeit: Die linke Gehirnhälfte wird immer gut durchblutet und dadurch in Bereitschaft gehalten. Darum erleben Männer die Welt vorrangig mit der linken, der vernünftigen Gehirnpartie.

Frauen dagegen werden stärker von der rechten Hälfte, der fühlenden und kreativen Seite, gesteuert. Sie erfassen darum schnell Gefühle, sind intuitiv und fügen aus Mustern kreativ ein Bild zusammen.

Frauen denken assoziativ, indem sie eine Verbindung zwischen verschiedenen Möglichkeiten herstellen. Beispielsweise schließen sie vom Gesichtsausdruck Ihres Gegenübers blitzschnell auf dessen Stimmung, was sich dann etwa folgendermaßen anhört: »Ich merke doch, dass du etwas hast!« Männern erscheint das häufig als unheimlich: Sie durchschaut mich! Und da man das nicht so gerne hat, bestreitet man es: »Blödsinn. Was soll ich denn schon haben?«

Frauen sind schneller

»Links« kontrolliert, »rechts« lässt sich eher treiben. »Links« ist häufig angespannt, »rechts« liebt die entspannende Muße. »Links« denkt erst nach, »rechts« handelt spontan, was manchmal ein wenig chaotisch wirken mag. »Bleib doch endlich mal bei der Sache«, fordert »links« dann oder sagt vorwurfsvoll: »Du lässt dich schon wieder von deinen Gefühlen treiben.« Alles Spontane, Ungeordnete, Fließende möchte die linke Hemisphäre am liebsten unterdrücken.

Durch die Bevorzugung einer bestimmten Gehirnhälfte entsteht bei Männern wie bei Frauen eine gewisse Einseitigkeit im Denken und Erleben, die eine Beschränkung unserer Möglichkeiten darstellt. Doch ist diese Einengung bei Frauen längst nicht so stark, weil Frauen zusätzlich auch die linke Hälfte aktivieren können; die beiden Gehirnhälften sind mit Nervenfasern verbunden, dem Corpus Callosum, und das ist bei Frauen dicker und kann deshalb mehr und schneller Informationen zwischen »rechts« und »links« austauschen. Frauen vernetzen beide Gehirnhälften besser als Männer.

Das zeigt sich beispielsweise beim Reden. Das Arrangement der Worte wird von der nüchternen und vernünftigen linken Hälfte gesteuert. Darum können Männer auch so verdammt kaltschnäuzig und logisch argumentieren. Frauen reden zwar auch überwiegend mit »links«, machen aber zwischendurch immer mal wieder kleine Ausflüge in die rechte Hirnregion, wo sie sich Empfindungen und Stimmungen »abholen« und ihre Worte damit anreichern.

Bekannt war das schon seit längerem, inzwischen ist

es auch wissenschaftlich belegt. Moderne Untersuchungsmethoden, beispielsweise die Magnet-Kernspintomographie, Magnet-Enzephalographie und Positronen-Emissions-Tomographie, machen es möglich, elektrische Impulse, magnetische Felder und Blutströme zu verfolgen und das Gehirn beim Denken zu beobachten. Mit der Magnetresonanz-Tomographie sind sogar Aktivitäten im Abstand von 0,7 bis zu 3 Millimetern zu unterscheiden, sodass präzise Darstellungen der anatomischen Struktur des Gehirns möglich sind.

Doch was haben Sie davon? Vielleicht bringen Sie mehr Verständnis für die bisher unverständlichen Eigenarten Ihres Partners auf, denn die Untersuchungen belegen geschlechtsspezifische Unterschiede in der Funktionsweise männlicher und weiblicher Gehirne. Es scheint, als teilten sich zwei Spezialisten die Arbeit des Denkens, Erkennens, Kombinierens und Handelns. Angeregt werden diese beiden Profis von Geschlechtshormonen, die schon im Mutterleib die Gehirnentwicklung steuern – das jedenfalls vermuten die Hirnforscher.

So sollte es nicht verwundern, dass Frauen etwa 20 000 Worte am Tag sprechen, Männer dagegen bescheidene 7000: Ihr Gehirn bietet nur begrenzte Sprachmöglichkeiten, und das wirkt sich auch auf ihr Mitteilungsbedürfnis aus.

Ich weiß nicht, ob jemand tatsächlich Wörter gezählt hat, und wir sollten nicht alles aus diesem Forschungsbereich, in dem noch vieles in der Entwicklung ist, für bare Münze nehmen, doch ein interessantes und gut abgesichertes Experiment lässt aufhorchen.

Das renommierte Wissenschaftsmagazin »nature« berichtete 1995 über Arbeiten des Forscherehepaars Sally und Bennett Shaywitz von der amerikanischen Yale-Universität. Sie ließen Männer und Frauen unsinnige Wörter lesen, und anschließend mussten die Versuchspersonen bestimmen, welche sich davon reimten. Bei den Männern fanden die Hirnforscher verstärkte Aktivität in der linken Hirnhälfte, bei den Frauen war zusätzlich die rechte Hemisphäre aktiv. Anders formuliert: Frauen nutzen beide Gehirnhälften, und das erklärt, warum sie sprachbegabter sind, aber auch, wieso sie einen anderen Sprachstil als Männer pflegen.

Darum können Frauen harte Fragen stellen oder sachliche Aussagen machen und im nächsten Moment ganz aufgelöst in ihren Gefühlen schwimmen: »Du hast versprochen, an diesem Wochenende Zeit für uns zu haben, und jetzt willst du wieder zum Surfen fahren. Hanna und Viktor waren dabei, als du mir das hoch und heilig versprochen hast (logischer Beweis). Wie glücklich ich war! Und jetzt diese Enttäuschung (Gefühle)!« Sie schluchzt und fährt dann knallhart fort: »Aber das eine sage ich dir: Ich lasse mich nicht so unterbuttern wie deine Mutter!« Und schon rollen Tränen die Wangen hinunter, und das Gefühl spricht aus ihr: »Es ist so erniedrigend, so bitter, wenn man um jede Minute bei dir kämpfen muss.«

Der Mann schweigt betreten, denn immer dann, wenn er etwas Logisches erwidern will, ist seine Partnerin schon bei ihren Gefühlen. Am liebsten würde er ja auf sie eingehen, sie trösten oder etwas Liebes sagen, nur da haut sie ihm schon wieder etwas Neues um die Ohren. Fieberhaft sucht er (mit der linken Gehirnhälfte) nach einem Gegenargument, derweil ist sie ihm erneut voraus und hat die rechte, fühlende Hälfte eingeschaltet. Langsam schaltet auch er auf Emotionen um, doch da ist sie schon wieder weg, in der linken Hemisphäre. So geht das hin und her, ähnlich wie im Wettlauf von Hase und Igel. Er ist der Hase – doch der Igel ist immer schneller.

Die linke Gehirnhälfte antwortet auf die wörtliche Bedeutung des Gehörten, sie liebt ja Genauigkeit. Der Klang der Stimme oder die Mimik des Gegenübers werden ausgeblendet, darum wird häufig die Botschaft hinter der Mitteilung, also das im Gesagten dezent Mitschwingende, nicht berücksichtigt. Die rechte Gehirnhälfte achtet besonders auf den Klang, und sie registriert sehr fein die Körpersprache, also Mimik, Gestik und Körperhaltung des Gesprächspartners. Erst diese zusätzlichen Informationen runden für Frauen das Bild ab, und darum ist es verunsichernd, wenn der Mann im Gespräch keine Miene verzieht. Ihr fehlen dann Informationen, beispielsweise darüber, wie ihre Botschaften bei ihm ankommen. Diese Verunsicherung löst innere Anspannung aus, die wiederum schneller reizbar macht.

Männer lösen Probleme – auch wenn es keine gibt

Ein Paar berichtete mir einmal von einem Autounfall, den die Frau verursacht hatte. Sie hatte die Vorfahrt missachtet, und ihr Wagen wurde ziemlich demoliert. Sie selbst trug zum Glück nur eine kleine Handverletzung davon.

Zu Hause schilderte sie ihrem Mann den Vorfall. Zwar fragte er gleich, ob ihr etwas passiert sei, doch dann war er voller nüchterner Überlegungen: was das nun wieder alles kosten würde, die Lauferei und der Ärger mit der Versicherung, die Reparatur und der Ausfall des Wagens, wie er zu seinen Terminen kommen solle usw. Sicherlich alles nicht unwichtig, aber im Moment für die Frau überhaupt noch nicht das Thema. Ihr steckte noch der Schreck in den Knochen, und wie gern hätte sie etwas Tröstendes, Liebevolles von ihm gehört.

Als sie aufbrauste, ob es ihm denn ganz egal sei, wie

sie sich fühle, rechtfertigte er sich immer wieder mit der Feststellung, sie doch sofort gefragt zu haben, ob sie Verletzungen erlitten habe. Für sie war das zu kalt, zu sachlich und viel zu unpersönlich, kurzum: enttäuschend. Er ging nämlich nicht auf ihre Gefühle, ihr inneres Erleben ein: Ärgerte sie sich über ihr Verschulden? War sie froh, dass kein anderer verletzt war? Machte sie sich Sorgen wegen der Folgen? Spürte sie vielleicht sogar Angst vor dem Autofahren und wollte sich in nächster Zeit nicht hinters Steuer setzen? Schutz, Geborgenheit und Verständnis, das alles hätte sie gebraucht, nicht aber seine praktischen Überlegungen.

Für mich war es überraschend, wie der Mann sein Verhalten im Nachhinein selbst analysierte: Als er von dem Unfall gehört hatte, war ihm der Schreck in die Glieder gefahren, doch offensichtlich kam seine linke Gehirnhälfte schnell wieder auf Hochtouren, und er spürte den Druck, sich vernünftig um die Folgen des Unfalls kümmern zu müssen. Seine Frau würde dafür wohl zu geschockt sein. Außerdem wollte er nicht so gern darüber reden, wie es ihr ging, weil er ihre Anspannung und Traurigkeit spürte und sich prompt dachte (so wie es die meisten Männer tun würden): Wenn ich sie jetzt nach ihren Empfindungen frage, steigert sie sich so richtig in ihre Gefühle hinein, und dadurch wird alles nur noch schlimmer. Je mehr man darüber redet, desto mehr weckt man die schlafenden Gefühle, und das ist so, als riefe man die bösen Geister, die man hinterher dann nicht mehr los wird.

In Gedanken war er also sehr wohl bei ihr, aber eben auf seine männliche Art. Seine linke Gehirnhälfte hatte ihm dazu geraten. Vermutlich war ihm diese Denkart willkommen, weil er damit so ganz nebenbei seine eigenen Gefühle in Schach halten konnte. Die linke Gehirnhälfte schaltet gerade bei starken Belastungen auf totale Logik um und denkt überhaupt nicht mehr daran, sich wenigstens kurzzeitig mal mit »rechts« zu beratschlagen – und schon haben wir das bevorzugte Reaktionsmuster von Männern.

Die Frau hatte zwar unter Zuhilfenahme ihrer linken Hirnhälfte die Polizei geholt, sich an den Fotoapparat im Handschuhfach erinnert, einige Fotos von den verkeilten Fahrzeugen gemacht, den Abschleppdienst ihrer Werkstatt beauftragt und die Versicherung informiert, doch dann überfluteten sie die Gefühle. Nun wurde sie ganz und gar von ihrer rechten Gehirnseite gesteuert, durchlebte ihren Schreck, ihre Ängste und den Ärger über ihre eigene Nachlässigkeit, fürchtete sich auch ein wenig vor seiner Reaktion, und es hätte ihr gut getan, wenn er buchstäblich auf ihrer Seite gewesen wäre, statt sich mal wieder mit »links« zu verbünden...

Für ihr Erleben war er auf der falschen Gehirnseite, doch für ihn war es automatisch die richtige. Ist es da nicht unfair, sich gegenseitig Vorwürfe zu machen?

Wärme und Verständnis

Vor mir sitzen zwei junge Menschen: Tanja und Norbert, Eltern eines fast zweijährigen Sohnes. Norbert steht kurz vor seinem Ingenieursexamen, und eigentlich wollten die beiden im Anschluss daran heiraten. Doch daraus wird wohl nichts werden: Tanja möchte die Beziehung am liebsten beenden. Denn: »Ich friere bei ihm. Er ist immer so kalt. Mir fehlen Wärme und Verständnis.«

Norbert begreift nicht, worum es ihr geht: »Ich bin doch immer für dich und das Kind da. Ich sorge für euch, arbeite noch neben meinem Studium, gehe kaum aus, entlaste dich bei der Erziehung – also, ich versteh nicht, was du noch willst.«

Er ist immer für sie da, und das setzt er mit Nähe und Geborgenheit gleich. Aber Tanja möchte eine andere Qualität von Nähe. Sie leidet unter Minderwertigkeitsgefühlen, weil sie es »nur« bis zum Hauptschulabschluss gebracht hat, ihre zwei Geschwister hingegen studiert haben: »Ich bin eben die Dumme in der Familie. Und eines Tages wirst du das merken und mich wegen einer klugen Kollegin verlassen.«

Norbert wirkt betroffen, und auch ein wenig hilflos: »Aber das stimmt doch gar nicht! Ich will dich nicht verlassen. Außerdem bist du nicht dumm. Ich finde es toll, wie du mit dem Kleinen umgehst, ich bewundere deine Geduld. Dagegen bin ich doch ein langweiliger Vater.« Zu mir gewandt, als suche er Beistand, ergänzt er: »Ich sage ihr immer wieder, wie toll sie ist. Sie braucht sich wirklich keine Sorgen zu machen.«

Er argumentiert logisch und möchte dadurch Tanjas Ängste vertreiben. Ängste sind aber Gefühle, und die erreicht man nicht mit rationalen Argumenten. Selbst wenn sie der Wahrheit entsprechen, rauschen sie an Tanjas Bedürfnis vorbei, denn im Wettstreit zwischen Emotionen und Vernunft gewinnen die Gefühle.

Tanja und Norbert machen im Moment den Eindruck, als würde einer auf Mittelwelle und der andere auf Kurzwelle senden. Das Ergebnis ist enttäuschender Wellensalat.

Was könnte Norbert tun, um Tanjas Gefühle wirklich zu berühren?

Am besten wäre es, er würde seine rechte Gehirnhälfte aktivieren. Doch schon seine Studienrichtung lässt vermuten, wie stark er im logischen Denken und Argumentieren verhaftet ist: Ingenieure sind überwiegend sachliche, vernunftorientierte Menschen. Sie müssen planen, rechnen, konstruieren – aber wenig fühlen. Eine Berufswahl geschieht ja nicht zufällig, sondern sagt eine Menge über unsere Gehirnpräferenzen aus: Norberts linke Gehirnhälfte ist vermutlich doppelt und dreifach durchblutet. Appelle nach dem Muster »Nun fühl mal schön« werden unerfüllt verhallen, und zwar nicht, weil er nicht fühlen kann, sondern weil er nur schwer an seine Emotionen herankommt.

Wenn Norbert den hilfreichen Dialog nutzen würde, könnte er die Vernunftorientierung der linken Hemisphäre einsetzen und gleichzeitig bei Tanja und ihrem Erleben sein. Statt sie von der Unrichtigkeit ihrer Minderwertigkeitsgefühle zu überzeugen, würde er nur das Gehörte wiederholen: »Du hältst dich also für dumm und fürchtest, ich könnte dich verlassen?« Für diesen Satz braucht er nicht die Sensibilität seines rechten Gehirns – und geht dennoch auf Tanja ein.

Sie fühlt sich besser verstanden, weil er ihr jetzt nicht mehr wie ein Staubsaugervertreter etwas einreden will (»Aber das stimmt doch gar nicht! Ich will dich nicht verlassen«), und offenbart weitere Ängste: »Was kann ich dir schon bieten? Manchmal fürchte ich, dir in Gesprächen nicht zu genügen. Mit deinen Leuten redest du doch bestimmt klügere Sachen als mit mir.«

Die Versuchung ist groß, den Gedanken logisch zu entkräften, doch es geht viel einfacher: »Du meinst, Gespräche mit meinen Kommilitonen seien geistreicher?«

Sie bestätigt.

Nun kommt seine Ansicht: »Das stimmt für manche Gelegenheiten, aber nicht immer. Bei dir will ich auch gar keine klugen und anstrengenden Gespräche, sondern ich mag deine zupackende und spontane Art. Wenn ich im Studium klug sein muss, will ich das bei dir nicht auch noch, sondern mal abschalten. Bei dir kann ich mich entspannen und locker sein. Man kann doch nicht immer nur denken.«

Zum Abschluss – und zur Krönung – fragt er Tanja nun, wie es ihr mit seinen Worten geht.

Sie antwortet, sie fühle sich »entängstigt«.

Ich finde, das ist ein ganz guter Erfolg. Zwar sind Tanjas Minderwertigkeitsgefühle dadurch noch längst nicht verschwunden – die Versöhnung mit derartigen Gefühlen ist nach meinen Erfahrungen nur in einer umfangreichen Therapie möglich –, aber unabhängig davon haben beide einen großen Schritt aufeinander zu getan.

Ich komme gegen ihn nicht an

»Mein Freund hat immer die besseren Argumente. Ich komme gegen ihn einfach nicht an. Irgendwann weiß ich dann gar nicht mehr, um was es mir eigentlich geht. Das ist ungeheuer deprimierend. Ich verstehe nicht, wieso er sich immer wieder durchsetzt.«

Imke seufzt, während sie das erzählt. Vielen Frauen geht es so wie ihr: Sie fühlen sich auf eine beinahe unheimliche Weise ausgetrickst und kaltgestellt, weil sie immer wieder erleben, wie ihr Partner die besseren Argumente ins Feld führt.

Wie schafft er das?

Eigentlich ist es ganz einfach: Er redet linkshirnig, also nüchtern, mit klaren Fakten und brillanter logischer Beweisführung – aber ohne viel Einfühlung und Emotion. Männer ergreifen häufiger das Wort, selbst wenn sie damit Gesprächspartner irritieren, und sie unterbrechen öfter den Gesprächsfluss ihrer Partnerinnen. Während für Frauen Harmonie und Übereinstimmung in der partnerschaftlichen Kommunikation bedeutsam sind, riskieren Männer das Aufeinanderprallen verschiedener Meinungen und die sich daraus ergebenden Spannungen. Laut Umfragen glauben Männer am Arbeitsplatz, mit einer Chefin würden sich Harmonie und Lockerheit im Team fast automatisch ergeben. Viele erwarten allerdings auch Gefühlsausbrüche statt nachvollziehbarer Entscheidungen, also zu viel Rechtshirnigkeit.

Häufig fordert der Mann von seiner Partnerin, vernünftig zu bleiben, endlich auf den Punkt zu kommen, nicht so sentimental zu sein, etwas einzusehen und eine Situation von der logischen Seite aus zu betrachten, weil man ohne Logik nicht weiterkomme. Damit bringt er sie in die Bredouille. Für sie sind Gespräche unter Vertrauten nämlich ein Austausch, um Verbindung und Nähe zu erreichen, für den Mann sind sie eher ein Wettkampf, in dem er gewinnen möchte...

Selbstverständlich können auch Frauen in geschäftlichen Angelegenheiten nüchtern und zielorientiert reden, also die Möglichkeiten der linken Gehirnhälfte nutzen. Doch Gespräche unter vertrauten Menschen sind etwas anderes als geschäftliche Verhandlungen. Man muss nicht rasch auf den Punkt kommen, sondern allmählich verstehen, man muss nicht siegen, sondern Verbindendes suchen. Und es geht darum, wie sich beide fühlen.

Unter dieser Zielsetzung sind Frauen im Vorteil, weil sie ihre rechte und zusätzlich ihre linke Hirnhälfte nutzen können – wenn sie nicht den typisch männlichen Gesprächsstil für das Maß aller Dinge halten.

Viele Frauen neigen dazu, die vielfältigen Möglichkeiten ihres Gesprächsstils zu missachten: Sie erleben sich als unterlegen und versuchen, den männlichen Gesprächsstil zu kopieren. Eingeschüchtert von seinen Argumenten, entschuldigen sie sich mit abschwächenden Formulierungen, wie: »eigentlich wollte ich«, »wahrscheinlich müsste ich«, »ich glaube, dass es so und so sein könnte« oder »verstehst du mich?«. Erschlagen von seiner konsequenten und bedrängenden Gesprächsführung »knicken« Frauen ein und schweigen enttäuscht, und die Männer haben (scheinbar) gewonnen. Doch der Sieg ist dürftig, und der nächste Krieg steht garantiert bevor. Vielleicht mit Worten, vielleicht mit sexueller Enthaltsamkeit: Wenn du nicht auf meine Art der Kommunikation eingehst, gehe ich auf deine sexuellen Wünsche nicht ein. Denn das ist genau der Punkt, an dem ich stärker bin als du.

Gibt es eine andere Möglichkeit für die Frau, auf die geballte Nüchternheit des Mannes zu reagieren?

Glücklicherweise ja.

Sie könnte zum Beispiel sagen: »Stimmt, beim Argumentieren bin ich dir unterlegen. Das kannst du als Mann einfach besser, und das ist auch für viele Situationen klasse. Doch jetzt möchte ich erst einmal, dass du mich ganz verstehst. Hör dir bitte meinen Standpunkt an, ohne mich zu unterbrechen, denn sonst verwirrt mich das zu sehr. Also für mich ist x und y wichtig.«

Oder: »Ja, du hast gute Argumente, doch ich fühle mich noch nicht so richtig von dir verstanden. Ich möchte, dass du auch meine Gefühle beachtest. Ich fühle mich so und so.«

Es hilft Frauen, wenn sie ihre Art des Sprechens nicht als Manko, sondern als Pluspunkt erkennen: Frauen rechtfertigen sich weniger, weil sie nicht Prinzipien einhalten oder etwas »richtig« sehen wollen, sie hinterfragen eine Situation stärker, nehmen mehr unterschiedliche Aspekte wahr und fragen nach den Auswirkungen ihres Tuns. Männer treten viel eher aus einer Situation heraus und betrachten sie distanziert.

Das zeigt sich häufig bei den unterschiedlichen Auffassungen zur Erziehung der Kinder. Viele Väter betonen die Wichtigkeit von Disziplin und Strenge, Mütter fragen sich dagegen auch, wie sich das Kind wohl fühlen mag.

Sie sehen das Problem nicht aus der Distanz, sondern möchten sich einfühlen. Es geht hier nicht um den richtigen oder falschen Ansatz, vielmehr hat die Natur zwei unterschiedliche Geschlechter geschaffen, die Probleme aus vielen verschiedenen Blickwinkeln betrachten und gemeinsam optimale Lösungen für Probleme gestalten können.

Also: Frauen sollten ihre Möglichkeit, auch die rechte Gehirnhälfte umfassend zu nutzen, nicht verleugnen, sondern betonen. Bringen Sie Ihre Sichtweisen ins Spiel!

Und wenn Ihr Partner Ihre Ansichten mit der Energie seiner linken Gehirnhälfte zerpflückt?

Dann lassen Sie ihn das ruhig tun. Er kann schließlich kaum anders, weil er doch ein »linker« Typ ist. Aber wetteifern Sie nicht mit ihm um die bessere Logik und die schlagkräftigeren Argumente, sondern tun Sie etwas Überraschendes – nutzen Sie den hilfreichen Dialog: »Für dich ist also a und b wichtig. Ist das so?« Anschließend schildern Sie unverdrossen noch einmal Ihre Sicht der Dinge. Das können Sie ruhig ein paar Mal machen, es ist auf jeden Fall besser als scharfzüngiges Diskutieren. Letzteres bringt sie nämlich eher auseinander, weil Sie Verständnis möchten, während Ihr Partner von seinen Gefühlen in der rechten Hirnhälfte beinahe abgeschnitten ist. Natürlich ist er nicht ohne Emotionen, doch es dauert eine Weile, bis er mit ihnen in Kontakt kommt, und der hilfreiche Dialog ist dabei eine gute Brücke.

Die Ergänzung dieser Gesprächsform mit einer Wiederholung der eigenen Wünsche und Sichtweisen wird als »VW-Technik« bezeichnet. Das hat nichts mit der Automobilfirma in Wolfsburg zu tun, sondern mit V wie Verständnis und W wie Wiederholung: Verständnis äußern und dann wieder den eigenen Standpunkt anbringen. Das ist alles.

Und das ist ungeheuer viel, wie wir später noch sehen werden.

Die Angst vor Gefühlen

Männer, die extrem in ihrer linken Gehirnhälfte beheimatet sind, können sich nur schwer in einen anderen Menschen einfühlen. Sie wirken manchmal grob und gefühllos.

Nun könnte man einwenden, dass nicht alle Männer »linke« Burschen sind. Gibt es nicht auch sehr einfühlsame Kinderärzte oder liebevolle Ehemänner?

Daran besteht natürlich kein Zweifel. Die Erklärung hierfür liegt auf der Hand: Neben dem Gehirn spielen auch die persönlichen Erfahrungen eine nicht zu unterschätzende Rolle für die Entwicklung eines Menschen. Unser Gehirn funktioniert nicht ausschließlich nach eigenen Regeln, sondern hat zusätzlich unsere Überzeugungen, also die persönlichen Programme, gespeichert.

In manchen Familien sind Emotionen verpönt oder werden als »weibisch« eingestuft. Hier wird die kühle Vernunft von außen durch die Familie und von innen durch das Gehirn gestützt. Ich erinnere mich an einen Mann, der mir erzählte, wie er als kleiner Junge bei einer Geburtstagsfeier seines Vaters verkündet hatte, er habe sich in das Nachbarsmädchen verliebt und sie würden später heiraten, woraufhin die Erwachsenen losprusteten und sich ausgelassen auf die Schenkel schlugen. »Der weiß noch nicht mal, was Liebe ist, und redet schon vom Heiraten«, rief einer in die Runde. »Kind, musst du blöd sein!«

Können Sie sich vorstellen, wie sich das Kind in diesem Augenblick gefühlt hat?

Bis ins Erwachsenenalter ist dieses Erlebnis in ihm lebendig geblieben: Er schämte sich, fühlte sich bloßgestellt und ausgelacht. »Damals habe ich mir geschworen, nie wieder was Persönliches zu sagen oder über meine Gefühle zu reden«, berichtete mir der Mann. Den Schwur hat er gehalten, zum Leidwesen seiner Frau.

Wenn Ihr Partner Ihnen erzählt, dass in seiner Familie nicht oder nur selten über Gefühle geredet wurde, dann können Sie ziemlich sicher sein, dass er auch heute damit seine Probleme hat: Frühere Erfahrungen und die Gehirnpräferenz haben sich verbündet.

Das gilt natürlich auch für Frauen. Wenn der Vater seine Tochter zum dritten Mal eine Heulsuse schimpft, wird sie beim nächsten Mal ihre Tränen lieber tapfer hinunterschlucken. Hänselt der Bruder die Schwester, weil sie in manchen Situationen Angst hat, oder stärkt die Mutter ihre Tochter nicht in dem Erleben eigener Gefühle, wird sie ihre emotionalen Möglichkeiten vielleicht unterdrücken und sich der männlichen Welt anpassen...

Die unheimliche Gehirnhälfte

Das Handicap bei Gefühlen, also der erschwerte Zugang zur rechten Hemisphäre, macht dem Mann noch in anderer Hinsicht zu schaffen: Wenn er fühlt, dann fühlt er ganz und gar.

Das mag überraschend klingen, doch es lässt sich erklären: Aus dem linken System in das rechte zu wandern kostet Zeit und Energie. Und wenn der Mann dann in der rechten Gehirnhälfte angekommen ist, dann ist er da auch richtig, denn die Rückkehr zur linken, das kostet wieder Zeit und Energie. Taucht ein Mann in seine Gefühlswelt ein, dann kann er sich nicht mal eben mit einem Sprung in den linken Bereich logisch und vernünftig »am Riemen reißen«, sondern es ist eher wahrscheinlich, dass die »Gefühlspferde« mit ihm durchgehen.

Vielleicht haben Sie das als Partnerin schon mal erlebt: Wenn er traurig ist, dann ist er auch gleich tieftraurig. Ist er jedoch in schöner Feierlaune, findet er absolut kein Ende. Hat er sich im Liegestuhl auf dem grünen Rasen behaglich entspannt, ist er nur unter größten Mühen zum Rasenmähen zu bewegen. Und wenn er wütend ist, dann erlebt er auch dieses Gefühl mit großer Intensität (und manchmal sogar mit Aggressivität), die anderen ängstliche Schauer über den Rücken jagen kann – und ihn selbst hinterher ebenfalls erschreckt: »Wie konnte ich mich nur so von meinen Gefühlen steuern lassen?«

Ist es da nicht verständlich, dass sein Vertrauen in die reinigende Kraft der Gefühle erschüttert ist?

Weil er die rechte (kreative) Hemisphäre nicht automatisch nutzt, kann der Mann auch schlecht den Ausdruck von Gesichtern deuten. Deshalb ist er so perplex, wenn seine Partnerin ihn kritisch mustert und meint, er müsse doch »etwas haben«.

Ihm kommt das wie Hellseherei vor; ihr Talent, Untergründiges wahrzunehmen, ist ihm unheimlich: Wenn sie in mich hineinsehen kann, dann bin ich für sie wie ein offenes Buch, und sie wird alle meine freundlichen und unfreundlichen Gedanken erraten.

Männer würden einen deprimierten Ausdruck bei ihrer Partnerin nicht unbedingt registrieren. Ein trauriges Gesicht erkannten Frauen in einem Experiment zu 90 Prozent, Männer bei Frauen nur zu 70 Prozent, obwohl sie bei ihren Geschlechtsgenossen den traurigen Ausdruck ebenfalls zu etwa 90 Prozent bemerkten. Vermutlich hängt das mit der menschlichen Überlebensgeschichte zusammen: Ein Mann musste den Gesichtsausdruck seines Rivalen deuten können und durfte seine eigene Gefühlslage möglichst nicht verraten. Das erklärt, warum er nicht so gern durchschaut wird, denn dann wächst die Gefahr eines überraschenden gegnerischen Angriffs. Doch wenn er die Traurigkeit seiner Frau nicht bemerkt, dann hängt der Haussegen schief, und das überlebt er in aller Regel.

Enttäuschung und Wut

Wie Sie Gefühle ansprechen

»Ärger: Das ist die Unfähigkeit, Wut in Aktion umzusetzen.«
Wolfgang Herbst

»Wie kann ich meine Unzufriedenheit so mitteilen, dass es nicht noch mehr Ärger gibt?«

Salz würzt die Suppe, Gefühle machen das Zusammenleben interessant. Was wären wir ohne heißes Begehren, tiefe Trauer und überschäumende Freude?

Gefühle entstehen meistens aufgrund von äußeren Veränderungen, auf die wir reagieren müssen. Verschlechtern sich unsere Lebensbedingungen, besteht Handlungsbedarf: Wir möchten einen für uns angenehmeren oder besseren Zustand herstellen und versuchen das mit Hilfe kräftiger Gefühle und beeindruckender Handlungen. Wir schreien, ballen die Fäuste oder sprechen mit aggressivem, drohendem Unterton. Dadurch möchten wir unser Gegenüber beeindrucken und zum Nachgeben zwingen.

Das Dumme ist nur, dass auch der andere von der Richtigkeit seines Standpunktes und seiner Gefühle überzeugt ist und darum nicht bereit ist nachzugeben. Die Folge: Die Situation schaukelt sich auf, wir geraten in einen Teufelskreis von Vorwürfen, Enttäuschungen und Wut, aus dem wir nur noch unter großen Mühen herauskommen können.

Haben wir das einige Male erlebt, graut es uns vor Gesprächen, in denen es zu solchen Auseinandersetzungen kommen kann. Wir schlucken Unzufriedenheit und Ärger lieber hinunter.

Manchmal wird diese Angst vor eskalierender Spannung durch Erlebnisse in unserer Kindheit und Jugend verstärkt. Wir haben schlechte Erfahrungen mit dem Ausleben unseres Ärgers gemacht, wurden vielleicht als jähzornig oder launisch bezeichnet und mit Liebesentzug bestraft. Ähnliche Konsequenzen befürchten wir auch heute noch, darum möchten wir unsere Unzufriedenheit und Wut so gerne verstecken. Und wenn uns dann plötzlich der Kragen platzt, sind wir furchtbar erschrocken und nehmen uns fest vor, uns beim nächsten Mal besser im Griff zu haben. Aber genau mit solchen Vorsätzen machen wir die Sache erst zum Problem. Denn je mehr wir unsere Gefühle unterdrücken, desto heftiger drängen sie an die Oberfläche – bis wir schließlich doch explodieren, und zwar unkontrolliert.

Selbst kleine Enttäuschungen haben manchmal weitreichende Folgen. Einer der größten Streiks in der englischen Bergbaugeschichte beispielsweise hatte eine überraschend harmlose Ursache: Ein Bergmann sucht seine Stiefel und findet sie nicht. Sie sind ihm gestohlen worden. Aber ohne seine Stiefel kann er nicht in die Grube einfahren. Deshalb geht er zu seinem Vorarbeiter und beklagt sich: »Jemand hat meine Stiefel geklaut.«

Der Vorarbeiter hat Wichtigeres zu tun, als sich um gestohlene Stiefel zu kümmern. Jedenfalls meint er das und wimmelt seinen Kollegen ab: »Hättest du eben besser aufpassen müssen.«

Doch durch diese Reaktion löst er bei dem Abgewiesenen heftige Gefühle aus. Der Bergmann ist sauer und sagt sich: »So lasse ich mich nicht abspeisen. Was bildet der sich eigentlich ein?«

Das Verhalten des Vorarbeiters lässt vermuten, dass das Verhältnis der beiden Männer angespannt ist. Vielleicht hat es früher schon andere Zwischenfälle gegeben, und jetzt ist die abweisende Reaktion der Tropfen, der das Fass zum Überlaufen bringt. Der Bergmann schwört Rache und organisiert einen Streik.

Vielleicht sind Sie kein Vorarbeiter, aber hüten Sie sich dennoch vor einem möglichen Streik des geliebten Menschen. Am besten tun Sie das, indem Sie Frust bei sich und beim anderen vermeiden.

Die Gefühle hinter dem Standpunkt

Sabrina stürmt in das Arbeitszimmer ihres Mannes und beschwert sich lautstark: »Das ist ja wohl unerhört! Du hast Franka doch tatsächlich erlaubt, erst um Mitternacht zu Hause zu sein, obwohl wir abgesprochen hatten, dass sie sich in Zukunft mehr um die Schule kümmern und deshalb nicht mehr so lange auf Partys gehen soll. Wieso sprechen wir das ab, wenn du dann einfach deine eigenen Entscheidungen triffst? Und ich stehe wieder als blöde Meckerziege da, die ihr alles verbietet.«

Natürlich könnte der Mann Argumente vorbringen, warum er von der gemeinsamen Entscheidung abgewichen ist. Vielleicht hat ihm die Tochter glaubhaft versichert, sie könne um Mitternacht mit einem anderen Partygast nach Hause fahren oder die anderen dürften noch viel länger auf der Feier bleiben, und er möchte als moderner Vater kein Spielverderber sein. Was kann er jetzt tun, um die Wogen zu glätten? Werden Argumente von seiner Frau gehört werden und, was noch wichtiger ist, zur Entspannung beitragen?

Argumente können klären, aber dazu müssen sie beim Empfänger auch ankommen. Und damit das überhaupt erst möglich ist, muss eine entscheidende Voraussetzung erfüllt sein: Ihr Gegenüber muss innerlich bereit sein, auf Ihre Worte zu hören. Wie können Sie diese Bereitschaft nun fördern?

Dafür gibt es eine Empfehlung. Je erregter jemand

reagiert, desto intensiver fühlt er etwas, und zwar Enttäuschung, Ärger, Wut, Kummer, Angst. Vermutlich möchte Ihr Partner mit seiner heftigen und lauten Gefühlsreaktion immer wieder nur das eine: Ihnen zeigen, wie ernst es ihm mit seinem Anliegen ist. Ignorieren Sie das, dann ignorieren Sie automatisch den ganzen Menschen. Und das ist eine massive Kränkung, die das weitere Gespräch nachhaltig belasten wird.

Ihr Gegenüber wird sich damit nämlich nicht so ohne weiteres abfinden, sondern weiter darum kämpfen, ernst genommen zu werden. Fast alle Menschen glauben, durch mehr Vorwürfe und Angriffe, also durch noch mehr Emotionalität, erreichen zu können, dass sie endlich verstanden werden.

Das Fatale ist nur, dass so eine geballte Ladung den Zuhörenden allmählich verprellt und zum Aufbau seiner inneren Mauern beiträgt. Schließlich stehen sich zwei Mauern gegenüber: zwei feindliche und vor allen Dingen unbewegliche Festungen.

Selbst wenn Sabrinas Mann ganz ruhig und sachlich seine Beweggründe schildern würde, trüge das nicht zur Entspannung bei. Die guten Gründe würden nämlich auf die Mauer der Enttäuschung prallen.

Um diese Barriere zu überwinden, empfiehlt es sich, das vermutete Gefühl des Gesprächspartners anzusprechen. Welches Gefühl könnte Sabrina zu ihrem lautstarken Protest bewogen haben?

In den meisten ähnlich gelagerten Fällen sind wir auf der sicheren Seite, wenn wir Angst, Ärger, Wut, Trauer oder Schmerz als beherrschendes Gefühl annehmen und mit eigenen Worten ausdrücken. Hilfreich ist es auch, einfach zu fragen: »Okay, in deinen Augen habe ich mich nicht korrekt verhalten. Was brauchst du jetzt, damit du meinen guten Willen erkennen kannst?«

Sprechen Sie das vermutete Gefühl Ihres Gegenübers an: »Du bist verstimmt/sauer/verärgert/wütend/aufgebracht, weil ich mich nicht an unsere Abmachung gehalten habe.« Sie können es auch noch deutlicher ausdrücken, indem Sie ohne Umschweife bekennen: »An deiner Stelle wäre ich auch ärgerlich.« Zum Inhalt äußern Sie sich aber tunlichst nicht!

Äußerst wichtig ist es, dass dieser Satz nicht als beruhigender Spruch gemeint ist, sondern Ihrer inneren Haltung entspricht. Sie sollten schon akzeptieren, dass Ihr Partner einen legitimen Grund für seine Gefühle hat. Das unterstreichen Sie durch den Tonfall Ihrer Stimme (nicht aufgebracht, keinesfalls ironisch) und eine dem Gesprächspartner zugewandte, offene Körperhaltung.

»An deiner Stelle wäre ich auch ärgerlich« – mit dieser Bemerkung sind Sie nah am Gefühl des anderen und dadurch auch nah an seiner Person. Der Faktor A wirkt und schafft Entkrampfung.

Die Benennung des Gefühls hat noch einen weiteren Effekt. Es überrascht Ihr Gegenüber, keine kämpferischen Gegenargumente zu vernehmen. Das ist so verblüffend, dass es entwaffnend wirkt: Statt der erwarteten Gegenargumente, Belehrungen und Rechtfertigungen gibt es plötzlich wohlwollende Akzeptanz. Und genau das war es, was man eigentlich wollte. Warum sollte man jetzt noch weiterkämpfen?

Probieren Sie einmal aus, wie Sie mit ganz einfachen Sätzen sehr viel erreichen können:

- »Du hast Recht, das war nicht in Ordnung von mir.«
- »Ich glaube, damit habe ich dich enttäuscht.«
- »Das war nicht richtig von mir.«
- »Das muss bitter für dich gewesen sein.«
- »Beim nächsten Mal möchte ich es anders machen.«
- »Ich möchte mich dafür entschuldigen.«

- »Es tut mir Leid, dass ich so gehandelt habe.«
- »Ich vermute, dass ich dich verletzt habe.«

Verstimmungen auflösen

Sie sagt: »Du willst mich unterdrücken. Immer versuchst du, dich mit deiner Meinung durchzusetzen!«

Er hält dagegen: »Blödsinn! Das stimmt doch gar nicht!«

Sie fühlt sich unverstanden und powert deshalb weiter, um ihn zu überzeugen: »Natürlich stimmt das! Aber die Wahrheit kannst du ja nicht ertragen.«

Der Mann könnte diesem eskalierenden Wortgefecht die Spitze nehmen, indem er auf die Gefühle seiner »meckernden« Partnerin eingeht: »Ich vermute, du bist ärgerlich/wütend/enttäuscht.«

Sie: »Ja, weil du dich über meine Ansichten hinwegsetzt.«

Nun wäre es geschickt, entweder den hilfreichen Dialog zu nutzen (»Du meinst also, ich achte deine Ansichten nicht?«) oder zu fragen, was sie braucht, um sich besser zu fühlen: »Was wäre für dich ein besseres Verhalten?« Oder: »Was wünschst du dir genau von mir?«

Dadurch bekommt das Gespräch eine konstruktive Richtung, wobei es überhaupt nicht darum geht, wer im Recht ist, denn um an das eigentliche Thema heranzukommen, muss erst die vorhandene Verstimmung aufgelöst werden. Probleme lassen sich nur in entspannter Atmosphäre aus der Welt schaffen.

Noch einmal: Wenn Sie sich in einer vergleichbaren Situation befinden, bewerten und bestreiten Sie nicht, was Ihr Gesprächspartner Ihnen sagt oder vorwirft, weil er sich sonst herausgefordert fühlen würde. Vermeiden Sie es auch, unmittelbar auf die geäußerten Worte einzugehen. Kümmern Sie sich nur um das hinter den Worten stehende Gefühl des Senders, die »inneren« Worte.

Im obigen Beispiel aus meiner Praxis fragte mich der Mann einmal, was denn passiert wäre, wenn er mit seiner Vermutung hinsichtlich des Gefühls, das hinter dem Angriff seiner Frau steckte, falsch gelegen und statt des Ärgers beispielsweise Traurigkeit angesprochen hätte.

Ich konnte ihn beruhigen: Es kommt nicht darauf an, exakt das richtige Gefühl zu treffen. Im schlimmsten Fall hätte seine Frau ihn korrigiert: »Nein, traurig bin ich nicht, sondern verärgert.« Oder die falsche Vermutung ihres Mannes hätte sie dazu gebracht, bei sich selbst genauer nach dem tatsächlichen Gefühl zu forschen. Sie gehen also kein Risiko ein.

Entscheidend ist, dass überhaupt Gefühle ins Gespräch kommen, weil Sie dadurch viel dichter am Kern der Auseinandersetzung dran sind.

Wie drücken Sie Ihren Ärger aus?

Nun muss es nicht unbedingt immer so sein, dass Ihr Gesprächspartner Ihr Gefühl errät, sondern Sie können es auch selbst anbieten. Schwierig scheint das bei starken Gefühlen zu sein, speziell bei Ärger oder heftiger Enttäuschung. Wohin dann mit der Wut? Wie wird man sie los, ohne dass es zu lang andauernden Verstimmungen kommt?

Generell gilt die Regel: Wenn Sie das für Sie störende Verhalten des anderen konkret beschreiben, schützen Sie sich selbst am besten vor einem Gefühlsausbruch. Gleichzeitig verhindern Sie damit allzu heftige Reaktionen Ihres Partners. Die Situation bleibt meistens kontrollierbar – manchmal jedoch scheinen die Emotionen übermächtig zu sein.

Überprüfen Sie am besten einmal selbst Ihre spontanen Reaktionsmuster: Halten Sie einen Moment inne und lassen Sie ein paar Situationen Revue passieren, in denen Sie enttäuscht oder stocksauer waren. Wie sind Sie damit umgegangen? Was ist möglicherweise typisch für Sie, wenn Sie verärgert sind? Neigen Sie zum stillen Rückzug, zu später Rache, zu lauten Vorwürfen, oder sagen Sie konkret, was Ihnen helfen würde?

Ich habe die Erfahrung gemacht, dass die meisten Menschen nach dem gleichen Muster reagieren – und Ihnen wird es vielleicht ähnlich ergehen: Es werden Türen geknallt, man brüllt los, haut sich gegenseitig Vorwürfe um die Ohren, verweigert sich im Bett oder schwört Rache.

Ziel dieses Verhaltens scheint zu sein, die Energie des übermächtigen Gefühls abzureagieren. Das befreit manchmal, aber manchmal schämt man sich hinterher für den kindischen Auftritt. Dennoch geht das Temperament von Zeit zu Zeit mit uns durch, besonders wenn wir angespannt und ausgepowert sind.

Deshalb empfehle ich Ihnen: Nehmen Sie derartige »Entgleisungen« nicht so ernst, egal ob Sie selbst lospoltern oder jemand anders. Es gibt Situationen, in denen man Erziehung und Anstand vergisst – wir sind eben alle nur Menschen. Und wenn Sie Ihren Unmut immer nur hinunterschlucken, kriegen Sie auch keine bessere Beziehung, sondern höchstens Magenschmerzen.

Manchmal ist es gar nicht verkehrt, wenn Ihr Partner durch die Heftigkeit Ihrer Reaktion ermessen kann, wie wichtig Ihnen etwas ist. Außerdem kann das Verdrängen von Ärger mit der Zeit depressiv machen.

Ich bin allerdings skeptisch gegenüber dem Ratschlag, allen Ärger unkontrolliert auszuleben. Da ist meines Erachtens Vorsicht geboten, denn bei jeder Explosion können Sie den Menschen an Ihrer Seite verletzen. Ein paar Mal hält er das sicherlich aus, aber nicht immer und immer wieder. Mir erscheint es viel besser zu sein, wenn Sie zuerst sich selbst befragen, was genau Sie so aufregt. Mit Ihren heftigen Gefühlen reagieren Sie ja auf etwas – und es kommt darauf an, diesen Auslöser genau in Worte zu fassen, weil Sie sich sonst immer weiter in Ihre Wut hineinsteigern.

Besonders Männer haben große Schwierigkeiten, lautstark geäußerte Gefühle ihrer Partnerin auszuhalten: Die Intensität der Äußerung macht sie hilflos, und sie ziehen sich vielleicht stumm zurück. Doch das ist kein verständnisvoller oder gar zustimmender Rückzug, sondern ein Sich-Schützen vor dem verbalen Unwetter. Menschen, die eher in der linken Gehirnhälfte zu Hause sind, kommen zwar nur langsam an ihr Gefühl heran, doch wenn es dann soweit ist, erleben sie die Emotion auch besonders stark.

Wenn Sie ab und an mal explodieren, ist das nicht weiter schlimm. So etwas kommt vor, das ist menschlich. Aber wenn Sie häufig Ihrem Ärger freien Lauf lassen, sollten Sie versuchen, sich zurückzuhalten und erst einmal die Ursache für Ihre Verstimmung zu ergründen. Übrigens gibt es in den meisten Beziehungen nur wenige, dafür aber oft wiederkehrende Situationen, die Enttäuschung auslösen. Oft sind das gefährliche Dauerbrenner, weil die Hintergründe nicht verstanden und angesprochen werden.

Auf jeden Fall ist es unumgänglich, nach einer Gefühlsentladung miteinander zu reden und zu klären, was denn die Ursache für die heftige Reaktion gewesen sein könnte. Jetzt entscheidet sich, wie gut Sie mit Ihrem Partner umgehen, denn in problematischen Beziehungen bemüht man sich erst gar nicht, den Grund für das lautstarke Intermezzo herauszufinden.

Also: Keine Angst vor lauten Worten, sofern sie das Vorspiel für die anschließende Problembearbeitung sind.

Unter Umständen denken Sie jetzt jedoch: »Alles schön und gut, aber ich habe trotzdem Angst, meine Unzufriedenheit zu äußern, weil mein Partner mir das verübeln könnte und nachher möglicherweise tagelang nicht mit mir spricht.« Vielleicht ist Ihre Sorge berechtigt, weil Sie Vorwürfe gemacht und Ihren Partner angeklagt haben, vielleicht haben Sie aber auch nur in Ihrer Kindheit die typische Erfahrung gemacht: Wenn mir etwas nicht gefällt und ich mich beschwere, sind die anderen sauer und ich werde bestraft. Dafür gibt es ja den markigen Spruch: »Kinder, die was wollen, kriegen was auf die Bollen.«

Falls Sie den Eindruck haben, Ihr Partner fürchte sich davor, seinen Ärger zu äußern, können Sie das ansprechen:

- »Du bist still geworden. Habe ich dich vielleicht mit meinen Äußerungen getroffen?«
- »Du schweigst jetzt. Hast du dich geärgert?"

Mit dieser Art des Nachfragens können Sie Ihren Partner vielleicht dazu bewegen, doch noch die Gründe für seinen Ärger zu erzählen. Dann ist es besonders wichtig, dass Sie aufmerksam zuzuhören und weder einen Kommentar noch eine Gegendarstellung abgeben.

Das Schweigen der Männer

Wie Männer reden

»Unter Diskussionen verstehen Männer die Kunst,
den Partner zum Schweigen zu bringen.
Frauen verstehen darunter die Kunst, den Partner
nicht zum Reden kommen zu lassen.«
Fritz Eckhard

»Mein Mann ist ein richtiger Schweigekönig. Im Bekanntenkreis hat er zwar immer etwas zu sagen, aber zu Hause muss ich ihm die Wörter aus der Nase ziehen.«

»Ich kann mit ihm nicht reden«: Das ist eine häufige Klage von Frauen in der Eheberatung. Die meisten Männer verstehen das nicht: »Sie will stundenlang über Probleme reden. Aber vom Reden allein wird nichts besser. Man muss doch zu klaren Entscheidungen kommen. Wenn ich das sage, zieht sie sich beleidigt zurück.«

Ist er vielleicht stumm, der Mann? Erlebt er nichts, oder will er nur nichts mitteilen?

Frauen haben ein Problem mit Männern: Die Kerle wollen nicht reden.

Männer haben ein Problem mit Frauen: Die wollen dauernd reden, auch wenn es nichts zu reden gibt.

Dieser Konflikt stellt ein Grundproblem zwischen den Geschlechtern dar: Frauen schätzen verbindende Nähe und möchten sie im Gespräch herstellen. Männer dagegen sind eher auf Unabhängigkeit bedacht, weshalb sie nicht so gern über persönliche Dinge wie Gefühle reden.

Viele Frauen sind vom Wert der Offenheit und Emotionalität so überzeugt, dass sie immer wieder versuchen, ihre Männer ebenfalls davon zu überzeugen – und sie gerade dadurch verprellen.

Das liegt zum einen an der bekannten Gehirnhälftenpräferenz, zum anderen hegen nicht wenige Männer aber auch ein gewisses Misstrauen gegenüber weiblichen Wesen. Ganz zu Anfang hat die Mutter Macht über den Jungen: Sie gibt ihm zu essen oder auch nicht, spielt mit ihm oder schimpft ihn aus. Er fühlt sich ihr gänzlich ausgeliefert!

Dann geht er in den Kindergarten, und wieder ist er von einer Frau abhängig: Die Kindergärtnerin lobt oder bestraft, macht Mut oder übersieht ihn.

Naht in der Grundschule endlich die Rettung? Wahrscheinlich nicht, denn nun hat (in aller Regel) die Lehrerin das Sagen, verteilt Lob und Tadel. Dann kommt die Pubertät. Der Junge schwärmt für eine Mitschülerin, doch er ahnt nicht, dass Mädchen ihm in dieser Altersstufe voraus sind und sich eher für ältere Jungs interessieren. Vielleicht kichern die »blöden Weiber« über seine scheuen Annäherungsversuche, auf jeden Fall spürt er wieder Unsicherheit angesichts der weiblichen Macht. Ist es da nicht besser, sich unnahbar zu geben?

Zweifelsfrei sind Offenheit und der Austausch von Gefühlen und Ansichten wichtige Bestandteile einer guten Beziehung. Doch es geht hier darum, das richtige Maß zu finden, die Bedürfnisse beider Partner anzuerkennen und gelten zu lassen …

Männer sind nämlich nicht aus Bosheit so zurückhaltend mit Gefühlsäußerungen, sondern weil es gewissermaßen ihrer Natur entspricht. Je mehr die Frauen das berücksichtigen, desto weniger Druck und Spannungen gibt es. Und vielleicht kann eine verständnisvolle Haltung seiner Partnerin den Mann sogar so weit entkrampfen, dass er sich ein wenig mehr aus seinem Schneckenhaus heraustraut. Wenn sie ihm aber seine Defizite vorhält, wird er sich vorsichtig und misstrauisch verhalten.

Männer können reden – und wie!

Männer reden anders als Frauen. Warum sollten sie auch wie Frauen reden?

Beobachten Sie Männer beim Anschauen eines Fußballspiels. Da geht es hoch her mit Kommentaren. Oder Männer und politische Themen: eine endlose Quasselei! Männer und Autos: Da können sie sich stundenlang ereifern.

Männer reden über männliche Interessensgebiete, und die sind sachlich und konkret. Wenn eine Frau sich mit einem Mann unterhalten möchte, braucht sie bloß solche »handgreiflichen« Gesprächsinhalte anzuschneiden, allerdings sollte sie dabei auch entsprechende Kenntnisse und eine klare Meinung einbringen.

Als Therapeut höre ich oft von Frauen: »Nee, solche Themen finde ich langweilig.« Oder: »Das ist doch nicht meine Welt.« Oder noch abwehrender: »Über so etwas will ich mit ihm aber nicht reden.«

Dann bitte ich die Frau, für sich zu klären, ob sie *mit ihm* oder über *ihre Interessen* sprechen will. Der Unterschied ist gravierend! Will sie mit ihm reden, muss sie sich auch auf seine Gesprächsinhalte einlassen. Natürlich nicht ausschließlich, doch vielleicht in einem größeren Umfang als bisher. Auch das hat etwas mit Wertschätzung zu tun, denn es zeigt: Deine Interessen sind mir nicht gleichgültig.

So lernt er sie als aufgeschlossenen Kumpel kennen und nicht als eine Frau, die keine Ahnung von der ihn interessierenden Welt hat und die daran auch nichts ändern will.

Das könnte schon mal ein Anfang sein, selbst wenn

sie protestiert: »Warum muss ich mich eigentlich um ihn bemühen?« Nun, weil sie etwas von ihm möchte. Es macht sich nämlich schlecht, wenn sie die Sache so angeht: »Ich will mit dir reden, aber natürlich nur über das, was mich beschäftigt.«

Jammert er denn, weil er sich mit ihr nicht über die Champions League oder den neuen Ferrari unterhalten kann?

Wir leben in der Steinzeit – immer noch

»Hat er – oder hat er nicht?« Die Rede ist von den Gefühlen des Mannes. Sonja, seit vier Jahren mit Paul zusammen, versteht ihn nicht: »Er spricht so selten von Empfindungen, dass man meinen könnte, sie seien ihm völlig fremd. Natürlich verrät er auch nur höchst selten etwas von dem, was ihn bewegt. Unlängst ist er in eine andere Abteilung versetzt worden. Das Tollste dabei ist: Mir hat er davon erst nach fast zwei Monaten erzählt. Das sei doch nicht so wichtig, meinte er. Ich finde das aber höchst wichtig, denn über so etwas sollte man als Partnerin doch wohl informiert sein. Ich fürchte, er hat kein Vertrauen zu mir.«

Paul ist ein klassischer Mann, und als solcher lebt er noch immer in der Steinzeit. Darüber kann man den Kopf schütteln, aber man sollte es ihm nicht ankreiden. Denn was kann er für sein »altes« Gehirn?

Versuchen Sie sich einmal vorzustellen, wie die Menschen damals lebten. Das Land ist von Wald und Steppe bedeckt. Die Frauen sitzen in der Gemeinschaft beisammen, kümmern sich um die Kinder, die Kranken und die Alten, während die Männer in kleinen Gruppen auf die Jagd gehen. Tagelang sind die mutigen Jäger unterwegs, schlafen unter einem Versteck aus abgebrochenen Zweigen oder liegen im kalten Regen. Ihre Jagdgebiete sind mit etwa 50 Quadratkilometern so ausgedehnt, dass ihre Füße häufig schmerzen und Verletzungen an der Tagesordnung sind. Dennoch schweift ihr Blick ruhelos umher, um Beute zu erspähen. Sie sind ganz Ohr, ganz Auge. Werden sich die Männer unterhalten, um sich die Zeit zu vertreiben? Wohl kaum, denn laute Plaudereien würden die Tiere warnen, und dann müssten die Familien elendig verhungern.

Die Männer werden nur dann etwas sagen, wenn es dringend nötig ist, bei Schwierigkeiten oder wenn es ein konkretes Problem zu lösen gilt.

Manchmal tun Hautabschürfungen oder Verstauchungen unerträglich weh. Was tut der mutige Jäger dann? Glauben Sie, er bittet seine Kumpane, mal eben stehen zu bleiben, um ihnen mitzuteilen: »Leute, ich habe fürchterliche Schmerzen. Kann ich euch vielleicht alleine jagen lassen und schon mal den Heimweg antreten?«

Stellen Sie sich vor, die Männer verfolgen gerade einen großen Bären. Sie verfügen nur über primitive Waffen wie Äxte oder Schleudern. Mut, Entschlossenheit und Ausdauer sind die wichtigsten Eigenschaften, denn in der Natur geht es stets ums Überleben. Da haben Gefühle wenig Platz. Es kommt, wie es kommt, und es lohnt sich nicht, darüber Worte zu verlieren.

Angeschlagen und humpelnd kehrt man heim. Die Frauen werden es schon richten: Mit Salben und Kräutern behandeln sie die Verletzungen ihrer tapferen Männer, während die vom Kampf, den Gefahren der Jagd und den überstandenen Abenteuern berichten – bis ihnen der Stoff ausgeht.

»Habt ihr denn keine Angst gehabt, als der Bär auf euch zu rannte?«, fragt eine Frau, und die Männer schütteln milde lächelnd den Kopf. Man muss die Daheimgebliebenen ja nicht beunruhigen, indem man von der Angst vor dem Angriff redet. Dann machen sie sich nur unnötige Sorgen. Und man selbst ist auch beunruhigt, wenn man die Schrecken noch einmal Revue passieren lässt. Also spielt man lieber den Helden und lässt sich feiern.

Ganz anders gestaltet sich das Leben der Frauen. Sie reden mit den Kindern, um sie etwas zu lehren, sie tauschen ihre Erfahrungen über Kräuter und Krankheiten aus und sprechen über ihre Sorgen und Ängste. Im Gegensatz zu den jagenden Männern sind sie mitteilsame Gemeinschaftswesen.

Kommen die Männer mit Beute zurück, werden sie freudig empfangen. Man schwatzt miteinander und berichtet, was passiert ist. Und dann sind die Männer müde und brauchen Ruhe, bevor sie wieder in das Schweigen der Steppe losziehen. Ihr Leben pendelt zwischen Phasen der Nähe am Feuer und Zeiten des Abstands während der Jagd. Lange können sie nicht in der Gemeinschaft verweilen, denn die Menschen jener Tage brauchen vor allem eins: Fleisch. Ihr Energiehaushalt wird zu 90 Prozent durch Fleisch gedeckt, während es beim heutigen Menschen nur noch 12 Prozent sind. Also müssen die Jäger bald wieder auf Spurensuche gehen.

Heute ist das natürlich alles ganz anders, nur unser Gehirn denkt und empfindet immer noch wie damals.

Manche Wissenschaftler streiten darüber, ob diese für den Überlebenskampf in der Natur erforderlichen Eigenschaften die spezifische Ausbildung der rechten und der linken Gehirnhälfte *bewirkt* haben oder ob die jeweiligen Stärken schon immer vorhanden waren und diese Aufteilung der Lebensbereiche erst ermöglichten.

Ich finde das nicht entscheidend, denn wir müssen nun mal mit den Unterschieden leben, und je weniger wir sie uns gegenseitig vorwerfen, desto harmonischer können wir miteinander umgehen. Das gilt für Völker genauso wie für Liebende. Denken Sie an die Steinzeit, machen Sie sie zur Grundlage Ihrer »Bewertung« – und schon haben Sie einen Konflikt weniger.

Männer und Gefühle

Selbstverständlich haben Männer Gefühle: Jeder Zahnarzt kann ein Lied davon singen. Ganz abgesehen von der Sexualität! Aber damit es sie über*mannt*, braucht es schon sehr starke Gefühle, und nur über die werden sie sprechen. So kleine, mehr oder weniger alltägliche Gefühle sind für Männer unwichtig, ja bedeutungslos. Auf der Jagd wird eben nicht palavert. Man tauscht höchstens wichtige Beobachtungen aus, spricht also zweckorientiert und sachlich.

So kommen viele Männer gar nicht auf die Idee, man könne sie als Gesprächsmuffel bezeichnen. Laut einer Umfrage des Meinungsforschungsinstituts Emnid glauben 93 Prozent der Männer, gut zuhören und gute Tipps geben zu können. 46 Prozent reden über Beruf, Arbeit und Karriere, 35 Prozent über Sport, 29 Prozent über Frauen, 26 Prozent über Autos, 21 Prozent über die Technik mit all ihren Tücken. Bei diesen Themen können sie sich zwar ereifern, doch da es um Sachliches und Überschaubares geht, besteht nicht die Gefahr, dass sie ihnen entgleiten, wie das beim Thema Partnerschaft manchmal der Fall ist. Vorsichtshalber reden deshalb nur sechs Prozent der Männer über das Zusammenleben, und der Rest hofft, dieser Kelch möge an ihm vorübergehen. Die Krone der Schöpfung fürchtet Kritik und Vorwürfe – und die bittere Erkenntnis, leider doch kein ganz so toller Kerl zu sein.

Frauen unterläuft leicht ein folgenschwerer Fehler: Spricht ihr Partner endlich mal von Gefühlen, gehen sie begierig darauf ein, stellen womöglich noch Fragen und versuchen, das Thema weiter zu vertiefen. Damit schüren sie seine Angst, sich in einem Gewirr von Emotionen wie in einer Schlingpflanze zu verfangen.

Daher mein Rat an alle Leserinnen: Auch wenn Sie sich noch so sehr über das zarte Pflänzchen geäußerter Gefühle bei Ihrem Partner freuen, begießen Sie es nicht, indem Sie zu sehr darauf eingehen. Benutzen Sie besser den hilfreichen Dialog.

Besonders wenn Ihr Partner von heftigem Ärger oder großer Unzufriedenheit spricht, sollte keine Kritik über Ihre Lippen kommen. Bestärken Sie ihn eher in seiner Offenheit, indem Sie behutsam damit umgehen. Wohlgemerkt: Sie können ihm ohne weiteres zunicken, ab und an ein »Hm« murmeln und Blickkontakt halten, um ihn zum Weiterreden zu ermutigen.

Die Angst vor den unberechenbaren Gefühlen führt bei Männern auch zu Zurückhaltung, wenn sie Hilfe und Unterstützung eigentlich ganz gut gebrauchen könnten. Selbst mit ihren Kumpels reden sie kaum über Persönliches. 76 Prozent der befragten Männer geben zu, Probleme lieber mit sich selbst auszumachen. 70 Prozent sind der Überzeugung, andere Menschen könnten ihnen sowieso nicht helfen, und 67 Prozent sind schon einen Schritt weiter in ihrer Selbsterkenntnis und befürchten, ein heikles Thema gehe ihnen zu nahe. 37 Prozent können sich nicht vorstellen, von einem anderen Menschen verstanden zu werden, 21 Prozent finden es einfach nur unmännlich, über etwas Heikles zu reden.

Ganz problematisch wird es, wenn die Partnerin Offenheit und Emotionalität von einem Mann einfordert, denn das fürchtet er wie der Teufel das Weihwasser. Während sie von der Annahme ausgeht, Liebe heiße, sich alles sagen zu können, bedeutet Liebe für ihn, ein liebenswerter, d. h. ein toller Kerl zu sein und zu bleiben. Und dabei fürchtet er: Wenn meine Partnerin meine Ängste, Unsicherheiten und Schwächen kennt, dann wird sie entsetzt sein und mich nicht mehr lieben. Anders gesagt: Frauen sprechen über Gefühle, Männer über Leistung.

Zu Problemen kommt es dann, wenn die Frau an der tollen Leistung des Mannes zweifelt und ihm das auch zu verstehen gibt. Sie sagt beispielsweise: »Ich muss mit dir mal über unsere Beziehung sprechen.« Prompt versteht er: Da läuft etwas nicht gut, und das wird wohl an mir liegen. Ich habe meine Sache nicht gut gemacht.

Besonders mies fühlt er sich, wenn sie ihm erst allgemein etwas vorwirft und dann auch noch ausführlich mit ihm darüber sprechen will. Er sagt sich: Wenn ich sowieso schon alles falsch mache, dann bin ich ein Versager und habe ohnehin keine Chance mehr. Um nicht hören zu müssen, was er alles falsch gemacht hat, mauert er lieber.

Diese Form der Verweigerung macht Yvonne, die mit ihrem Mann zur Beratung zu mir gekommen ist, wahnsinnig:

»Ich renne gegen eine Mauer. Ich versuche, die Mauer zu durchbrechen, aber das geht natürlich nicht. Ich will, dass er mit mir redet. Ich kann nicht akzeptieren, dass da eine Mauer ist. Die Mauer bedeutet für mich Zurückweisung. Es ist, als ließe er mich am ausgestreckten Arm verhungern. Ich bin dann nichts wert, nicht mal ein paar Worte. Das passiert immer, wenn wir uns über etwas unterhalten und an einen Punkt kommen, in dem er nicht mit mir übereinstimmt. Natürlich werde ich dann etwas drängender. Sofort blockt er mich ab, indem er sagt, er wolle sich nicht mehr mit mir unterhalten. Manchmal geht er dann auch ins Bett. Aber anstatt mich damit zufrieden zu geben, will ich die Sache klären und brülle, dass ich mich nicht schon wieder so abspeisen lasse. Meistens fange ich dann an, beleidigend zu werden. Nicht, um ihm wehzutun, sondern um ihn aus der Reserve zu locken. Ich beschimpfe ihn, damit er reagiert. Manchmal schließt er sich dann auf dem Klo ein und liest.«

Yvonnes Mann nickt. »Ich lasse mich nun mal nicht provozieren. Man darf nicht aus dem Ruder laufen. Und das kreide ich ihr an, dass sie keine Kontrolle über sich hat.«

Da spricht ganz klar ein von der linken Gehirnhälfte geleiteter Mann, dem Vernunft, Logik und Kontrolle über alles gehen.

Zuhören – das lehnt er entschieden ab: »Wenn mich ein Thema nicht interessiert, dann höre ich eben nicht zu. Soll ich etwa Interesse heucheln? Das kannst du wohl nicht von mir verlangen. Ich möchte ehrlich sein. Und wenn es mir zu bunt wird, gehe ich eben weg. Das ist immer noch besser, als wenn wir uns anschreien.«

Da hat er zwar Recht, andererseits hat er aber auch etwas Entscheidendes übersehen, was die Sängerin und Schauspielerin Jennifer Lopez in einem Interview mit einem Nachrichtenmagazin treffend beschrieben hat: »Entweder ist man Teil des Lebens eines anderen oder eben nicht.«

Wenn man Teil seines Lebens ist, nimmt man den anderen auch ernst und hört ihm zu, wenn er etwas besprechen oder loswerden möchte. Das Thema selbst mag ja nicht der große Knüller sein, aber es geht schließlich um mehr, nämlich um den anderen Menschen und dessen Nöte, Ansichten und auch Wehwehchen. Das Leben besteht meistens nicht aus großartigen Erlebnissen, sondern aus alltäglichem Kleinkram, der auf uns einwirkt und uns beschäftigt. In der Reaktion darauf lernen wir uns besser kennen, und da muss niemand Interesse an der Sache heucheln, sondern Interesse am Partner haben.

Frauen sollten aber auch nicht vergessen, dass Männer

nicht so einfach über ihre Gefühle reden können. Bei ihnen läuft nämlich automatisch der »Kontrollfilm« ab. Yvonne erlebt das wie eine undurchdringliche Mauer. Was sie noch nicht weiß: Es ist die Mauer, die den Mann vor dem Losbrechen seiner Gefühle schützen soll. Wenn dieser Schutz durchbrochen wird, fürchtet er, zu wenig Kontrolle über seine starken Gefühle zu haben, aus der Haut zu fahren und seine Frau mit derben Worten zu traktieren – was er im Grunde seines Herzens überhaupt nicht möchte...

Eine andere Ratsuchende berichtete mir, wie sie einmal stundenlang am Telefon saß und darauf wartete, dass ihr Vater endlich anrief, um sich für eine hässliche Bemerkung zu entschuldigen. Wie hypnotisiert starrte sie auf den Apparat und stieß immer wieder kleine Flüche aus. Ihr Mann empfahl ihr nach einiger Zeit, doch selbst »den Alten« anzurufen und zu fragen, ob er sich nicht entschuldigen wolle.

Sie war entsetzt über sein mangelndes Verständnis, denn für sie war es entscheidend, dass der Vater den ersten Schritt zur Versöhnung tat: »Warum sind Männer nur so unsensibel? Ich glaube, sie haben gar kein Einfühlungsvermögen.«

Männer reden anders

Aaron T. Beck (»Liebe ist nie genug«) und Deborah Tannen (»Du kannst mich einfach nicht verstehen«) haben in ihren Büchern Unterschiede im Gesprächsverhalten zwischen den Geschlechtern beschrieben. Ihr Fazit: Weil Männer und Frauen unterschiedlich reden, gibt es Missverständnisse und Enttäuschungen. Die verschwinden zwar nicht, doch lassen sie sich leichter ertragen, wenn man zwischen »naturgegeben« und »persönlicher Angriff« trennen kann.

Eine Frau fühlt sich von ihrer Kollegin hintergangen und schildert ihrem Partner den Vorfall und ihre Enttäuschung. Er hört: Da gibt's ein Problem. Und denkt beziehungsweise interpretiert: Sie braucht Hilfe. Also gibt er ihr kluge Ratschläge: Stell deine Kollegin zur Rede, sprich mit dem Chef, schlag auch mit einer Intrige zurück, lass dich in eine andere Abteilung versetzen.

Dabei fühlt er sich ihr nahe und vollkommen auf ihrer Seite. Er hat das Problem verstanden und einige Lösungsmöglichkeiten vorgeschlagen. Mehr kann sie doch wohl nicht verlangen.

Kann sie vielleicht nicht, tut sie aber doch: Sie ist enttäuscht und wendet sich brüsk ab. »Was ist denn nun schon wieder?«, fragt er genervt. Ihre Antwort: »Nichts. Was soll schon sein? Du hast ja Recht.«

Das freut ihn, dennoch stimmt etwas mit ihr nicht. Sie fühlt sich nämlich unverstanden, weil er sie nicht auf ihre Gefühle angesprochen hat. Seine Lösungsvorschläge erlebt sie sogar als Abwimmeln: Er will sich noch nicht mal mit meinen Sorgen befassen, nur mit dem sachlichen Problem. Und das reicht einfach nicht, um ihr Bedürfnis nach schützender Nähe zu befriedigen.

Ein anderes Beispiel: Die Mutter eines halbwüchsigen Mädchens beklagt sich, ihre Tochter habe einen unverschämten Ton am Leib: »Neulich hat sie mich doch tatsächlich eine dumme Kuh geschimpft. Fast hätte ich ihr dafür eine geknallt.« Der Vater findet das zwar auch nicht richtig, macht aber mit seiner Bemerkung die Angelegenheit nicht eben leichter: »Ja, sie ist manchmal richtig frech. Aber ich habe dir auch schon ein paar Mal gesagt, dass du zu lasch mit ihr umgehst.«

Das mag stimmen, fällt jedoch in dieser Situation nicht auf fruchtbaren Boden. Die Frau möchte, dass ihr Mann ihre Gefühle und Sorgen mitträgt, er hingegen erlebt

Schwierigkeiten als intellektuelle Herausforderung, ganz so wie der einsame Jäger auf der Pirsch, der sich auch nicht seinen Gefühlen hingibt, sondern handeln will.

Vermutlich ahnen Sie es schon: Die Frau möchte etwas für ihre rechte, die fühlende Gehirnhälfte, er aber macht es mit »links«. Sie braucht einen verständnisvollen Zuhörer und nicht unbedingt einen klugen Problemlöser. Es wäre schon viel gewonnen, wenn er es sich leichter machte und gar nicht erst nach hilfreichen Lösungen suchte, sondern nur zuhören würde: Weniger ist in diesem Fall wieder einmal mehr.

Brigitte wünscht sich ein Gefühl von Zusammengehörigkeit und vertrauensvoller Nähe: »Ich brauche Informationen von ihm, damit ich weiß, wie es ihm geht, denn nur so kann ich ihm nahe sein und mich verbunden fühlen«, berichtet sie. »Frage ich ihn beispielsweise, wie sein Tag in der Firma war, winkt er ab, weil es für ihn nichts Besonderes gab. Für ihn ist jeder Tag wie der andere. Aber das kann doch nicht sein.«

Nach meinen Beobachtungen ist die Frage »Na, wie war dein Tag?« zu vage formuliert, um den Mann anzusprechen. Männer brauchen Konkretes und Sachliches, an dem sie sich orientieren können. Es bringt darum mehr, sich gezielt auf ein bestimmtes Ereignis im Tagesablauf zu beziehen, zum Beispiel: »Wie ist das Gespräch mit deinem Kollegen gelaufen?« Oder: »Was hat eure Sitzung gebracht?« Oder: »Was ist aus dem Problem mit der defekten Maschine geworden?«

Irene ist enttäuscht, weil ihr Mann Julius sie so selten tröstet. Als sie neulich weinte, weil ihr Vater wegen eines Herzanfalls ins Krankenhaus gekommen war, wollte Julius sie auf andere Gedanken bringen: »Hör doch auf, dich weiter in die Situation reinzusteigern. Das bringt doch nichts.«

Als wenn das so einfach wäre! Innerlich rückt Julius durch solche Sätze meilenweit von ihr weg, und sie fühlt sich noch einsamer.

Er dagegen befürchtet, das Reden über den Kummer würde ihre Gefühle noch verstärken...

Hilfreicher wären Fragen wie: »Was bedrückt dich? Kann ich dir helfen? Was ist für dich am schlimmsten bei dieser Sache?«

Auch wenn Männer es oft nicht glauben wollen: Es erleichtert, wenn man sich den Kummer von der Seele reden kann und einem jemand dabei einfach nur zuhört.

Männer und Probleme

Selbst vor Gericht gibt es mildernde Umstände, wenn jemand etwas im Affekt getan hat. Manchmal hat man sich einfach nicht unter Kontrolle, explodiert lautstark, und aufgestaute Gefühle platzen heraus. Vielleicht ist man im Stress, vielleicht hat eine an sich harmlose Bemerkung das Fass zum Überlaufen gebracht – auf jeden Fall herrscht ein Zustand hoher Erregtheit.

In solch einer Situation ist es völlig unsinnig, einen Konflikt klären oder ein Problem lösen zu wollen.

Hier hilft es nur, die Auseinandersetzung abzubrechen und am nächsten oder übernächsten Tag ein neues Gespräch zu führen. Sie können das mit folgenden Worten tun: »Im Augenblick sind wir beide zu erregt, um angemessen miteinander reden zu können. Lass uns hier abbrechen und spätestens übermorgen ein neues Gespräch versuchen.«

Oder: »Ich bin sauer, du scheinst es auch zu sein, deshalb müssen wir abbrechen, sonst wird alles nur noch schlimmer. Lass uns jetzt aufhören. Wir können in den nächsten Tagen reden.«

Zur vertagten Gesprächseröffnung bieten sich Sätze wie diese an: »Danke, dass du jetzt Zeit hast. Gestern war ich verletzt (nicht: Hast *du* mich verletzt!) wegen deiner Vorwürfe. Jetzt bin ich ruhiger und möchte mit dir reden.«

Es empfiehlt sich, nach den Gründen für den Ärger zu fragen: »Sag mir bitte noch einmal genau, was du von mir möchtest.«

Falls Sie selbst sauer gewesen sind, sollten Sie auch den Grund für Ihren Ärger konkret benennen. Hinter jedem Ärger lauert eine Enttäuschung, und oft hilft es, sich selbst zu fragen, was man genau erwartet hat.

Noch ein anderes Problem, von dem schon gelegentlich die Rede war, begegnet mir immer wieder. Viele Frauen beklagen sich, ihr Mann spreche selbst dann nicht über seine Gefühle, wenn ihn ganz offensichtlich etwas bedrücke. Die Versuchung liegt nahe, ihm das zu sagen: »Ich sehe es dir an, du hast doch irgendwas.«

Er könnte diese Bemerkung jedoch als Eindringen in seine geheime Welt der Gefühle erleben, etwa nach dem Motto: Sie weiß mehr von mir als ich selbst! Sie durchschaut mich, ich bin für sie wie ein offenes Buch. Männer stört das, erinnert es sie doch an ihre allmächtige Mutter und andere überlegene Frauen. Außerdem möchte er oft gar nicht wissen, wie er sich fühlt, weil er davon ausgeht, wenig an seinen Gefühlen ändern zu können.

Also wird er auf eine der drei folgenden Arten reagieren:

- Er leugnet sein Problem: »Ich wüsste nicht, was ich haben sollte. Nichts ist los.«
- Er will nichts besprechen, weil er glaubt, als Mann müsse er es alleine packen: »Misch dich bloß nicht ein! Ich weiß selbst sehr gut, was ich zu tun und zu lassen habe. Deine Ratschläge brauche ich nicht.«

- Er spielt die Schwierigkeiten runter: »Ach, das Problemchen.«

Alle drei Varianten signalisieren keinesfalls sein fehlendes Vertrauen in die Kompetenz seiner Partnerin, sondern sie entspringen dem männlichen Wunsch nach Unabhängigkeit und Stärke: Er will niemanden brauchen, aus Angst vor der Abhängigkeit.

Können Sie, liebe Leserin, das respektieren, ohne an der Liebe Ihres Partners zu zweifeln?

Ein weiteres leidiges Thema ist das hartnäckige Schweigen vieler Männer in Konfliktsituationen. Reagiert seine Partnerin besonders emotional, wird der Mann immer stiller. Es scheint, als hätte sie eine Gummiwand vor sich, an der alles abprallt. Aber das scheint nur so. Er möchte sich lediglich vor ihren heftigen Gefühlen schützen, um nicht »angesteckt« zu werden und die Kontrolle über sich zu verlieren.

Manche Männer haben unter einer lärmenden Mutter gelitten, die den Sohn bei jeder Gelegenheit mit Worten überschüttet oder ihm ellenlange Vorhaltungen gemacht hat, damit er etwas einsieht. Das war zu viel für ihn, und darum hat er eine Abwehr entwickelt, und die heißt »weghören«.

Anna ärgert sich immer wieder, wenn ihr Freund Xaver einen Fehler begangen hat und das nicht eingestehen kann. Nicht mal für eine Entschuldigung reicht es. Beispielsweise kennt er eine gute Abkürzung, um zum Ort A zu kommen, doch dann verfährt er sich gnadenlos, ohne auch nur ein Wort darüber zu verlieren. Aber wehe, sie macht etwas falsch!

Fehler gemacht zu haben – das bedeutet für ihn, nicht mehr toll, sondern mangelhaft zu sein. Auch wenn er in einem Streitgespräch nachgeben würde, so käme das dem Eingeständnis gleich, seine Argumente seien falsch oder nicht so überzeugend. Das ist der tiefere Grund dafür, warum Männer nur selten etwas zugeben.

Beim Themenkomplex »Männer, Gefühle und Gespräche« kommen wir immer wieder an den Punkt, dass Frauen ihren Partnern helfen sollten, die Furcht vor den unkontrollierbaren Gefühlen zu verlieren, denn sonst ist eine konstruktive, für beide Seiten befriedigende Kommunikation kaum möglich.

Partner sind nicht alles

Viele Gespräche zwischen Männern und Frauen verlaufen zäh, enttäuschend oder spannungsreich. Das liegt jedoch oft nicht an fehlender Gesprächsbereitschaft, sondern vielmehr an den unterschiedlichen Kommunikationsstilen. Sie lassen sich nicht leugnen, sondern müssen respektiert und ausgehalten werden.

In meiner Beratungsarbeit habe ich einer Klientin einmal geraten, manche Probleme vielleicht besser mit einer guten Freundin zu besprechen, denn Frauen und Männer könnten (und müssten) einander nicht alles sein. Sie sah mich entgeistert an und fragte, warum sie denn dann noch einen Mann brauche, wenn sie mit ihm nicht »ordentlich« palavern und erst recht nicht über Gefühle sprechen könne.

Das Zusammenleben von Paaren beruht heute in erster Linie auf einer seelischen (statt der früheren materiellen) Bindung, in der Mitgefühl, Einfühlung, Verständnis und gemeinsame Überzeugungen wichtige Elemente der Beziehung und der partnerschaftlichen Kommunikation sind. Doch vielleicht erwarten wir in diesen Punkten auch zu viel voneinander?

Unsere Sehnsüchte und Vorstellungen von der romantischen Liebe stimmen allzu oft nicht mit der Realität unserer Lebensgemeinschaften überein. Gerade in Gesprächen erscheinen die Unterschiede zwischen den Geschlechtern manchmal wie ein erschreckend tiefer Graben.

Das eigentliche Problem bei der Kommunikation sind aber nicht die Unterschiede im Gesprächsstil, sondern deren Verleugnung, denn dadurch kann überhaupt erst die Erwartung entstehen, es gebe ein einziges positives Gesprächsverhalten, folglich gutes und schlechtes, richtiges und falsches Reden.

Frauen gehen oft davon aus, ihre Art der Kommunikation sei automatisch sinnvoll und gut für die Beziehung. Sie setzen einen Maßstab, dem Männer nicht genügen können. Und wenn man einer Norm nicht entsprechen kann, wird man widerspenstig oder traurig. Weil Männer nicht so geschickt mit ihren Gefühlen umgehen können, werden sie aber nur selten traurig.

Was dann bleibt, ist ihre störrische Widerspenstigkeit.

Frauen sollten sich nicht durch machtvolle Attitüden ihrer Partner blenden lassen, denn die Zurschaustellung männlicher Härte und Entschlossenheit verfolgt letztlich nur ein einziges Ziel: Schutz des zerbrechlichen Egos des Mannes. Die männliche Kultur ist nicht eine Kultur der Offenheit, sondern der demonstrativen Überlegenheit. Potenzielle Widersacher sollen aus Angst vor einem Angriff auf Abstand gehalten und geblufft werden. Und für Männer ist tief im letzten Winkel ihrer Seele jeder Mensch ein potenzieller Angreifer. Die Liebe ändert daran nur wenig.

Mögen hätte ich schon wollen

Wie Sie richtig wünschen

»Der Wunsch ist ein Wille,
der sich selbst nicht ganz ernst nimmt.«
Robert Musil

»Wie oft habe ich meinen Mann schon gebeten, sich doch mehr mit den Kindern zu beschäftigen. Schließlich sind es auch seine. Aber ich stoße nur auf taube Ohren. Was kann ich tun, damit er mich ernst nimmt?«

Das mit den Wünschen ist so eine Sache. Einerseits möchte man etwas, andererseits fürchtet man die Zurückweisung und die damit einhergehende Enttäuschung – und überhaupt wäre man am glücklichsten, wenn der andere Mensch die Wünsche ahnen würde.

Weil der andere uns diesen Gefallen nur selten tut, müssen wir sagen, was wir gerne hätten. Und weil wir ab und an zwischen dem eigentlichen Wunsch und der befürchteten Ablehnung hin und her schwanken, drucksen wir herum oder äußern unser Anliegen vorsichtshalber nur vage. Das spiegelt sich dann in Formulierungen, die mit dem Wörtchen »vielleicht« beginnen oder im Konjunktiv ausgedrückt werden.

Ganz gemein ist eine dritte Kategorie von Wunschäußerungen: Da werden markige Vorwürfe gemacht, weil man eigentlich enttäuscht ist, und gleichzeitig hofft man, der Partner würde den hinter dem Vorwurf versteckten Wunsch erkennen und erfüllen ...

Allerdings neigen Menschen dazu, auf Vorwürfe mit Abwehr oder sogar einem Gegenvorwurf zu reagieren, und dabei gerät der versteckte Wunsch völlig aus dem Blick.

Wenn wir ernsthaft wollen, dass unsere Wünsche erfüllt werden, müssen wir es unserem Partner möglichst leicht machen, und dazu bedarf es der Klarheit: Beschreiben Sie das, was Sie möchten, konkret. Nur so kann der andere überhaupt erkennen, um was es Ihnen geht.

Beispielsweise soll sich der Partner *mehr* mit den Kindern beschäftigen – aber ist das klar und eindeutig? Was wird genau erwartet? Soll der Angesprochene e*ine* Stunde mit den Kindern spielen? Oder *zwei* Stunden? Oder gar nicht spielen, sondern die Schularbeiten kontrollieren? Oder die Kleinen »nur« ins Bett bringen?

Möglicherweise stufen Sie das Problem als nicht so bedeutsam ein: »Ist doch egal. Hauptsache, der andere kümmert sich.«

Eigentlich stimmt das, aber nur eigentlich, denn der Teufel steckt im Detail und im Gehirn.

Dem Empfänger dieser vagen Botschaft schießen nämlich verschiedene Möglichkeiten durch den Kopf, und automatisch hat er den Eindruck, dass er verdammt viel tun soll. Er kann sich nicht mehr für ein einzelnes, ganz bestimmtes Verhalten entscheiden, sondern erlebt einen Wust an Dingen, die er tun könnte. Das ist das Fatale an wenig präzise geäußerten Wünschen: Man fragt sich, was denn gemeint sein könnte, denkt an vier, fünf oder noch mehr Dinge gleichzeitig, und diese vier, fünf oder noch mehr Alternativen werden als Summe wahrgenommen: Ach du Schreck, da verlangt der andere wieder eine ganze Menge von mir! Ich soll mit den Kindern spielen, sie zum Turnen fahren, die Schularbeiten kontrollieren – wann soll ich das denn alles machen? Das Gehirn formt blitzschnell einen großen Berg von Anforderungen, und prompt fühlt man sich wie erschlagen, wehrt ab und stellt sich stur…

Hilfreicher wäre ein konkreter Wunsch, klar und eindeutig formuliert: »Ich möchte gern, dass du die Kinder heute zum Turnen fährst.«

Ein junger Familienvater beklagt sich: »Wenn ich nach Hause komme, möchte ich wenigstens ein paar Minuten für mich haben und nicht gleich mit allen möglichen Alltagsproblemen überschüttet werden. Aber meine Frau kapiert das nicht und konfrontiert mich immer gleich mit ihren Problemchen und Geschichten. Ich weiß nicht, wie ich ihr das verklickern kann.«

Vielleicht am ehesten, indem er sagt, was er konkret von ihr erwartet: »Wenn ich ankomme, möchte ich nach dem Begrüßungskuss erst zehn Minuten in Ruhe im Wohnzimmer sitzen, die Post anschauen oder vor mich hin dösen. Erst wenn ich mich aufs Sofa setze, bin ich richtig angekommen und bereit zum Zuhören.«

Ein liebender Mensch ahnt doch …

Muss man seine Vorstellungen tatsächlich so pingelig kundtun? Der Mensch, der einen liebt, müsste doch erkennen, was man *eigentlich* möchte.

Doch selbst die größte Liebe verleiht keine hellseherischen Fähigkeiten.

Das musste auch ein junges Paar erkennen, bei dem sich folgender Dialog entspann.

Sie: »Du, bei uns um die Ecke hat ein neuer Italiener aufgemacht.« Gemeint war: Ich würde gern mit dir essen gehen.

Von diesem Wunsch hat der Partner aber keine Ahnung und reagiert anders als erwartet: »Ja, ja. Bei den hohen Löhnen kann sich ein Deutscher in der Gastronomie auch nicht mehr selbständig machen. Das geht nur noch mit familiärem Einsatz.« So wird aus dem Wunsch nach einem romantischen Essen zu zweit eine sachliche Wirtschaftsbetrachtung – und eine herbe Enttäuschung.

Folglich reagiert sie – wie wir es bei Enttäuschungen häufig tun – aggressiv: »Warum bist du nie bereit, mit mir etwas zu unternehmen?«

Man könnte natürlich auch einwenden, hier sei der Partner aber verdammt unsensibel. Doch solche Menschen gibt es nun mal, und gerade im Kontakt mit ihnen kommen wir nur weiter, wenn wir unsere Anliegen klar und deutlich formulieren.

Bei einem zweiten Versuch klappte es viel besser: »Du, bei uns um die Ecke hat ein neuer Italiener aufgemacht. Ich habe Lust, mit dir da zu essen. Ich schlage vor, morgen um sieben.«

Eine andere Situation.

Er: »Wir waren schon lange nicht mehr bei meinen Eltern, findest du nicht auch?«

Sie nickt: »Ja, aber es kommt natürlich darauf an, was man unter ›lange‹ versteht.«

Er: »Mein Gott, komm mir bloß nicht wieder mit deiner Pingeligkeit!«

Sie: »Warum bist du denn gleich so gereizt?«

Klarer wäre gewesen: »Ich möchte am Sonntag meine Eltern besuchen und hätte dich gern dabei. Kommst du mit?«

Noch ein Beispiel:

»Kümmerst du dich bitte um unseren Urlaub?«

Mehr Erfolg verspricht die Konkretisierung: »Kannst du bitte im Reisebüro einige Prospekte für unseren Urlaub holen?«

Probleme bereitet auch folgende Bitte: »Kannst du mir was einholen?« Sofort werden beim Partner Fantasien geweckt: Ach du meine Güte, jetzt soll ich wieder stundenlang durch den Supermarkt rennen und tausend Sachen einkaufen. Das wird ewig dauern, so viel Zeit habe ich heute nicht. Also lehne ich am besten ab!

Ein klarer Wunsch wäre: »Bringst du mir bitte aus dem Supermarkt eine große Packung Spaghetti und zwei Päckchen Butter mit?«

Bei einer Geburtstagsfeier hörte ich, wie eine junge Frau den Gastgeber fragte: »Können wir mal das Fenster öffnen wegen der Raucher? Ich weiß, dass du das nicht gerne hast. Es muss ja auch nicht sein. Oder möchtest du es?« Ganz schön verwirrend, oder? Ist es tatsächlich ihr Wunsch, das Fenster zu öffnen, oder möchte sie auf den Gastgeber Rücksicht nehmen? Oder braucht das Fenster gar nicht geöffnet zu werden? Ich stelle mir vor, wie sie sich später über die verrauchte Luft auf der Feier beschwert: »Leider wollte niemand das Fenster auch nur einen Moment lang öffnen.«

Deshalb noch einmal meine Empfehlung: Wenn Sie wirklich möchten, dass Ihre Wünsche in Erfüllung gehen, müssen Sie präzise sagen, was Sie wollen.

Das setzt aber voraus, dass Sie sich ganz klar über Ihre Wünsche sind. Wenn Sie selbst nicht genau wissen, was Sie wollen – wie soll es dann ein anderer Mensch wissen? Also überlegen Sie am besten vorher, was Sie möchten. Der Aufwand lohnt sich wirklich.

Sagen Sie also nicht: »Ich möchte, dass du liebevoller zu mir bist«, sondern beschreiben Sie genau, was Sie sich unter »liebevoller« vorstellen: eine Begrüßung mit einem Kuss auf die Wange oder den Mund? Eine Umarmung? Mehr Zeit für Gespräche oder intensiveres Zuhören?

Wenn Sie nicht deutlich sagen, was Sie wollen, kann Ihr Partner auch bei bestem Willen völlig daneben tippen. Das ist ziemlich deprimierend und wird irgendwann zu Gereiztheit führen.

Formulieren Sie Ihre Vorstellungen positiv

Achten Sie einmal darauf, wie oft Menschen sagen, was sie *nicht* wollen. Denken Sie nur an die guten Vorsätze zu Silvester: Im nächsten Jahr will ich nicht mehr rauchen, will ich nicht mehr so viel fernsehen, nicht mehr so viele Süßigkeiten essen.

In jeder Formulierung wird nur mitgeteilt, was jemand *nicht* will, aber nicht, was er will. Wenn das Gehirn nur weiß, was der Sender *nicht* anpeilt, hat es natürlich keine Ahnung vom Ziel, also davon, wohin der Mensch will, was er erreichen möchte. Ihr Gehirn ist ein fleißiges Organ, und fortwährend möchte es wissen, was es für Sie tun kann. Dazu müssen Sie ihm mitteilen, was es für Sie tun soll, denn man kann nicht etwas lassen, sondern nur etwas tun.

Ich möchte Ihnen das an einem Beispiel verdeutlichen. Denken Sie bitte jetzt bloß nicht an Schokolade. Was passiert? Unter Garantie sehen Sie gerade eine leckere Tafel Schokolade vor Ihrem geistigen Auge. Es scheint, als verstünde unser Gehirn das Wort »nicht« falsch, als würde es diese Verneinungsform geradezu ausradieren, und das Gegenteil tritt ein: Wir konzentrieren uns genau auf das, was wir eigentlich vergessen wollen.

»Ich will gar nicht mehr an Süßigkeiten und Torte denken«, meint eine Frau, die schon etliche Diäten hinter sich, ihr Gewicht aber dennoch nicht reduziert hat.

Das ist auch kein Wunder, weil das Gehirn mit dem Wort »nicht« nichts anfangen kann und deshalb hört: Ich will an Süßigkeiten und Torte denken.

Wenn jemand an etwas Bestimmtes nicht denken möchte, muss er sich fragen: An was möchte ich denn alternativ denken? Unser Gehirn denkt ja immerzu – wir müssen es also beschäftigen. Beispielsweise könnte sich die korpulente Dame sagen: »Ich denke an frisches Obst.«

Wenn jemand nicht mehr so oft und so lange vor der Glotze sitzen will, muss er sich fragen: Was will ich stattdessen tun? Zeitung lesen, joggen, dösen? Der Wunsch könnte sich dann so anhören: Ich schaue täglich von 20 bis 21 Uhr fern, anschließend lese ich meinen Krimi weiter...

Eine junge Frau wundert sich: »Ich wollte nie so werden wie meine Mutter, und heute muss ich mir eingestehen: Ich bin fast wie sie geworden. Wie ist das nur möglich?«

Nun, das liegt daran, dass sie sich nur gewünscht hat, was *nicht* passieren soll, sich aber kein konstruktives oder positives Ziel gesteckt hat. Beispielsweise: »Meine Mutter hat sich selten um meine schulischen Belange gekümmert – ich kümmere mich regelmäßig um die Hausaufgaben meiner Kinder.«

Oder: »Meine Mutter hat ihre Enttäuschung hinuntergeschluckt und dann über die Männer geschimpft. Mein Ziel ist es, einerseits meine Unzufriedenheit klar zu benennen und andererseits meinem Partner zu sagen, was ich an ihm schätze, weil ein anerkennendes Wort mehr bringt als hundert Tadel.«

Gute Vorsätze benötigen klare Ziele: Wo will ich hin? Was muss ich schaffen, damit ich mir sagen kann: Nun habe ich mein Ziel erreicht?

Ich mag die Bildergeschichten von Hägar dem Schrecklichen, dem Krieger aus dem hohen Norden. In einer Folge ruft ihm seine Frau zu: »Komm nicht rein! Ich hab den ganzen Tag geputzt für meinen großen Empfang morgen Mittag, und ich möchte nicht, dass du alles verdirbst.« Hägar, der vor der Tür steht, fragt nach: »Na schön, und was soll ich *tun*?«

Wenn wir die Betonung auf »tun« legen, offenbart sich das zentrale Problem von Wunschmitteilungen: Oft lassen unsere Wünsche zu wünschen übrig, weil wir nicht genau genug sagen, was der Partner tun soll. Wir lassen ihn buchstäblich draußen, in der Annahme, er müsse doch entschlüsseln können, was hinter unseren Worten steht.

Das ewige Thema Ordnung

In meinen Beratungsgesprächen höre ich vier bis fünf Mal pro Woche von heftigen Streitereien über das Dauerbrenner-Thema Ordnung. In der Regel sind es Frauen, die sich über die Unordnung ihrer Partner beklagen. Offensichtlich fallen den meisten Männern ihre schmutzigen Klamotten da aus der Hand, wo sie gerade stehen. Die Frauen fühlen sich dadurch in die Rolle der ausgenutzten Hausfrau gedrängt: »Wieso muss ich dauernd deine Sachen wegräumen?«

Insgeheim geht der Mann von der klassischen Rollenverteilung aus, wonach seine Partnerin mehr Verantwortung für den Haushalt trägt als er. Meistens hat diese Überzeugung ihren Ursprung in einem Programm, also Eindrücken und prägenden Erfahrungen aus der Kindheit, aber auch in Erlebnissen mit der Partnerin, denn in den meisten Fällen räumt sie auf, auch wenn sie sich dabei ausgenutzt fühlt und sauer ist. Der Mann lernt, dass sich seine Partnerin tatsächlich verantwortlicher fühlt und letztlich doch das Aufräumen erledigt. Warum sollte er sich dann noch bücken?

Wie wäre es, seine Sachen einfach liegen zu lassen?

Fast alle Frauen, die mit diesem leidigen Problem zu tun haben, können sich das nicht vorstellen: Sie fühlen sich vom Anblick der schmutzigen Klamotten extrem gestört und meinen, das unwirtliche Chaos nicht ertragen zu können.

Meinen Leserinnen kann ich da nur die Empfehlung geben: Erst durch konsequentes Nichttun erreichen Sie, dass Ihr Partner Ihre Wünsche tatsächlich ernst nimmt. Ich könnte es auch anders formulieren: Damit ein Wunsch in Erfüllung geht, müssen Sie selbst einiges investieren, und zwar in erster Linie konsequente Hartnäckigkeit.

Ute Ehrhardt schreibt in ihrem Buch »Die Klügere gibt nicht mehr nach«: »Frauen sehen meist schneller, wo Hand angelegt werden muss, welche Aufgaben miteinander verknüpft werden können. Männern scheint es besonders schwer zu fallen, Aufgaben zu erkennen, die außerhalb ihres unmittelbaren Arbeitsbereichs liegen ...« (Ach ja, die rechte und die linke Gehirnhälfte lassen grüßen!) Sie weiß natürlich auch: »Unser weiblicher Impuls zu helfen ist zu stark.« Ich möchte ergänzen: Der Impuls ist nicht nur zu stark, sondern er hat auch unbeabsichtigte und unerwünschte Folgen. Dieser Impuls erspart Männern nämlich die Erfahrung, selbst unter der Unordnung zu leiden. Denn auch Männer schätzen es nicht gerade, im Chaos zu versinken.

Falls auch Sie mit dem beschriebenen Problem zu kämpfen haben, kann ich Ihnen anhand meiner Erfahrungen in Beratungsgesprächen nur empfehlen: Vergessen Sie schleunigst alle Vorhaltungen, Ermahnungen, Appelle und Erpressungsversuche! Ich weiß, wie schwierig das klingt, doch es dient ja dem Zweck, das Zusammenleben harmonischer zu gestalten. Und das kann nur gelingen, wenn Sie aufhören, sich zu beklagen, und anfangen, konsequent zu handeln. Vertrauen Sie weniger auf die Macht der Liebe und mehr auf die Kraft Ihrer Unbeirrtheit.

Bei meinem Partner nützt das nichts

Nicht immer sind Ihre Bemühungen gleich von Erfolg gekrönt, aber das sollte für Sie kein Grund sein, die Flinte ins Korn zu werfen.

Gerade Menschen, die schon in ihrer Kindheit die betrübliche Erfahrung machen mussten, dass sich niemand für ihre Wünsche interessierte oder die Erwachsenen sich über die kindlichen Vorlieben hinwegsetzten, neigen später zu der Annahme, auch der Partner interessiere sich nicht für ihre Anliegen. Mit dieser Annahme im Hinterkopf bringen sie ihre Wünsche vorsichtig vor, weil sie selbst ja nicht an die Möglichkeit der Erfüllung glauben. Wie Hans Weigel sagte: »Die Kinderkrankheiten der Seele brechen erst bei den Erwachsenen aus.«

Hand aufs Herz: Wie haben Ihre Eltern oder Großeltern früher reagiert, wenn Sie sich etwas von ihnen wünschten, und zwar nicht nur materielle Dinge wie eine Puppe oder eine Autorennbahn, sondern wenn Sie mit ihnen spielen oder mal länger fernsehen wollten?

Es scheint verschiedene wiederkehrende Erfahrungsmuster zu geben, die sich in den folgenden Aussagen manifestieren:

- »Es war in Ordnung, wenn ich mir was wünschte, und meistens wurde es erfüllt.«
- »Es bringt nichts, Wünsche zu haben, weil sie doch nicht erfüllt werden.«
- »Bei uns wurden Wünsche nicht geäußert, sondern sie mussten erraten werden.«
- »Wer Wünsche hatte, der war egoistisch und wurde bestraft.«
- »Ich konnte mir ruhig etwas wünschen, aber ich bekam trotzdem das, was meine Eltern für richtig befanden.«

Wenn es einen Wunsch gibt, der für Sie wichtig ist, und Sie getrauen sich dennoch nicht, ihn auszusprechen, dann könnte Ihre Hemmung etwas mit alten, Sie immer noch bremsenden Erfahrungen zu tun haben. Meistens hilft es, sich die folgenden Fragen zu stellen: Was habe ich damals befürchtet? War es die Angst, ausgeschimpft oder nicht gemocht zu werden?

Wird mein Partner ebenso reagieren? Ist er oder sie nur eine Kopie meiner Eltern oder Großeltern?

Hinter jedem Vorwurf steckt ein Wunsch

... und den gilt es zu erkennen. Oder anders ausgedrückt: Hinter jedem Vorwurf und jeder Anklage verbirgt sich eine Enttäuschung, und das bedeutet, dass auch ein Wunsch im Spiel ist, denn ohne Wunsch kann es keinen Frust geben.

Hier eine kleine Auswahl an Aussagen mit versteckten Wünschen, die ich in einer einzigen Woche von Paaren gehört habe:

- »Ewig muss ich auf dich warten.«
- »Kannst du nicht mal die Initiative im Bett ergreifen?«
- »Warum kommst du nicht mit zum Erntedankfest?«
- »Du hast schon wieder das Tanken vergessen!«
- »Musst du dauernd fernsehen?«
- »Du hast nur noch deinen Job im Kopf.«

Oft wird ein Anliegen so lange unterdrückt, bis es plötzlich als bissiger Vorwurf an die Oberfläche drängt: »Kannst du nicht mal endlich ...«

Das Problem dabei sind Wortwahl und anklagender Tonfall: Der Wunsch wird vom Vorwurf bis zur Unkenntlichkeit überdeckt. Nur die Aggressivität kommt an und reizt das Reptiliengehirn zum Widerspruch oder animiert zum Weghören.

Es bringt Ihnen und dem Menschen an Ihrer Seite eine ganze Menge, wenn Sie versuchen, Vorwürfe oder Kritik in klare Wünsche zu verwandeln.

Sagen Sie, was Ihr Partner tun soll, was Sie von ihm oder ihr erwarten.

Allerdings setzt das eine Anstrengung voraus, indem Sie sich fragen, was Sie denn so unzufrieden macht und was Sie statt des störenden Verhaltens gerne hätten. Was genau müsste mein Partner tun, damit ich zufrieden bin?

Da das nicht ganz leicht ist, empfehle ich einige Übungen.

Überlegen Sie bitte, was ein Mensch tatsächlich möchte, wenn er Folgendes sagt:

1. »Immer arbeitest du so lange. Kannst du denn nicht mal pünktlich Feierabend machen?«
2. »Warum musst du beim Tanzen immer zu den anderen Frauen blicken?«
3. »Warum kannst du nicht mal mit anpacken und den Geschirrspüler ausräumen?«
4. »Warum sagst du mir nie ein liebes Wort?«
5. »Immer soll ich alles bei uns entscheiden!«
6. »Ich finde es nicht besonders erotisch, wenn du immer nur an meiner Brust rumfummelst.«
7. »Es ist zum Kotzen: Immer muss ich auf dich warten!«

In Wünsche umgewandelt, könnten die einzelnen Aussagen so lauten:

Bei 1: »Ich finde es schön, wenn du zum Abendbrot zu Hause bist.«

Bei 2: »Ich möchte gern, dass du mich beim Tanzen anschaust, weil ich sonst eifersüchtig werde.«

Bei 3: »Hilfst du mir und räumst den Geschirrspüler jetzt gleich (!) aus?«

Bei 4: »Ich möchte so gern hören, dass du mich liebst. Sag's mir doch!«

Bei 5: »Ich fühle mich überfordert. Entscheide du das bitte.«

Bei 6: »Es törnt mich an, wenn du meine Brust nur zart streichelst und dann meinen Hals und Bauchnabel küsst.«

Bei 7: »Ich bin sauer, wenn ich auf dich warten muss. Sei

doch bitte pünktlich.« Oder: »Wenn du pünktlich bist, bekommst du einen dicken Kuss!«

Als ich die Möglichkeit mit dem dicken Kuss in einem Kurs zum Thema Kommunikation anbot, erntete ich Protest: Was denn, soll man etwa für eine Selbstverständlichkeit auch noch loben?

Ich finde, ja, denn warum sollte das Kritisieren und Runterputzen einen höheren Stellenwert haben als das positive Motivieren und Loben.

Umgekehrt ist es für Ihre Gespräche produktiv, wenn Sie den Vorwurf Ihres Partners ebenfalls als verkappten Wunsch auslegen.

Dazu ein paar Beispiele. Überlegen Sie bitte, welcher Wunsch sich hinter dem jeweiligen Vorwurf verbergen könnte.

Der Sender sagt: »Immer musst du dich durch das Fernsehprogramm zappen.«

Der Empfänger fragt sich, was der Sender eigentlich sagen möchte, und formuliert den vermuteten Wunsch: »Du möchtest etwas bis zum Schluss sehen?«

Sender: »Immer geht es nur nach deiner Meinung.«

Empfänger: »Du möchtest mehr mitbestimmen?«

Sender: »Reg dich doch nicht so auf!«

Empfänger: »Du möchtest, dass wir in Ruhe darüber reden?«

Sender: »Lass mich doch zufrieden mit dem Quatsch.«

Empfänger: »Du hast jetzt anderes im Kopf?«

Sender: »Du bist immer so empfindlich.«

Empfänger: »Du möchtest, dass ich großzügiger bin?«

Sender: »Kannst du mir mal verraten, wann ich das alles machen soll?«

Empfänger: »Du brauchst Entlastung oder Hilfe?«

Sender: »Ich habe keinen Bock darauf, das jetzt zu machen.«

Empfänger: »Du möchtest erst etwas anderes tun?«

Sender: »Nie hörst du mir richtig zu.«

Empfänger: »Du möchtest, dass ich dir mehr zuhöre?«

Oder: »Du möchtest mehr Verständnis?«

Sender: »Immer regst du dich so auf.«

Empfänger: »Du wünschst dir mehr Gelassenheit von mir?«

Sender: »Das kann auch nur dir passieren.«

Empfänger: »Du erwartest mehr von mir?«

Sender: »Ende der Diskussion!«

Empfänger: »Du möchtest jetzt nicht mehr darüber reden?«

Sender: »So wird das nie etwas Gescheites.«

Empfänger: »Du hast einen guten Tipp auf Lager?«

Sender: »Du bist ganz schön egoistisch.«

Empfänger: »Du möchtest, dass ich dich mehr einbeziehe?«

Oder: »Du wünschst dir, dass ich deine Interessen stärker berücksichtige?«

Wünsche sind keine Einbahnstraße

Was halten Sie davon, den anderen einzubeziehen und direkt zu fragen, wie er oder sie Ihren Wunsch findet und ob er oder sie sich vorstellen kann, Sie darin zu unterstützen?

Das könnte sich so anhören: »Bist du bereit, mein Anliegen zu unterstützen? Dann sag es mir bitte.«

In dem Moment, in dem jemand seine aktive Zustimmung gibt, und sei es auch nur durch das bescheidene Wort »ja«, geht er eine gewisse Verpflichtung ein. Wenn der Partner Bedenken äußert, signalisiert allein das schon, wie wichtig er Ihren Wunsch nimmt. Immerhin setzt er sich damit auseinander. Und darum ist es gut für Ihre

Beziehung, wenn Sie den möglichen Einwand ebenfalls ernst nehmen. Am besten gelingt das mit dem hilfreichen Dialog: »Ich habe dich so verstanden, dass du meinem Wunsch nicht zustimmen kannst, weil…« Und dann fragen Sie weiter: »Was würde es dir leichter machen, auf meinen Wunsch einzugehen?« Oder: »Welchen Teil von meinem Anliegen kannst du akzeptieren?«

Ich gebe Paaren oft auch die Empfehlung, dem anderen einen Vertrag vorzuschlagen: »Wir vereinbaren jetzt, dass ich deinen Wunsch erfülle, indem ich x tue, und du gehst im Gegenzug auf mein Anliegen ein und machst y für mich. Was hältst du davon?« Dieser Vorschlag gründet auf der Erfahrung, dass man leichter etwas gibt, wenn man auch etwas bekommt.

Wenn die Wünsche kein Echo finden

Wie Sie mit Widerständen umgehen

»Man sollte nie versuchen, einen Menschen zu verändern. Man hat ihn ja mal geheiratet, weil er so ist, wie er ist.«
Loki Schmidt anlässlich der Feier ihrer diamantenen Hochzeit mit Alt-Bundeskanzler Helmut Schmidt

Manche Menschen müssen erst alt werden, um zu begreifen, dass sie ihren Partner nicht ändern können. Doch vorher haben sie es immer wieder probiert, haben gebettelt, gewünscht, erpresst, gedroht – und nichts erreicht. Der andere erscheint wie ein Fels, an dem alles abprallt.

Das Problem: Es gibt zwei Arten von Konflikten, und nur eine Art ist lösbar.

Bei einem Konflikt Ihrer jeweiligen Bedürfnisse haben Sie gute Chancen, bei einem Wettstreit Ihrer jeweiligen Werte dagegen kommen Sie nur mit einer einzigen Parole weiter: Augen zu, Mund halten, Ansprüche begraben.

Es ist wichtig für Ihre Beziehung, diese beiden Konflikttypen auseinander zu halten, weil Ihr Zusammenleben sonst zum Tummelplatz von Enttäuschungen wird.

Der Bedürfniskonflikt

Bei einem Bedürfniskonflikt fühlen Sie sich beeinträchtigt und erleiden durch das Verhalten oder Nicht-Verhalten Ihres Partners einen spürbaren Nachteil.

Ein Beispiel: Gerhilt ärgert sich des Öfteren über nicht eingehaltene Versprechen ihres Freundes. Kein Wunder, dass sie dann jedes Mal gleich genervt ist und einen vorwurfsvollen Ton anschlägt. Schließlich soll er merken, dass er sie nicht einfach für dumm verkaufen kann: »Die Waschmaschine hast du immer noch nicht repariert, obwohl du es schon vor drei Tagen hoch und heilig versprochen hast. Das ist mal wieder typisch für dich. Alles, was mich betrifft, ist dir völlig egal.«

Wenn Sie in solch einem Konflikt weiterkommen wollen, haben Sie nur eine Chance: Machen Sie dem Partner keinen Vorwurf, sondern sagen Sie ihm klar und präzise, wie sein Verhalten Sie beeinflusst, also welche Nachteile es für Sie beinhaltet:

»Ich möchte heute gerne waschen, aber das geht im Moment nicht, weil die Maschine nicht funktioniert. In nächster Zeit komme ich nicht mehr dazu, und meine Blusen werden allmählich knapp. Deshalb musst du es jetzt angehen. Wenn du keine Zeit hast, rufe ich einen Handwerker an. Aber das fände ich schade.«

Gerhilts Beeinträchtigung ist klar angesprochen: Sie kann nicht waschen, und ihr Vorrat an sauberen Blusen geht zur Neige.

Lassen Sie uns einen Augenblick innehalten. Ist das mit dem Handwerker nicht eine Erpressung, durch die sich Gerhilts Partner in die Ecke getrieben fühlen könnte?

Schon möglich, doch soll sie einfach warten, bis er sein Versprechen vielleicht irgendwann mal in die Tat umsetzt? Je länger sie hofft und je häufiger sie enttäuscht ist, desto stärker wird ihr Adrenalinspiegel steigen: Was lange gärt, wird schließlich Wut. Ein Adrenalinschub verursacht Stress, und in dem Zustand reagieren Menschen selbstbezogen. Mit anderen Worten: Eine gute Lösung des Konfliktes rückt in immer weitere Ferne.

Also zieht Gerhilt klare Konsequenzen: Ich lasse mich nicht länger hinhalten, ich will endlich waschen. Die Erwähnung des Handwerkers wäre nur dann eine Erpressung, wenn ihr Partner keine Möglichkeit hätte, zwischen zwei Handlungsalternativen zu wählen.

Bei der Lösung des Problems geht es in erster Linie darum, dass die Maschine endlich wieder läuft. Dabei ist es nebensächlich, wer sie repariert. Folglich muss Gerhilts Freund nicht unbedingt selbst tätig werden.

Ein wichtiger Aspekt bei dem Konflikt ist Gerhilts Enttäuschung: Wieder hat ihr Partner ein Versprechen nicht eingehalten. Die Versuchung ist groß, ihm dafür Vorwürfe zu machen oder ihn zu bestrafen. Allerdings: Eine Bestrafung verändert den Menschen nicht, sondern schafft nur schlechte Stimmung.

Im Bedürfniskonflikt sollten Sie unbedingt Ihre Vorstellungen konkret und positiv mitteilen, und Sie sollten Ihrem Partner Wertschätzung entgegenbringen (Faktor A), denn Menschen verändern sich, wenn sie sich geschätzt und akzeptiert fühlen. Ohne Anerkennung rufen Sie nur das »gegnerische« Reptiliengehirn auf den Plan.

Am elegantesten gehen Sie vor, wenn Sie dem anderen nicht vorschreiben, was er oder sie tun soll, denn das kann leicht als Bevormundung verstanden werden, sondern nur Ihre Einschränkung beschreiben – also das, was Ihnen fehlt – und schließlich Ihr Ziel nennen: »Ich möchte waschen, weil ich saubere Blusen brauche. Ich kann aber nicht waschen, weil die Maschine defekt ist. Mein Ziel: eine funktionierende Waschmaschine.«

Der Wertekonflikt

Bei einem Wertekonflikt haben Sie weniger Chancen, zu einer Einigung zu kommen, denn da geht es um »heilige« Werte und persönliche Überzeugungen. Kann man die so einfach mal eben aufgeben? Gibt man sich da nicht selbst gleich mit auf?

Bei Jenny und Markus, beide knapp über 20, gibt es dauernd Streit über das Thema Ordnung. Jenny ist Friseurin und hat montags frei. Markus meint, an dem Tag könnte sie den Haushalt auf Vordermann bringen, doch sie sieht das anders: »Ich stehe sonst den ganzen Tag über im Laden, aber Markus besucht die Abendschule und kann sich die Arbeit viel besser einteilen.«

Markus ist beileibe kein Macho, sondern legt selber Hand an. Er wischt, saugt und bügelt. Nur der Montag ist ein Problem: »Wenn du den ganzen Tag frei hast, kannst du ruhig was im Haushalt tun«, beschwert er sich. Jenny hält dagegen: »Ich leiste meinen Teil an der Hausarbeit, aber du hast eindeutig mehr Zeit zur Verfügung. Da ist es nur fair, wenn ich mir einen freien Tag gönne.«

»Wahrscheinlich sind die beiden zu schnell zusammengezogen«, vermuten Freunde des Paares. Doch was wäre anders, wenn Jenny und Markus sich längere Zeit gekannt hätten, bevor sie den Schritt ins Zusammenleben wagten?

Möglicherweise hätten die beiden bemerkt, dass ihre unterschiedlichen Wertvorstellungen ihre Zweisamkeit belasten: Jenny glaubt, an ihrem Montag einen Anspruch auf Freizeit zu haben, weil sie an den anderen Tagen völlig erschöpft nach Hause kommt, während Markus sich ausgenutzt fühlt, wenn er den Haushalt auf Vordermann bringen soll: »Ich sehe nicht ein, warum ich den Hausmann spielen soll, während Jenny es sich bequem macht.«

Zwei Merkmale sind typisch für Wertekonflikte. Jeder der Beteiligten ist von der Richtigkeit der eigenen Sichtweise absolut überzeugt und weiß genau, wie sich der andere verhalten sollte. Insofern erinnert dieser Konflikt an Spannungen zwischen allwissenden Eltern und ihrem Kind: Die Eltern wollen das Kind unbedingt von etwas überzeugen, wobei das Kind sich aber gar nicht umstimmen lassen will, weil es seinen Standpunkt für den einzig richtigen hält.

Ähnliche Spannungen gibt es auch bei Stefanie und Werner, die schon seit 18 Jahren über die Entsorgung seiner Fußnägel debattieren.

Stefanie ärgert sich maßlos darüber, wenn Werner die abgeschnittenen Fußnägel im Abfluss der Badewanne liegen lässt.

Er versteht das nicht: »Warum regt sie sich darüber auf? Die Nägel werden doch vom Wasser weggespült, oder ich picke sie irgendwann mal raus. Stefanie ist viel zu pingelig.«

Ist sie das? Sie erklärt: »Wenn ich die Nägel nicht raushole, verstopft alles, und er hat keine Zeit, sich um so was zu kümmern. Das bleibt doch alles an mir hängen. Seine Barthaare im Waschbecken sind auch so ein Problem.«

Vielleicht müsste Stefanie ein dickeres Fell bekommen und über die Fußnägel und vieles andere hinwegsehen. Aber da sträuben sich ihre Nackenhaare derartig, dass sie vor lauter Frust kaum noch die guten Seiten der Beziehung erkennen kann.

Werner ist unbegreiflich, warum sie sich über solche »Kleinigkeiten« aufregt: »Du machst unsere Beziehung damit kaputt. Es kann doch nicht so schlimm sein, ein paar Barthaare zu beseitigen. Ich rege mich doch auch nicht auf, wenn du im Bademantel die Zeitung liest, obwohl ich das weiß Gott nicht attraktiv finde. Und bei unserer letzten Reise hast du nicht mal meinen Schlafanzug eingepackt. Aber mache ich dir deshalb eine Szene?«

Werners Einstellung kann man folgendermaßen beschreiben: Man darf sich nicht über die Schwächen des anderen aufregen, sondern hat sie hinzunehmen. Stefanie kann das aber nicht so locker sehen, weil sie sich vor den abgeschnittenen Fußnägeln und den Barthaaren im Waschbecken ekelt. Sie fühlt sich unwohl und hat es gerne sauber. Darauf geht Werner aber gar nicht ein.

Gepflegte Sauberkeit stellt für Stefanie einen Wert dar, großzügige Toleranz ist dagegen Werners Credo. Im Wertekonflikt prallen beide Überzeugungen aufeinander. Dabei ist die starre Verteidigung der Werte wichtiger als das Wohlergehen des Partners.

Wertekonflikte berühren tiefe Persönlichkeitsschichten und ganz frühe und feste Programme, und die sind jedem Menschen heilig. Oftmals verlässt man lieber seinen Partner, als von diesen Überzeugungen abzurücken.

Dabei sind nicht so sehr die unterschiedlichen Werte das Problem, sondern der fragwürdige Umgang mit ihnen. Stefanie und Werner schlagen sich ihre gelernten Überzeugungen um die Ohren, weil jeder den anderen von der Richtigkeit des eigenen Wertesystems (also des eigenen Programms) überzeugen möchte. Beide streben eine Einigung an – und das macht die Streiterei so gefährlich: Bei Auseinandersetzungen um die »heiligen« individuellen Werte will keiner zurückstecken, weil das einer Art von Selbstaufgabe gleichkäme. Also gibt es bei einem Wertekampf von vornherein wenig Chancen auf eine Einigung.

Sechs Ehejahre sind genug – wenn Josef sich nicht endlich ändert! Egal, was Silke macht: Ihm ist alles recht. Hauptsache, er hat seine Ruhe. Wütend knallt sie ihm an den Kopf: »Ich will, dass du mehr präsent bist. Ich weiß ja nie, woran ich bei dir bin. Wenn dir etwas an mir liegt, kann dir doch nicht alles egal sein.«

Josef dagegen legt sein Verhalten als Großzügigkeit aus. Wer hat schon so viele Freiheiten wie seine Frau? Er ist glücklich, wenn sie zufrieden ist.

Aber sie ist nicht zufrieden. Er solle endlich mal Gefühle zeigen, fordert sie. »Ich spüre überhaupt keinen

Widerstand. Du bist wie eine Gummiwand! Du gehst nie aus dir raus, willst alles nur aussitzen!«

Josef, ein leicht rundlicher Angestellter, bleibt auch jetzt noch ruhig: »Ich bin nun mal stiller und abwartender. Und warum darf ich so nicht sein? Nenn mir einen einzigen Grund! Akzeptier doch mal, dass ich so bin. Du musst nicht ewig versuchen, mich zu verändern. Und gib mir nicht dauernd zu verstehen, dass ich in deinen Augen Müll bin.«

Wie Sie Wertekonflikte erkennen

Beim Wertekonflikt wünscht sich ein Partner vom Lebensgefährten nicht nur ein anderes Verhalten, sondern eine andere innere Einstellung, einen anderen Charakter. Und das kränkt, denn der andere spürt: So, wie ich bin, bin ich nicht in Ordnung, genüge ich nicht den Ansprüchen. Es ist wie in der Schule: Du hast das Klassenziel nicht erreicht.

Das Brisanteste an einem Wertekonflikt ist die Überzeugung, im Besitz der Wahrheit und der richtigen Sichtweise zu sein. Es geht nicht um persönliche Bedürfnisse, in die man sich mit gutem Willen einfühlen könnte, sondern um Grundsätzliches – und da hört der Spaß rasch auf.

Wertekonflikte erkennen Sie beispielsweise an folgenden, direkt oder indirekt geäußerten Worten: »du musst«, »du sollst«, »es ist doch nun mal so«, »so geht das aber nicht«, »so ist das nicht richtig«, »so kann man das nicht machen«. Die Gesprächshaltung ist unpersönlich und belehrend. Der Belehrte fühlt sich nicht verstanden, geht darum auf Distanz zum Partner und verschanzt sich hinter einer Mauer aus Gegenargumenten.

Ob es sich bei einer Auseinandersetzung um einen Wertekonflikt handelt, können Sie auch mit folgender Frage klären: Wenn der andere mir seinen Standpunkt erklärt, werde ich dann meine Sichtweise des Problems verändern oder sogar seine übernehmen? Wenn Sie diese Frage mit Ja beantworten, dann lohnen sich weitere Gespräche unter Einsatz des hilfreichen Dialogs. Wenn nicht, geht es um mehr, nämlich darum, die Unterschiede zu akzeptieren. Hier lässt sich keine einfache Lösung finden, mit der beide einigermaßen zufrieden sein könnten. Hier muss einer zumindest vorübergehend nachgeben, um die Beziehung zu erhalten. Als Konfliktbewältigung empfiehlt sich die »Zweinigung« (ein Ausdruck der Management-Trainerin Vera Birkenbihl): Beide Meinungen haben ihre Berechtigung, beispielsweise beim Urlaubsziel: ein Jahr in die Berge, das folgende Jahr an die See. Oder man bietet an: »Dass mich deine Unordnung stört, ist ja zum Teil auch mein Problem. Wenn sie mich nicht stören würde, wäre alles in Butter. Ich räume ab jetzt weg, was mich stört, und bitte dich, mir im Gegenzug auch einen Gefallen zu tun: Kannst du zum Beispiel das Bügeln übernehmen?«

In England drückt man dieses Vorgehen mit der schönen Redewendung *Let's agree to differ* aus: Einigen wir uns darauf, dass wir uns in diesem Punkt nicht einigen müssen (weil wir es nämlich nicht schaffen, uns zu einigen).

Es gibt noch ein untrügliches Zeichen für einen Wertekonflikt: das verflixte siebte Mal. Wenn Sie von Ihrem Partner etwas möchten, dann bitten, wünschen oder fordern Sie es, natürlich konkret und positiv formuliert. Und wenn nichts passiert, dann eben noch einmal, vielleicht auch noch ein weiteres Mal. Aber wenn Sie mit Ihrem Anliegen sieben Mal erfolglos geblieben sind, dann will der andere das Gewünschte nicht tun, oder er kann es nicht, weil es sich um einen Wertekonflikt handelt. Und nun mal ehrlich: Gibt es irgendeinen Grund für die Annahme, dass der andere Ihr Anliegen beim zehnten oder womöglich fünfzigsten Mal endlich erfüllen wird? Ich fürchte, nein. Wenn er auf Sie eingehen kann und möchte, dann wird das spätestens beim dritten oder vierten, auf jeden Fall aber beim verflixten siebten Überzeugungsversuch passieren – oder es passiert gar nicht. Das zeigt jedenfalls die Praxis.

Eine Klientin meinte einmal, es sei doch möglich, dass ihr Freund auf die zweiunddreißigste Aufforderung reagiere, weil ihm die Sache dann so auf den Geist gehe, dass er schließlich doch nachgebe. Man soll ja nie nie sagen, aber ich habe so etwas bisher noch nicht erlebt. Eher das Gegenteil: Nach der siebten Wiederholung desselben Wunsches schaltet selbst der liebevollste Mensch auf Durchzug. Quantität, nämlich reden und immer wieder reden, bringt nichts.

Mit anderen Worten: Es bleibt den Betroffenen nichts anderes übrig, als mit der Unterschiedlichkeit zu leben. Jenny wird weiter am Montag relaxen; Werner wird seine abgeschnittenen Fußnägel zur Besichtigung anbieten, und Stefanie wird sie beseitigen; Josef bleibt ein stiller Aussitzer. Alles nicht so, wie wir es uns in unseren schönsten Harmonieträumen vorstellen, aber so ist nun mal das Leben.

Mit unterschiedlichen Werten klarzukommen ist so ähnlich wie das Leben mit einer Hypothek beim eigenen Haus. Sie ist zwar lästig, und man wird an jedem Zahltag daran erinnert, doch andererseits hat man auch ein schönes Heim, an dem man sich erfreuen kann. Es kommt darauf an, worauf man sich konzentriert: auf die unangenehmen Zahlungen oder auf das gemütliche Wohnzimmer mit dem Blick ins Grüne.

Auch das Zusammenleben von Paaren wird ja nicht nur durch die lästigen Konflikte geprägt, sondern es gibt auch Gemeinsames, Schönes, Erbauliches.

Sehe ich das zu optimistisch? Haben Sie den Eindruck, Ihr Partner habe sich im Laufe der Zeit erst so negativ entwickelt, erst jetzt zeige er sein wahres Gesicht, vor der Heirat sei er ganz anders gewesen?

So einfach ist das meistens nicht. Natürlich verändern sich Menschen auch zu ihrem Nachteil, aber vielleicht ist man selbst an derartigen Prozessen nicht ganz unbeteiligt? In der Regel hat sich nämlich nur unser Blickwinkel geändert. Anfangs nehmen wir vorzugsweise die schönen Seiten wahr und relativieren die unangenehmen: Da ist so viel Tolles, weshalb wir nur zu gern bereit sind, die problematischen Eigenschaften und Unterschiede hinzunehmen. Nach einiger Zeit konzentrieren wir uns mehr auf das Schwierige und verlieren die angenehmen Seiten unseres Partners aus dem Blick. Nicht der andere zeigt sein wahres Gesicht, sondern wir haben die Perspektive gewechselt.

Den ganzen Menschen sehen

Wir können uns auf das Fehlende konzentrieren oder aber die angenehmen Seiten unserer Partnerschaft in unser Blickfeld rücken. Das ist ganz allein unsere Entscheidung. Denken Sie an einen Urlaub: Zehn Tage lang hatten Sie strahlend blauen Himmel, drei Tage war es bewölkt. War das Wetter nun insgesamt gut oder schlecht? War der Urlaub schön oder enttäuschend?

Oder anders gefragt: Wenn an Ihrem Auto die linke Tür verbeult ist, muss dann der gesamte Wagen repariert werden? Vermutlich werden Sie mir zustimmen, dass man wegen solcher Kleinigkeiten nicht gleich alles infrage stellen muss. Aber warum sind wir dann mit unseren Partnerbeziehungen so kritisch?

Ich möchte dazu eine Vermutung anstellen: Meiner

Überzeugung nach signalisieren die hohen Scheidungszahlen nicht das Ende der Ehe, sondern ganz im Gegenteil ihre große Bedeutung. Gerade weil die Partnerbeziehung uns so wichtig ist, stellen wir hohe, vielleicht zu hohe Ansprüche und erwarten größtmögliche Übereinstimmung. Die Beziehung muss möglichst perfekt sein, damit wir zufrieden und glücklich miteinander leben können. Wenn wir viel von der Partnerschaft erwarten und unseren Partner möglicherweise sogar idealisiert haben, wird uns die Erkenntnis seiner Unvollkommenheit enttäuschen. Wir werden sie oder ihn dafür verantwortlich machen und wahrscheinlich bestrafen. Unsere Worte werden nicht mehr so freundlich sein, unsere Geduld wird nachlassen, und parallel dazu werden die Vorwürfe zunehmen. Das ist ein gefährlicher Teufelskreis!

Doch wir können ihn durchbrechen, indem wir bewusst entscheiden, was uns wichtiger ist: die angenehmen Seiten oder die fehlenden Eigenschaften. Ideale Partner werden nicht im Himmel gebacken. Sie sind ganz und gar irdisch. Oder wie Stanislaw Jerzy Lec sagte: »Wer den Himmel auf Erden sucht, der hat im Erdkundeunterricht geschlafen.«

An anderer Stelle haben wir gesehen, dass die meisten Paare immer wieder über Themen wie Kindererziehung, Freizeitgestaltung, Sexualität, Geldausgeben, Ordnung und Sauberkeit oder Umgang mit der Verwandtschaft in Streit geraten. Jetzt wissen wir auch, warum: Es handelt sich um klassische Wertekonflikte. Werden sie über längere Zeit ausgehalten, deutet dies darauf hin, dass es auch viel Verbindendes und Liebevolles im Zusammenleben gibt, das die Belastungen ausgleicht.

Kompromisse um jeden Preis?

Wie Sie sich einigen können

»Meine Frau trinkt am liebsten Rotwein,
ich bevorzuge Weißwein.
Also trinken wir Rosé, den keiner mag.«
Erich Kästner

»Wenn mal der eine und mal der andere nachgibt, gibt es keinen Streit.«

Viele Menschen sehen im Kompromiss ein Allheilmittel für Partnerschaften. Ich habe manchmal eher den Eindruck, es handelt sich um einen Tropf, der den Patienten namens Zusammenleben mühsam am Leben erhält.

Natürlich ist es in Liebesbeziehungen (und nicht nur dort) immer wieder notwendig, dass beide zum Nachgeben bereit sind, doch habe ich auch oft Kompromisse erlebt, die nichts Halbes und nichts Ganzes waren, sondern für beide Beteiligten nur von Nachteil, wie in dem schönen Beispiel von Erich Kästner. Warum trinkt nicht jeder seinen bevorzugten Wein? Vielleicht, weil dann die Gemeinsamkeit leiden und Unterschiede spürbar würden? So schließen wir lieber Kompromisse, bisweilen sogar zu schnell und zu leichtfertig.

Manchmal beginnt die Auseinandersetzung schon am frühen Morgen im Bad. Man ist noch etwas schlaftrunken, und dann dreht man durch, weil der andere den Verschluss der Zahnpastatube nicht »richtig« zudreht, die Tube quetscht oder pingelig rollt. Doch wie kann in diesem Fall ein Kompromiss aussehen?

Jetzt werden Sie wahrscheinlich müde abwinken: »Hauptsache, man putzt sich überhaupt die Zähne. Notfalls muss man eben einen Spender kaufen, da braucht man nur noch zu drücken. Oder zwei Tuben.«

Die Lösung mit den zwei Tuben habe ich Paaren in Beratungsgesprächen tatsächlich vorgeschlagen, allerdings mit mäßigem Erfolg: »Das wäre ja noch schöner. Zwei Tuben! Wenn wir so was schon nicht geregelt kriegen – na dann gute Nacht!«

Ich kenne aber auch Pärchen, die zwei Spender besorgt und sich hinterher über die Farben gestritten haben, weil einer Blau nicht ausstehen und der andere Grün nicht ertragen konnte.

Zwei Tuben, zwei Spender – das bedeutet zwei unterschiedliche Auffassungen. Und das heißt: Wir stimmen nicht so hundertprozentig überein, wie wir uns das tief in unseren Herzen wünschen. Diese Enttäuschung macht reizbar.

Vielleicht geht es hier aber auch um Macht: Wer hat bei uns das Sagen? Wer bestimmt den Stil unseres Zusammenlebens? Darf ich so bleiben, wie ich nun mal bin, oder muss ich Zugeständnisse machen, um geliebt zu werden?

Es geht mal wieder um mehr als nur einen sachlichen Streitpunkt. Darum führen auch logische Argumente nicht so recht weiter. Aber persönliche.

Stets empfiehlt es sich, das Problem anzusprechen und dabei den hilfreichen Dialog zu nutzen. Es ist nämlich ein bedeutsamer Unterschied, ob wir die Befindlichkeit des Partners ignorieren oder ob wir sie, und damit die ganze Person, ernst nehmen, auch wenn wir sie nicht ändern können oder nicht ändern wollen.

Im Beispiel mit der Zahnpastatube bringt ein Satz der folgenden Art Entspannung: »Es ärgert dich, wenn ich die Tube nicht zudrehe, aber ich mache das nicht, um dich zu ärgern, sondern weil es mich nervt, sie ordentlich zuzuschrauben. Du weißt, ich bin da etwas luschig. Bitte, sieh es mir nach.«

Natürlich bleibt der Verschluss immer noch neben der Tube liegen, doch wird das vom Sender der Information jetzt nicht mehr als selbstverständlich und normal betrachtet. Immerhin registriert er, was er dem Partner zumutet. Das hört sich noch nicht nach einer großen Veränderung an, bedeutet aber dennoch einen erheblichen Unterschied für das Gesprächsklima: Der Partner fühlt sich beachtet. Und was wahrscheinlich noch wichtiger ist: Er wird nicht mehr angegriffen oder mit Vorwürfen attackiert (»Musst du immer so pingelig sein?«).

Lohnen sich persönliche Opfer?

Es kommt darauf an. Man sollte von der Notwendigkeit des Opfers überzeugt sein, und man muss dem anderen auch klar mitteilen, dass man ein Opfer bringt und warum. »Stille« Opfer werden leicht als Nachgiebigkeit ausgelegt und vom Partner anschließend immer wieder erwartet. Zudem senken sie die Bereitschaft, seinerseits einzulenken.

Gehen Sie lieber nicht davon aus, dass der andere Ihnen für Ihr Nachgeben etwas schuldet, was Sie demnächst einfordern können. Wenn Sie ein »Geschäft« mit ihm anstreben, sollten Sie das auch offen sagen: »Ich gebe an diesem Punkt nach, wenn du bereit bist, mir in der Angelegenheit x entgegenzukommen, indem du y und z tust.«

Bei der Streitfrage »Urlaub am Meer oder in den Bergen« kann man sich natürlich im Sinne von Vera Birkenbihls »Zweinigung« auf »dieses Jahr in die Berge, nächstes Jahr an die See« einigen. Doch ich frage mich bei dieser Lösung, wie sich wohl der Gebirgsfreund im Strandkorb bei heftigem Wind und mit feinem Sand zwischen den Zähnen fühlen wird. Und wird derjenige, der für das Meer schwärmt, bei einer anstrengenden Bergtour glücklich werden?

Riskant wird es, wenn Sie Unzufriedenheit spüren und dennoch nachgeben (müssen), um Krach zu vermeiden. Unterdrückte Gefühle rächen sich nämlich. Ein Sprichwort beleuchtet dieses Problem: »Ein Kompromiss ist ein Arrangement, durch das einer, der nicht bekommen kann, was er will, dafür sorgt, dass es dem anderen ebenso geht.«

Deshalb die Regel: Egal, worum es geht, es müssen immer beide mit dem Kompromiss wenigstens einigermaßen gut leben können. Ist nur einer zufrieden, ist der Kompromiss faul; die Übereinkunft wird dem anderen bald stinken und dann von ihm sabotiert werden.

Selbstverständlich muss es auch Kompromisse geben. Doch sie müssen gut überlegt sein. Deshalb sollten Sie sich ehrlich fragen: Gewinne ich durch diese Übereinkunft etwas, oder erlebe ich sie als Niederlage?

Ein Beispiel: Wenn ich entgegen meinem ursprünglichen Wunsch doch mit an die See reise, habe ich zwar auf meine geliebten Berge verzichtet, doch den gemeinsamen Urlaub gewonnen. Also muss ich mich vorab fragen, was mein tatsächliches Ziel ist: Will ich unbedingt in die Berge, oder möchte ich im Urlaub unbedingt mit meinem Partner zusammen sein?

Bei Wertekonflikten sollten wir lieber ganz auf Kompromisse verzichten. Die würden sich garantiert rächen, weil Werte so tief in uns verankert sind, dass wir sie nicht ohne weiteres opfern. Da bleibt uns – wie wir gesehen haben – nichts anderes übrig, als mit den unterschiedlichen Auffassungen zu leben. Wenn wir an ihnen rütteln, schaffen wir nur neue Probleme.

Alternativen zum Kompromiss

Wie geht man nun am besten mit komplizierteren Wünschen um, die oft mit den Vorstellungen des Partners kollidieren: Neues Auto oder neue Küche?, Kind – ja oder nein?, Hausbau oder größere Wohnung?, um nur ein paar Beispiele zu nennen. Oder was ist mit der oft zu heftigen Spannungen führenden »Arbeitswut« des Mannes? Oder mit dem Wunsch nach mehr sexuellem Kontakt, mehr Gesprächen oder gemeinsamen Unternehmungen?

Da gibt es verschiedene Möglichkeiten:

Man konzentriert sich auf sachliche Argumente, was Männern meistens leicht fällt, und debattiert stundenlang – zumeist ohne ein für beide befriedigendes Ergebnis zu erzielen. Stattdessen läuft diese Strategie auf Sieg und Niederlage hinaus. Das ist erstmal eine Lösung, doch die Erfahrung lehrt, dass Besiegte nur zu schnell auf Rache sinnen.

Eine andere Alternative: Man überlegt für sich, wo die eigene Schmerzgrenze liegt, also bis zu welchem Punkt man notfalls Zugeständnisse machen kann, ohne es als Niederlage zu erleben. Diesen *point of no return* teilt man während des Gespräches dem anderen mit: »Ich merke, dass ich keine weiteren Zugeständnisse machen kann, weil ich allmählich unzufrieden werde.«

Oder: Man verhandelt respektvoll miteinander und informiert sich über die persönlichen Hintergründe der Vorstellungen oder Wünsche des anderen: »Ich möchte von dir erfahren, warum dir dein Anliegen wichtig ist. Vielleicht kann ich es ja verstehen, wenn du mehr davon berichtest.«

Was man nun erfährt, bestätigt man am besten mit dem hilfreichen Dialog, damit sich der Partner gut verstanden fühlt. Ein Zugeständnis ist überhaupt nur dann möglich, wenn beide Partner ausgesprochen fair miteinander umgehen, also Vorwürfe und Unterstellungen vermeiden. Außerdem gilt es, regen Gebrauch vom Faktor A zu machen, denn nur in einer guten Atmosphäre ist echtes Entgegenkommen denkbar.

Es ist ja auch nicht leicht, die Wünsche und Bedürfnisse des anderen Menschen wirklich zu respektieren. Das verlangt Rücksichtnahme, Anpassung und vielleicht sogar Verzicht: Wenn ich mich mehr nach dir richte, kann ich mich notwendigerweise weniger nach meinen eigenen Wünschen richten. Damit ich mich nach deinen Vorstellungen richten kann, muss ich sie verstehen und ihren Stellenwert für dich ermessen können.

Dazu ein Beispiel aus meiner Beratungsarbeit: Ein Paar kann sich über die Anschaffung eines neuen Autos nicht einigen. Der Mann drängt auf den Kauf eines neuen, die Frau findet den alten Wagen noch ganz passabel. Warum also unnötig Geld ausgeben?

Er argumentiert mit der größeren Sicherheit eines modernen Autos, dem geringeren Spritverbrauch und der zunehmenden Reparaturanfälligkeit des alten Fahrzeugs: »Irgendwann bleiben wir mit der Karre liegen, und dann wird es richtig teuer.«

»Ist ein neuer Wagen nicht auch richtig teuer?«, kontert sie.

So fliegen die Argumente hin und her, ohne dass sich Positionen annähern. Das wirkt frustrierend, heizt die Spannung zusätzlich an und lässt einen Kompromiss in weite Ferne rücken.

Der Schlagabtausch entwickelt sich erst zu einem produktiven Gespräch, als die jeweiligen Beweggründe, die zudem von den persönlichen Programmen beeinflusst werden, in die Auseinandersetzung einfließen.

Das hört sich folgendermaßen an: »Gibt es auch einen persönlichen Grund, warum du ein neues Auto möchtest?«

Der Mann erwidert: »Klar. Ein neuer Wagen ist einfach eleganter.«

Aber das ist ihr zu oberflächlich: »Weil du dich so stark für den Kauf einsetzt, möchte ich gerne wissen, warum dir das so wichtig ist. Es scheint dir richtig am Herzen zu liegen.«

»Das liegt es auch. Früher, bei meinen Eltern, da hatten wir immer alte Autos. Mit denen blieben wir oft liegen, es war fürchterlich.«

Sie wendet jetzt den hilfreichen Dialog an: »Ich habe verstanden, dass dich die alten Kisten mit ihren Pannen genervt haben.«

»Und wie! Einmal riss der Gaszug, während mein Vater gerade beim Überholen eines Lastwagens war. Und dann kam von vorne ein Auto. Ich habe Todesängste ausgestanden.«

Die Frau fasst zusammen: »Du hattest schlimme Erlebnisse mit dem alten Auto, und die haben dich geängstigt.«

Der Mann nickt: »Das ist eben das Risiko bei alten Autos, und darum hasse ich diese Biester.«

Mit dem hilfreichen Dialog drückt die Frau Verständnis aus: »Wenn das Auto in die Jahre kommt, werden für dich die Erinnerungen an frühere Pannen wach. Das ist nicht so schön für dich.«

»Eben. Und darum muss der Wagen weg, bevor das Theater wieder losgeht.«

Nun sind beide beim wahren Thema: Ein betagtes Auto weckt alte Befürchtungen bei ihm. Erst in einem neueren Wagen fühlt er sich sicher und weit weg von den früheren Erlebnissen.

Kritisch könnte man anmerken, dass auch ein ganz neues Fahrzeug nicht unbedingt frei von allen Mängeln ist, doch das trifft nicht den Kern seines inneren Motivs und ist darum für ihn belanglos. Es geht nicht um die Sache, sondern um sein Gefühl.

Die Partnerin kann nun für sich herausfinden, ob diese neuen Gesichtspunkte ihre eigene Position ins Wanken bringen – oder auch nicht. Auf jeden Fall wird erst an diesem Punkt des Gespräches deutlich, wie sie seine und ihre Gesichtspunkte gewichtet, ob sie seine Position nachvollziehen kann und ob angesichts der Gefühle ihres Partners ein Nachgeben für sie ohne Groll und Wiedergutmachungsabsicht möglich ist.

Manchmal verlangt die Zustimmung zu einem Kompromiss ein nicht unerhebliches persönliches Opfer, und darum sollte das Nachgeben in beiderseitigem Interesse nicht vorschnell und um des lieben Friedens willen geschehen, sondern erst, nachdem man die inneren Motive des anderen erfahren hat.

Der dritte Weg

Es gibt noch eine weitere Möglichkeit, um festgefahrene Situationen zu retten oder ein Nachgeben aus Angst vor unangenehmen Folgen zu vermeiden: Beide vereinbaren, angesichts der misslichen Lage eine ganz neue, dritte Lösung zu suchen. Statt meiner oder deiner Position gibt es dann eine dritte, und die sieht ganz anders aus.

Wenn man sich beispielsweise nicht auf einen Urlaub am Meer oder in den Bergen einigen kann, sollten beide Möglichkeiten ausscheiden und ein völlig neues Ziel ins Auge gefasst werden, zum Beispiel eine Studienreise nach Griechenland oder ein Wanderurlaub auf Mallorca.

Es versteht sich von selbst, dass hier nur solche neuen Vorschläge eine Chance finden, die nicht nur ein persönliches Interesse befriedigen, sondern auch die Vorlieben des Partners einbeziehen.

Manchmal kommt die neue Idee ja auch von Dritten, wie mir ein Ehepaar berichtete. Es ging um das Weihnachtsfest, das bekanntlich für manche Familien nicht ganz unproblematisch ist. Unterschiedliche familiäre Traditionen treffen aufeinander und führen zu Auseinandersetzungen. Bei der Familie der Frau hatte es Heiligabend immer Kartoffelsalat mit Würstchen gegeben. Der Mann war mit Entenbraten groß geworden. »Weihnachten ohne Ente ist wie Ostern ohne Eier«, murrte er.

»Weihnachten ist das Fest der Liebe und nicht des Streits«, schimpfte sie.

»Und warum suchst du dann Streit?«, fuhr er sie scharf an.

Plötzlich öffnete sich die Tür, und eine kleine Gestalt mit Daumen im Mund und Teddy im Arm erschien auf der Bildfläche.

»Ich kann nicht schlafen! Ihr seid so laut. Und überhaupt: Weihnachten ist doch nicht erblich!«

Das Paar blickte sich an, und beiden war klar: Für unsere Familie müssen wir etwas Neues finden.

Also gab es Ragout fin.

Die goldene Regel bei einem Kompromiss: Man muss auch mal nachgeben, um die Beziehung zu stärken. Aber man sollte es nicht aufgrund äußeren Drucks tun, sondern weil es einem selbst ein Bedürfnis ist…

Und bist du nicht willig…

Wie Sie überzeugen

»Seit Jahren kämpfe ich um die Anschaffung eines Aufsitzrasenmähers. Aber keine Chance!«
Günther Jauch in der Sendung »Wer wird Millionär?« am 20.9.2002

»Mein Freund benimmt sich mir gegenüber unmöglich, wenn wir in Gesellschaft sind. Ich möchte, dass er das lässt. Aber ich weiß nicht, wie ich ihn dazu bringen könnte.«

Wenn der Esel stehen bleibt, gibt man ihm einen Schlag auf den Allerwertesten, um ihn zum Weitergehen zu bewegen.

Aber ist der Mensch ein Esel? Lässt er sich durch Zwang oder Gewalt lenken?

Im Allgemeinen reagieren Menschen widerwillig, wenn sie zu etwas gezwungen werden sollen. Dennoch wird immer wieder versucht, andere unter Einsatz von mal mehr, mal weniger Druck zu überzeugen. In Gesprächen will man nämlich nicht nur etwas von sich mitteilen und Nähe herstellen, sondern manchmal möchte man den anderen auch umstimmen, beispielsweise um endlich den ersehnten Aufsitzrasenmäher anschaffen zu können.

Es gibt hauptsächlich fünf Strategien, die angewendet werden, um den Gesprächspartner zu beeinflussen:

- Überzeugungsversuch durch bessere Argumente;
- Mürbemachen durch Vorwürfe und Nörgeln;
- Erzeugen von schlechtem Gewissen, indem man beleidigt reagiert;

- Vorschlagen eines Kompromisses, bei dem man selbst vermeintlich zurücksteckt;
- Ausprobieren von empfohlenen Überzeugungs*strategien*.

Überlegen Sie doch mal, welche dieser Methoden Ihre Spezialität ist. Die meisten Menschen haben nämlich eine ganz bestimmte »Masche«, um eigene Vorstellungen durchzusetzen.

Sehr verbreitet ist der Überzeugungsversuch: Derjenige mit den besseren Argumenten hat gewonnen. Der andere hat verloren – und wird sich später rächen.

Bei dem Wunsch nach einem Aufsitzrasenmäher könnte das so ablaufen: Der eine sagt, er habe einen tollen Traktor zum Rasenmähen gesehen. Der andere äußert Bedenken, weil solch ein Ungetüm für die kleine Rasenfläche albern wirke.

Nun sollen die Bedenken durch weitere Argumente entkräftet werden: So klein sei die Rasenfläche gar nicht. Mit dem alten Elektromäher dauere die Arbeit endlos und man komme kaum dazu, die Sonne richtig zu genießen. Mit dem Traktor würde deutlich Zeit gespart werden.

Der andere meldet weitere Bedenken an: Ein wenig Bewegung tue doch ganz gut…

Nun muss dieses Argument zerpflückt werden: Die gebückte Haltung beim Mähen verursache Schmerzen im Rücken. Lange könne man das nicht mehr aushalten.

Ein weiteres Gegenargument folgt: Vielleicht sollte dann die Rasenfläche verkleinert werden. Man könne doch auch einen Naturgarten anlegen.

So schnell will man sich nicht geschlagen geben und verweist auf die Kinder. Die hätten viel Spaß mit dem tollen Traktor. Außerdem könne man sich doch auch mal etwas Besonderes gönnen.

Erneutes Kontern: Die Kinder wollten das doch gar nicht. Der andere Elternteil wisse nicht mal, was sie wirklich wollen.

Nun ist man bei einem neuen Thema und kann den Wettstreit der Argumente fortsetzen, immer in der trügerischen Hoffnung: Ich schildere dir meinen Standpunkt, und du wirst ihn irgendwann akzeptieren – bis einem der beiden die Argumente ausgehen. Dadurch fällt dann quasi automatisch die Entscheidung.

Doch warum sollte Ihr Partner seine Meinung aufgeben und ausgerechnet das tun, was Sie von ihm erwarten? Aus seiner Sicht hat er selbst ja noch bessere Argumente.

Im Zusammenleben von Paaren wird meistens genörgelt und gemeckert, um sich durchzusetzen. Dennoch ist das der ungünstigste Weg, um den anderen umzustimmen.

Natürlich ist die Versuchung groß, mit gleicher Münze heimzuzahlen und ebenfalls einen Vorwurf zu machen. Günstiger ist es dagegen, mit dem hilfreichen Dialog die ansteigende Spannungsspirale zu stoppen. Dabei greifen Sie das Gefühl des Gesprächspartners auf und nennen zusätzlich den von Ihnen vermuteten Grund für die Spannung. Beispielsweise: »Du bist verärgert, weil ich so wenig Zeit für dich habe.« Oder: »Du bist enttäuscht, weil ich zu spät gekommen bin.« Oder: »Du bist sauer, weil ich dir nicht den Rücken massiert habe.«

In 90 Prozent der Fälle von Nörgelei besteht der Grund für die Verstimmung in einer Enttäuschung, deshalb liegen Sie selten falsch, wenn Sie folgendermaßen beginnen: »Du bist enttäuscht, weil …«

Dem Partner ein schlechtes Gewissen zu machen ist auch eine beliebte Strategie, die aber in den allermeisten Fällen einen lähmenden Effekt hat. Beispielsweise möchte ein junger Mann seiner studierenden Freundin die sonntägliche Arbeit am Schreibtisch ausreden: »Wir machen nichts mehr zusammen, nie bist du für mich da. Dauernd büffelst du. Warum sind wir eigentlich zusammengezogen? Das war doch dein Wunsch!«

Unausgesprochen wird gesagt: Du trägst die Schuld. Also musst du dich auch um die Wiedergutmachung kümmern.

Wenn man sich schuldig und ertappt fühlt, ist man zuerst betroffen. Vielleicht schämt man sich auch, weil man etwas nicht so vollkommen wie gewünscht hingekriegt hat. Jetzt möchte man auf keinen Fall noch einen Fehler begehen und grübelt, was man denn überhaupt noch tun könnte. Jedenfalls fühlt man sich nicht wohl in seiner Haut, und das lähmt.

Über den »falschen« Kompromiss haben wir schon ausführlich gesprochen. Ich gebe zu: Manchmal kriegt man damit die Kuh vom Eis – doch eher selten, oder der Erfolg hält nicht lange vor, weil der andere sich übervorteilt fühlt.

In manchen Ratgebern wird als »Überzeugungsstrategie« eine Art Partnerdressur empfohlen, die sich an den Prinzipien der Hundedressur orientiert. Da gibt es Belohnungen (Leckerli) für erwünschtes Verhalten und strikte Nichtbeachtung bei unerwünschtem Tun. Ich finde, diese Art der Beeinflussung erinnert stark an die Beziehung zwischen Sklaven und ihren Herren. Mit der Zeit werden solche Spielchen vom anderen durchschaut, zudem untergraben sie die Achtung voreinander und können heftige Aggressionen wecken.

Viel mehr erreichen Sie, wenn Sie an den Faktor A denken und ihn ins Gespräch einbringen. Meckern Sie nicht über das, was fehlt, sondern drücken Sie Ihr Anliegen freundlich und lobend aus: »Ich freue mich, wenn du die Kinder zur Schule bringst.« Oder: »Ich bin schneller mit der Arbeit fertig, wenn du mitmachst. Beginnst du schon mal mit dem Saugen?«

Also nicht vage: »Kannst du mir mal helfen«, sondern ganz klar: »Bringst du bitte den Müll runter, dann kann ich schon die Kinder anziehen.«

Äußern Sie Ihren Wunsch frühzeitig, denn wenn Sie ihn aufschieben, steigt Ihre Frustration über den noch nicht erfüllten Wunsch spürbar an. Frust schlägt nur zu gerne in Ärger um, und den hört man dann in Ihrer Stimme. Der Empfänger der Botschaft wird sich als kleiner Junge oder dummes Mädchen vorkommen, wie bei Vorhaltungen der Eltern – und bockig reagieren.

Wenn Sie kein Gehör finden

Was aber, wenn der andere gar nicht daran denkt, auf Ihr Anliegen einzugehen?

Nehmen wir einmal an, Sie möchten, dass Ihr Partner Ihnen *ein wenig* bei irgendeiner Tätigkeit hilft. Sie verlangen nicht viel – und genau das ist das eigentliche Problem. Kleine Wünsche werden nämlich nur selten ernst genommen. Psychologische Experimente zeigen ganz klar: Fordert man viel, bekommt man zumindest ein wenig. Fordert man dagegen wenig, bekommt man oft überhaupt nichts.

Bitten Sie also stets um etwas Konkretes, was der andere aber kaum zu erfüllen bereit sein wird. Beispielsweise bitten Sie Ihren Partner, für die Dauer von (mindestens!) zwei Wochen täglich den Geschirrspüler ein- und auszuräumen. Ich gehe jede Wette ein, dass er jetzt Ausflüchte suchen wird, vielleicht in der Art, dass er das nicht zusagen kann, weil er irgendwelche wichtigen Termine hat oder nicht die *gesamte* Hausarbeit übernehmen will.

Sie lassen sich aber nicht beirren, sondern machen

planmäßig weiter. Nach der übertriebenen Maximalforderung kommt nun der tatsächliche Wunsch. Machen Sie keinerlei Vorhaltungen, sondern setzen Sie den Faktor A ein: »Ich verstehe das mit deinen Terminen (oder: ... dass du nicht die gesamte Hausarbeit übernehmen willst) und respektiere das auch. Ich fände es aber schön, wenn du stattdessen *heute* die Spülmaschine einräumen würdest.« Das ist genau das, was Sie von ihm haben wollten, und das wird er mit sehr großer Wahrscheinlichkeit jetzt auch ohne Murren erfüllen.

Warum klappt es auf diese Weise?

Psychologen sprechen vom »Kontrastprinzip«: Wird uns erst etwas Unmögliches abverlangt – und wir weigern uns, es zu erfüllen –, erscheint uns eine folgende kleinere Bitte im Kontrast zu der ersten Forderung gering und darum erfüllbar.

Also empfiehlt es sich manchmal, erst eine unverhältnismäßig große und dann die »abgespeckte« Bitte vorzubringen.

Das Kontrastprinzip widerspricht damit ganz eindeutig der Empfehlung, man solle vorsichtig fordern, nach dem Motto, später könne man ja immer noch »nachlegen«. Kann man schon, nur bringt das oft Ärger mit sich, weil diese »Salamitaktik«, also das scheibchenweise Fordern, den anderen Menschen misstrauisch macht und er dann sagt: Du willst immer mehr, nie bist du zufrieden – darum sperre ich mich. Je früher ich mich verweigere, desto eher wirst du aufgeben.

Männer haben es – wie wir gesehen haben – gerne klar und überschaubar, weil sie überwiegend von der linken, also der logischen Gehirnhälfte gesteuert werden. Sie reagieren deshalb oft extrem allergisch auf die Salamitaktik.

Also: Wenn Sie Ihre Vorstellungen bisher schlecht durchsetzen konnten, liegt das möglicherweise gerade an der Strategie, erst einmal klein anzufangen und dann mehr zu fordern.

Studenten, die man entsprechend dem Kontrastprinzip in einem Experiment »bearbeitet« hatte, waren zu 84 Prozent (!) bereit, den kleineren Wunsch zu erfüllen.

In einem anderen Beispiel möchte der Mann öfter etwas mit seiner Partnerin unternehmen. Erfolgreich wird er mit seinem Wunsch dann sein, wenn er konkret sagt, was er mit ihr unternehmen möchte, und wenn er überzogene Forderungen stellt. Beispielsweise: »Ich möchte gern häufiger mit dir zusammen ins Kino gehen, am Wochenende einen Spaziergang machen, am Samstag in die Kneipe oder zum Tanzen gehen, außerdem wollte ich schon immer einen Tango-Tanzkurs mit dir besuchen. Was hältst du davon?«

Wenn es gut läuft, wird die Partnerin abwinken: »Nee, das ist mir zu stressig.«

Es empfiehlt sich, nun eine Art Vertrag zu schließen: »Und was davon wäre aus deiner Sicht machbar, ohne dass du in Stress gerätst?«

Kaum ein Mensch bringt es fertig, jetzt alles abzuschlagen und als Spielverderber dazustehen. Mit großer Wahrscheinlichkeit wird die Partnerin sich etwas aussuchen: »Der Tanzkurs wird mir auf jeden Fall zu viel. Kinobesuche am Wochenende oder vielleicht auch Kneipenbesuche dagegen kann ich mir vorstellen.«

»Na ja, das ist doch schon etwas. Also vereinbaren wir, am Wochenende ins Kino zu gehen, und falls es keinen gescheiten Film gibt, besuchen wir ein Lokal in der Altstadt. Okay?«

Dieses Vorgehen klappt auch bei dem simplen, aber dennoch oft spannungsgeladenen Thema Urlaub oder bei Fragen der Kindererziehung. Normalerweise werden stundenlang Argumente ausgetauscht, wobei natürlich jedes Argument aus der Sicht des Betroffenen einen hohen Stellenwert besitzt. Beim Thema Kindererziehung sind die Ansichten zudem in hohem Maße von den eigenen Erlebnissen als Kind abhängig, sodass es den Königsweg nicht gibt. Selbst Experten sind sich uneins darüber, wie denn eine »richtige« Erziehung aussehen könnte.

Starre Fronten aufweichen

Wenn also keine Einigung möglich ist, machen Sie sich doch das Kontrastprinzip zunutze. Stellen Sie eine höchstwahrscheinlich unerfüllbare Forderung und kommen Sie erst danach zu Ihrem wahren Anliegen. Beispielsweise könnten Sie als Alternative für den Urlaub an der See oder im Gebirge vorschlagen, einen All-Inclusive-Urlaub in der Karibik zu buchen: »Karibik ist doch nicht schlecht. Na ja, vielleicht ein bisschen viel Angetrunkene, weil es nichts kostet, aber dafür sparen wir auch was.«

Vielleicht reagiert der andere dann folgendermaßen: »Bist du verrückt? Und das im Urlaub? Wie soll ich mich da erholen?«

Es verläuft alles nach Plan, also machen Sie ruhig weiter und setzen Sie noch eine Maximalforderung zum Schein drauf: »Vielleicht hast du Recht. Du brauchst wirklich Ruhe und möchtest abschalten. Und wie wäre es, wenn wir an die Nordsee fahren, 14 Tage im Strandkorb?« Das ist ein weiteres Ziel, von dem Sie wissen, dass es nicht ankommen wird.

»Himmel, hilf! Was machen wir, wenn es Bindfäden regnet? Und das bei den Preisen in Deutschland!« Natürlich besteht die Gefahr, dass es regnet, und ganz billig wird solch ein Urlaub ebenfalls nicht sein. Doch das ist auch gut so, denn es stärkt Ihre Position: »Stimmt, das könnte ein teurer Dauerregen werden. Dann hocken wir dauernd im Hotel und sehen den Strand nur von weitem. Das finde ich auch nicht attraktiv. Aber was könnten wir ansonsten unternehmen? Da fällt mir nur noch eine Busreise nach Spanien ein. Die kostet um die 450 Euro, ich habe mich erkundigt. Ganz gutes Hotel und garantiert Sonne. Na, wär das was?«

Vielleicht willigt der Partner nun ein – eine Garantie dafür gibt es aber auch bei diesem Vorgehen nicht.

Natürlich ist das alles ganz schön raffiniert, und möglicherweise erscheint es Ihnen sogar zu raffiniert. Andererseits verlangt die Anwendung des Kontrastprinzips immerhin Kenntnisse über die Stärken und Schwächen, Vorlieben und Abneigungen des Partners, denn die Kontrastposition können Sie nur dann in die Waagschale werfen, wenn Sie die andere Position wenigstens einigermaßen kennen. Ganz so übertölpelnd und rücksichtslos ist die Methode also gar nicht!

Außerdem tut es niemandem gut, immer wieder in der schwächeren Position zu sein und zu unterliegen. Das fördert nur Verbitterung und Rachegelüste. Also sollten Sie lieber rechtzeitig für die Durchsetzung Ihrer Interessen sorgen.

Bei Fragen der Kindererziehung erweisen sich persönliche Überzeugungen immer wieder als »Einigungsbremse«. Häufig ereifern sich die Partner beim Thema Strenge: Der eine möchte konsequenter durchgreifen, der andere möchte lieber öfter ein Auge zudrücken.

Es empfiehlt sich, in einer solchen Situation in die Position des Strengen zu schlüpfen und seine Forderungen noch zu überbieten.

Ein Beispiel: das Thema Taschengeld. Die Mutter meint, ihre Tochter Daniela brauche eine Aufstockung des Taschengeldes, der Vater ist strikt dagegen. Die Mutter hört sich die Argumente des Vaters an und überbietet sie anschließend: »Ja, du hast Gründe genannt, die ich bemerkenswert finde. Ich hatte das alles nicht so gesehen, meine nun aber, wir sollten das Taschengeld sogar kürzen. Daniela gibt wirklich zu viel Geld für Krimskrams und Zeitschriften aus. So lernt sie nie, mit Geld umzugehen. Darum schlage ich eine Kürzung um zehn Prozent vor. Da muss sie eben lernen, auch mit wenig Geld auszukommen. Falls sie von anderen dann gehänselt wird, weil sie bei der Kosmetik und beim Ausgehen nicht mithalten kann, wird sie gleich lernen, sich zu behaupten. Das wird sie innerlich stark machen.«

Nun protestiert Danielas Vater: »Du musst doch nicht gleich das Kind mit dem Bade ausschütten! Natürlich soll sie ihre Jugend genießen. Aber warum braucht sie dafür noch mehr Taschengeld?«

Nun verläuft die Diskussion in ruhigeren Bahnen, und es ist möglich, über die Wünsche der Tochter und altersgemäße Ansprüche zu reden.

In einem anderen Fall aus meiner Beratungspraxis fühlte sich ein Ehemann übergangen. Das Paar war in zweiter Ehe verheiratet, der Sohn Tom stammte aus der ersten Ehe der Frau. Sie betrachtete ihn als ihr Kind und informierte ihren neuen Partner über Angelegenheiten des Sohnes nur spärlich: »Schließlich ist er ja nicht dein Sohn.«

Der Mann fühlte sich »außen vor«: »Du und dein Sohn, ihr seid eine eingeschworene Gemeinschaft. Ich komme da überhaupt nicht vor. Ich darf nur das Geld für den Herrn verdienen.«

Die Versuchung ist groß, gleich zu kontern, etwa in der Art: »Du siehst das völlig falsch. So ist das doch gar nicht.« Doch aus Sicht des Mannes stellt es sich eben so dar, und darum sind alle »Korrekturversuche« an seiner Betrachtungsweise so wenig erfolgversprechend.

In diesem Fall nutzte die Frau das Kontrastprinzip: »Vielleicht hast du Recht, möglicherweise bist du tatsächlich außen vor. In Zukunft werde ich dich mehr an Toms Leben beteiligen.«

Das tat sie auch, fragte ihn bei vielen an sich belanglosen Kleinigkeiten, informierte ihn über jeden Schritt des Jungen und wollte abends häufig mit ihrem Mann über Erziehungsfragen reden.

Offensichtlich hatte er sich seine Beteiligung nicht in einem derartigen Ausmaß vorgestellt, jedenfalls protestierte er nach einiger Zeit: »Meine Güte, ich muss doch nicht bei jedem Pups informiert werden. Schließlich ist Tom ja dein Sohn. Es muss doch auch mal was ohne mich laufen können.«

Häufig empfehle ich das Kontrastprinzip dann, wenn sich die Partner in einer Patt-Situation befinden, in der nichts mehr zu gehen scheint. Durch die übersteigerte Forderung wird wenigstens wieder Bewegung in das starre Frontensystem gebracht.

Eine Ratsuchende erzählte mir, wie sie mit dem Kontrastprinzip ihren Mann zu einer mehrtägigen Fahrradtour motivierte. Da sie wusste, dass er dazu eigentlich keine Lust hatte, bat sie ihn, eine ganze Woche (!) mit ihr an der Donau entlangzuradeln. Er winkte ab, genau wie sie es erwartet hatte. Doch dann brachte sie ihn in die Bredouille, indem sie vorschlug, es wenigstens zwei Tage (!) zu versuchen. Sie erleichterte ihm die Zustimmung mit dem Versprechen, falls es ihm nicht gefalle, würde sie selbstverständlich, ohne zu murren, mit ihm umkehren.

Das erschien ihm als gutes Angebot, und er erklärte sich einverstanden. Inzwischen haben die beiden schon zahlreiche längere Fahrradtouren mit großer Freude gemeinsam unternommen.

Selbstverständlich können Sie auch mit dieser Methode

nicht alles erreichen. Wenn der Partner partout nicht zustimmen will, dann wird er seine Gründe dafür haben. Es beruhigt mich immer wieder, dass selbst diese oft so wirkungsvolle Überzeugungsstrategie ihre Grenzen hat. Für eine Gehirnwäsche taugt sie glücklicherweise nicht.

Was wir von Ikea lernen können

Übrigens werden Sie selbst schon des Öfteren die Wirkung des Kontrastprinzips am eigenen Leibe erfahren haben. Gute Verkäufer oder Verkäuferinnen wissen es nämlich geschickt anzuwenden. Wenn Sie sich ein teures Kleid oder einen guten Anzug gekauft haben, fragt man Sie anschließend, ob Sie nicht noch ein Accessoire brauchen, beispielsweise eine Krawatte oder ein Seidentuch. Diese Produkte können dann ruhig relativ teuer sein, denn im Vergleich zu der gerade ausgegebenen Summe erscheinen sie geradezu preiswert.

Bei Ikea ist es auch nicht viel anders. Man fährt hin, um zum Beispiel einen neuen Küchenstuhl zu kaufen. Aber wie von selbst schweift der Blick zu Sofas und Kleiderschränken, Küchenzeilen und Bücherwänden. All das kostet einen Batzen Geld, nur die Kleinigkeiten kurz vor den Kassen sind, im Gegensatz dazu, so unglaublich preiswert, dass sie im Vorübergehen mitgenommen werden. Auf diese Weise haben unzählige Haushalte Berge von Teelichtern gehortet, die sie erst in Jahren werden aufbrauchen können.

Manche Möbelfirmen gehen noch raffinierter vor: Sie bieten zu äußerst günstigen Preisen ein gutes Frühstück, Mittag- oder Abendessen an. Danach schlendert man durch die Ausstellungsräume und erwirbt höchstwahrscheinlich allerlei nicht benötigten Kleinkram, wobei es hier nicht in erster Linie die Verlockung des günstigen Preises ist, die uns zu diesen Waren greifen lässt, sondern vielmehr eine Art Wiedergutmachungsprinzip. Das Essen war so lecker und so unverschämt günstig, dass wir auch irgendetwas für den Gastgeber tun wollen.

Wer von uns hat nicht auch schon mal unbestellte Postkarten für einen karitativen Zweck bezahlt oder für eine Organisation gespendet, die ihm vorher einen heißen Tee angeboten oder eine kleine Rose geschenkt hatte? Kleine Geschenke oder Entgegenkommen erhalten eben die Freundschaft.

Gefälligkeiten erweisen

Psychologen sprechen in diesem Zusammenhang von der Regel der Verpflichtung auf Gegenseitigkeit oder von der Reziprozitätsregel: Man möchte das zurückgeben, was man von einem anderen erhalten hat. So funktionieren die meisten Geburtstagspartys: War man bei A eingeladen, wird man sie oder ihn höchstwahrscheinlich auch zur eigenen Feier bitten.

In der Partnerschaft ist es ähnlich. Wenn wir dem anderen etwas Gutes und für ihn Wichtiges geben, erhalten wir auch etwas zurück. Darum lohnt es sich, nicht nur auf das zu achten, was man bekommt, sondern ebenso auf das, was man selbst gibt.

Auch wenn wir von uns selbst meinen, wir seien nicht so dumm und so leicht zu beeinflussen, können wir doch wenig gegen unsere unbewussten Dankbarkeitstendenzen unternehmen, weil sie eben so raffiniert unterschwellig wirken.

Sind das nicht gemeine Tricks, werden Sie sich jetzt vielleicht fragen. Aber wägen Sie ab: Sie haben ein konkretes Anliegen und wären enttäuscht und schließlich sauer, wenn es abgeschmettert würde. Was spricht dagegen, psychologische Erkenntnisse über das menschliche Verhalten zu nutzen, um Spannungen und Streitereien zu vermeiden?

Übrigens brauchen Sie keine großartigen Vorleistungen zu erbringen, damit die Verpflichtungsregel wirkt. Die Sozialpsychologie hat nämlich festgestellt: Wir kommen am ehesten Bitten von Menschen nach, die wir mögen. Auf diesem Prinzip bauen auch die Tupper-Partys auf, zu denen die gute Freundin einlädt. Wenn sie irgendwann um Bestellungen bittet, fühlt man sich innerlich verpflichtet. Schließlich war man eingeladen und hat gegessen und getrunken, und da möchte man sich revanchieren. Untersuchungen haben übrigens ergeben: Der Grad der freundschaftlichen Verbundenheit ist doppelt so ausschlaggebend für den Kauf eines Artikels wie die Vorliebe für das Produkt selbst.

Beziehungen sind wie Tupper-Partys

Wenn Sie diese Erkenntnis auf Ihr Zusammenleben übertragen, bedeutet es, dass Sie stets auch etwas für Ihre psychologische Attraktivität tun müssen, wenn Ihre Wünsche vom anderen erfüllt werden sollen: Erst wenn der Lebensgefährte oder die Lebensgefährtin Sie schätzt, fällt Ihr Anliegen auf fruchtbaren Boden. Kritisieren Sie dagegen oder attackieren Sie mit Anschuldigungen, dann erlebt der andere Sie als unsympathisch und wird weniger geneigt sein, auf Sie einzugehen.

Um zum besten Freund oder zur besten Freundin des geliebten Menschen zu werden, nutzen Sie am besten den Faktor A. Sie sagen Ihrem Partner etwas Nettes, bevor Sie einen Wunsch äußern. Mit der Bitte kommen Sie aber erst 20 Minuten später oder am nächsten Tag. Gehen Sie also nicht naiv vor – frei nach dem Tauschprinzip: Hier die Anerkennung, da gleich die Bitte. Es geht nämlich um das allgemeine Klima zwischen Ihnen. Nur wenn das gut ist, wird der andere überhaupt etwas für Sie tun wollen. Ich bin bei meiner Arbeit und privat immer wieder überrascht, wie sehr Menschen auf Wünsche zustimmend reagieren – wenn man sie vorher nicht verletzt, demütigt oder angreift, sondern sie achtet und aufbaut.

Zu mir in die Beratung kam einmal ein Paar, das seit 22 Jahren verheiratet war und jetzt Probleme miteinander hatte. 22 Ehejahre – das nötigt mir Respekt ab. Das ist eine ganz schön lange Zeit, und das sagte ich den beiden auch, etwa so: »Alle Achtung! Wenn Sie 22 Jahre zusammen geschafft haben, dann muss es wirklich eine starke verbindende Kraft zwischen Ihnen geben. Das schafft man nicht mal eben mit ein bisschen Sympathie, sondern da werden Sie auch einige Krisen erfolgreich gemeistert haben.« Und das war meine echte Überzeugung.

Der Mann wurde nachdenklich, denn aus diesem Blickwinkel hatte er seine Ehe noch nicht betrachtet. Eigentlich war er gekommen, weil ihn vieles störte und er nicht mehr wusste, ob er mit seiner Frau überhaupt noch zusammenbleiben wollte. Sein Denken und Erleben kreiste um die Mängel in der Beziehung, während ich die positiven Seiten hervorhob: Es kann gar nicht alles mies und enttäuschend sein, denn sonst wäre die Beziehung schon nach zwei oder vielleicht vier Jahren gescheitert.

Sogar Schmeicheleien wirken

In einem Experiment wurden Männer mit Kommentaren über sich konfrontiert. Einige hörten nur freundliche Schilderungen, andere nur negative, und eine dritte Gruppe bekam eine Mischung aus freundlichen und abwertenden Äußerungen über ihre Person mitgeteilt. Die Ergebnisse waren eindeutig: Die Person, die Positives gesagt hatte, war bei den Männern am beliebtesten (das wussten Barfrauen schon immer). Selbst wenn die Männer ahnten, dass es sich nur um eine Schmeichelei mit Hintergedanken handelte, änderte das nichts an der Sympathie für die Sprecherin. Die Komplimente mussten nicht einmal zutreffend sein, um positiv zu stimmen. Mit anderen Worten: Positive Kommentare brachten den Schmeichlern viel Sympathie ein, egal ob sie stimmten oder nicht.

Ich erinnere an den Autoverkäufer, der im Guinness-Buch der Rekorde als erfolgreichster Autoverkäufer der Welt geführt wird. Er schreibt seinen Kunden regelmäßig eine Karte mit dem immer gleichen Aufdruck: »Ich mag Sie!« Im ersten Moment denkt man vielleicht: Welch ein Schmarrn! Aber wir sollten nicht vergessen, wie überaus erfolgreich der Mann ist.

Auch der mitgebrachte Blumenstrauß ist letztlich eine gute Investition, wenn Sie ihn mit lieben Worten überreichen. Er verschafft Ihnen als Schenkendem eine Menge Sympathie und dem oder der Beschenkten Verpflichtungsgefühle.

Am besten ist es, wenn Ihr Partner bemerkt, dass Ihr Tun Sie etwas Überwindung gekostet hat. Das ist der tiefere Grund für die Nichtbeachtung der Hausarbeit: Da sie täglich erbracht wird, ist sie nichts Besonderes, selbst wenn der Betreffende sich täglich überwinden muss, diese Arbeiten zu tun.

Der Akt der Anerkennung und des Wohlwollens sollte in einer Partnerschaft allerdings mehr sein als nur Anbiederei. Bloße Schmeichelei ohne echte Wertschätzung wird leicht durchschaut. Es kommt darauf an, dass der andere denkt: Du hast dir mit deinen Worten oder Geschenken richtig Mühe gegeben, und das zeigt mir, ich bin dir etwas wert.

Wenig wirkungsvoll ist die unmittelbare Koppelung: Ich tue jetzt etwas für dich, damit du anschließend etwas für mich tust. Auch hier kommt es wieder auf Ihre innere Einstellung an: Ich tue etwas für dich, weil ich dich mag und überzeugt bin, dass unsere Beziehung auf Gegenseitigkeit aufgebaut ist.

Dennoch gibt es einen kleinen Wermutstropfen: Bei einem Wertekonflikt werden Sie oft schlechte Karten haben, weil weder das Kontrastprinzip noch die Verpflichtungsregel wirken. Tief verankerte Überzeugungen wirft niemand gern über Bord. Falls diese psychologischen Beeinflussungsmöglichkeiten keinerlei Wirkung zeigen, könnte das ein Hinweis darauf sein, dass Sie den Partner so lassen müssen, wie er ist.

Aus tiefstem Herzen?

Wenn ich in Kursen die oben beschriebenen Strategien vorstelle, höre ich immer wieder, dass Teilnehmer sich wünschen, ihr Partner möge ihre Bitte doch aus tiefstem Herzen und eigener Überzeugung erfüllen. Doch da muss ich die Romantik leider ein wenig zerstören. Ist es nicht auch ein Zeichen der Zuneigung, wenn uns eine Bitte bewusst erfüllt wird? In einer Beziehung leben wir immer in der Spannung zwischen dem Wunsch nach Nähe und dem Bedürfnis nach Eigenständigkeit und Unabhängigkeit. Haben wir einen guten Tag, dann macht es uns überhaupt nichts aus, dem Partner einen Wunsch zu erfüllen. Haben wir aber gerade einen »Unabhängigkeitstag«, dann möchten wir demonstrieren, dass man uns nicht so leicht umstimmen kann, weil wir ein eigenständiges Wesen sind. Das hat nichts mit Sympathie und Liebe zu tun, sondern mit der menschlichen Natur. Und die wird auch durch Liebe nicht verändert.

Oft wirkt es irritierend, wenn der andere einen Flunsch zieht, sobald wir unser Anliegen vortragen. In so einem Fall kommen wir nicht umhin, uns blitzschnell zu entscheiden: Muss mein Partner sich gut fühlen, oder will ich, dass mein Wunsch erfüllt wird? Ich meine: Der andere muss es nicht unbedingt gerne tun. Er darf sich ruhig auch mal überwinden.

Immer wieder sagen mir Menschen, all diese Methoden würden bei ihrem Partner nichts bringen. Der andere sei eben nicht bereit, ein auch nur ansatzweise kooperatives Verhalten an den Tag zu legen.

Natürlich gibt es Beziehungen, die in einer so schlechten Verfassung sind, dass Zusammenarbeit unmöglich erscheint, weil ein Mindestmaß an Verständnis oder gar Wohlwollen für den anderen nicht mehr spürbar ist. Da sollte man vielleicht (endlich?) über das eigentliche Thema der Beziehung reden, nämlich über Möglichkeiten der Trennung.

Andererseits weiß ich, wie leichtfertig oft behauptet wird, der andere sei einfach nicht zur Mitarbeit zu gewinnen: »Mein Partner ist stur in seiner Ablehnung.«

Manche Menschen geben zu schnell auf, weil sie schon in Kindertagen erfahren haben, dass ihre Wünsche selten erfüllt werden. Sie können sich deshalb kaum vorstellen, erfolgreicher zu sein, wenn sie nur konsequent und geschickt vorgehen.

Diesen Menschen könnte die im Folgenden beschriebene Methode helfen.

Die VW-Technik

Diese Abkürzung hat nichts mit der gleichnamigen Automarke zu tun, sondern leitet sich von V wie Verständnis und W wie Wiederholung ab. Diese Vorgehensweise wurde von dem Psychotherapeuten Joern J. Bambeck entwickelt.

Er fragte sich, warum Kinder bei der Durchsetzung ihrer Vorstellungen oft so erfolgreich sind. Eltern werden es wissen: Es ist das wiederholte Quengeln, das die Erwachsenen schließlich mürbe macht und nachgeben lässt.

Die VW-Technik ist noch etwas raffinierter: Sie äußern mehrmals Ihren Wunsch, streuen jedoch gleichzeitig immer wieder Verständnis ein, um einen Machtkampf gar nicht erst entstehen zu lassen. Faktor A wird hier mit einer klaren Forderung ergänzt, und durch die mehrfache Wiederholung bekommt die Forderung mehr Gewicht. Untersuchungen haben nämlich gezeigt: Die meisten Menschen erreichen ihre Ziele deshalb nicht, weil sie zu früh die Flinte ins Korn werfen. Mit der VW-Technik halten sie länger durch und werfen ihre Beharrlichkeit in die Waagschale.

Wenn Sie diese Gesprächstechnik anwenden, könnte eine Unterredung wie folgt ablaufen:

1. Sie äußern konkret und präzise Ihr Anliegen.
2. Ihr Gesprächspartner schmettert den Wunsch ab.
3. Jetzt kommt Ihr Verständnis: »Ich verstehe, dass du andere Vorstellungen hast.« Unter Umständen können Sie die »gegnerischen« Argumente auch in der Art des hilfreichen Dialogs noch einmal formulieren. Das wäre dann schon »Super-Verständnis«.
4. Sie wiederholen Ihr Anliegen und bieten eine Begründung dafür an.
5. Sie ernten immer noch Ablehnung. Aber das macht nichts, denn mit dieser Methode haben Sie einen langen Atem. Wieder äußern Sie Verständnis und anschließend Ihren Wunsch, vielleicht mit einer weiteren Begründung.

6. Der andere verhält sich immer noch stur? Bleiben Sie dennoch am Ball: wieder V und W, Verständnis und Wiederholung. Eine ergänzende Begründung kann hilfreich sein, ist jedoch nicht unbedingt notwendig, denn der Erfolg dieser Methode beruht auf der überzeugenden Penetranz Ihrer Wiederholung.

Das Äußern von Verständnis ist hierbei keine Routineübung, sondern verfolgt einen für das Gespräch entkrampfenden Zweck: Auch die Interessen des Gegenübers sind letztlich legitim. Sie sollten sie deshalb zur Kenntnis nehmen, aber auf gar keinen Fall bewerten: »Das ist doch eine alberne Auffassung!« Bewertungen und Kritik sind bei der VW-Technik absolut tabu.

Manchmal höre ich Bedenken: Stärkt man mit dem Verständnis für den Standpunkt des Gegenübers denn nicht noch zusätzlich dessen Position?

Im Gegenteil: Mit der Verständnisäußerung erreichen Sie eher eine gewisse Verwirrung, denn Ihr Gegenüber erwartet ja eigentlich ein Gegenargument, und das bleibt aus.

Eine weitere wichtige Frage, die mir häufig gestellt wird: »Wie oft kann ich meinen Wunsch wiederholen?«

Eine allgemein gültige Antwort auf diese Frage gibt es nicht, doch nach der dritten Wiederholung sollten Sie das Klima zwischen Ihnen und Ihrem Gesprächspartner berücksichtigen. Möglicherweise würden Sie nach der fünften Wiederholung ihr Ziel erreichen, doch der Preis könnte eine belastete Beziehung sein. Das müssen Sie je nach Situation entscheiden.

Nach meinen Erfahrungen hängt die Zahl der sinnvollen Wiederholungen auch vom Zustand der Beziehung ab. Ist die Lage schon recht angespannt, sollten Sie es bei drei Mal belassen, sonst sind durchaus fünf bis (höchstens) sieben Mal möglich.

Diese Technik ist besonders empfehlenswert, wenn Sie sich Ihrem Partner unterlegen oder von ihm unterdrückt fühlen oder Ihnen ein Anliegen besonders wichtig ist.

VWs und Ex-Lover

Ein konkretes Beispiel:

Mira äußert ihren Wunsch: »Ich möchte am Wochenende mit Maria zum Klassentreffen meiner alten Schule fahren. Ich bin dann zwei Tage weg.«

Ihr Mann Gerrit findet das gar nicht gut: »Mich willst du hier das ganze Wochenende allein lassen. Gerade jetzt, wo wir mal richtig Zeit haben.«

Sie, mit Verständnis: »Ich verstehe, dass der Termin nicht so passend ist. Ja, das ist dumm.« Dann wiederholt sie ihre Absicht: »Aber versteh bitte auch, wie gern ich die Clique von früher wiedersehen möchte.«

Er kontert: »Du willst doch nur deinen Ex-Lover treffen. Und dann noch mit Maria, dieser Emanze. Die kann es doch nicht ertragen, wenn andere noch verheiratet sind.«

Achtung! Die »sachlichen« Themen Ex-Lover und Emanze sollen provozieren, ablenken und auf einen Nebenkriegsschauplatz führen. Also nicht darauf reagieren, sondern stur bei der VW-Technik bleiben! Verständnis: »Du findest es nicht gut, wenn ich Maik treffe. Das verstehe ich gut. So etwas würde mich auch beunruhigen.« (Charakterisierung unbedingt vermeiden: »Du bist ja nur eifersüchtig.« Oder: »Ich weiß, dass du Maria nicht leiden kannst.«)

Dann erneute Wiederholung der Absicht: »Dennoch bedeutet mir das Treffen eine Menge, und darum gehe ich hin.«

Einwand: »Das Treffen ist dir offensichtlich wichtiger als das Zusammensein mit mir.«

Verständnis (aber keinerlei Rechtfertigung, kein Protest!): »Ich vermute, du fühlst dich zurückgesetzt. Das ist sicher unangenehm für dich.« Wiederholung der Absicht: »Leider ist das Klassentreffen nur einmal, deshalb muss ich unserer trauten Zweisamkeit diesmal einen Korb geben.«

Sein Einwand: »Das ist ganz schön hartherzig. Wieso ist dir das Treffen so wichtig?«

Verständnis: »Ich verstehe, dass du meinen Wunsch nicht gut findest.« Erneute Wiederholung: »Wir haben in diesem Punkt unterschiedliche Bedürfnisse. Natürlich bin ich gerne mit dir zusammen, beispielsweise am nächsten Wochenende.«

Gerrit: »Das ist mir zu lange hin.«

Mira: »Ich verstehe, du möchtest an diesem Wochenende mit mir was machen.« Anschließend Wiederholung beziehungsweise Festhalten an der eigenen Absicht: »Schade, dass es dieses Wochenende nicht geht, denn da möchte ich zum Klassentreffen und mal sehen, was aus den anderen geworden ist.«

Wichtig: Nicht auf die Argumente des Partners eingehen! Sie müssen sich nicht einigen, sondern »nur« den anderen Standpunkt respektieren. Für den Ausdruck Ihres Verständnisses reicht im Notfall sogar der Standardsatz: »Ich verstehe, was du meinst. Dir ist xy wichtig.«

Sie können die VW-Technik noch zusätzlich mit der Kontrastmethode koppeln und Ihrem Verständnis ein Angebot zufügen, das eigentlich unrealistisch ist, damit der andere schließlich auf ein »kleineres« Angebot eingeht, weil es ihm im Vergleich zu dem großen inzwischen akzeptabel erscheint.

Bleiben wir bei unserem Beispiel.

Mira fährt fort: »Du möchtest also gern etwas mit mir unternehmen? Aber nur so ab und an, das finde ich nicht erfüllend. Ich mache dir einen Vorschlag: Ich bleibe hier, und wir fahren die nächsten vier (!) Wochenenden raus. Ich wollte schon immer mal nach XY, unsere Freunde in Z besuchen, und danach gehen wir zum Grönemeyer-Konzert. Ich bin dabei!«

Natürlich muss der Vorschlag so hoch angesiedelt sein, dass der Partner innerlich schluckt: So viel wollte ich doch gar nicht! Und dass er dann das kleinere Übel wählt.

Würden Sie die VW-Technik auch einsetzen, um zum Beispiel einen Wunsch nach Wiedereintritt in den Beruf nach einigen Jahren der Kinderbetreuung zu forcieren? Da rate ich zur Vorsicht. Diese Methode ist hervorragend geeignet, eigene Vorstellungen zu vertreten, doch sie berücksichtigt nicht die Programme Ihres Gegenübers. Der andere Mensch hat legitime Gründe für seinen Standpunkt. Deshalb eignet sich die VW-Technik vorzugsweise für Absichten, die keine weitreichenden Konsequenzen nach sich ziehen, wie in obigem Beispiel, bei dem es um ein Wochenende geht und nicht prinzipiell um die Gestaltung der gemeinsamen Zeit.

Die VW-Technik empfiehlt sich für Wünsche, die dem anderen zwar etwas abverlangen, ihn aber nicht langfristig festlegen, also eher für die kleinen Opfer im Zusammenleben.

Und wenn Sie trotz allem Ihre Auffassung nicht durchsetzen können?

Dann haben Sie immerhin alles probiert, um etwas für sich zu tun. Vielleicht hat sein persönliches Ziel für Ihren Verhandlungspartner einen noch höheren Wert, und deshalb kann und will er nicht nachgeben. Man bekommt nicht immer alles, was man möchte. Aber es stärkt das Selbstwertgefühl, es immerhin versucht zu haben.

Achtung, Mensch! Vorsichtig behandeln!

Wie Sie am besten kritisieren

»Kritik ist Salzsäure in einer geschliffenen Karaffe.«
Michel Jobert

Eine Frau zu einer anderen: »Sag mal, gibt's deinen Pullover auch in Schön?«

Viele Menschen kritisieren nicht gern und werden auch nicht gern kritisiert. Sie fühlen sich durch kritische Bemerkungen angegriffen beziehungsweise befürchten, dem Kritisierten wehzutun. Tatsächlich ist Kritik nicht ohne, in der Partnerschaft kann sie sogar gefährlich sein. Wissenschaftler der englischen Universität Sussex haben 1999 den Liebeskiller Nummer eins entdeckt: die Kritik. Paare, die sich gegenseitig idealisieren, bleiben viel länger glücklich als solche, die sich kritisieren. Die britischen Forscher warnen: Machen Sie sich nie über Ihren Partner lustig! Lassen Sie ihm seine Freunde und Freiheiten, sehen Sie über kleine Fehler hinweg (am Anfang der Beziehung haben Sie das ja auch gekonnt), erkennen Sie es an, wenn der Partner etwas für Sie tut, bevormunden Sie ihn nicht, denn der Mensch an Ihrer Seite ist alt genug, um für sich selbst entscheiden zu können.

Das hört sich alles prima an, dennoch ist Kritik eine Kunst, die zu erlernen sich lohnt – eine Gratwanderung zwischen Abkanzeln und Aufrütteln.

Ein häufig gemachter Fehler: Man kritisiert den Partner kräftig (nach dem Motto: Viel hilft viel!) und hofft, dadurch werde der sein Fehlverhalten einsehen und sich automatisch ändern. Das passiert natürlich nicht: Wenn man einem Menschen etwas um die Ohren haut, wird er sich vor dem Angriff schützen und abschalten oder bockig werden. Es fehlt der Faktor A.

Wie gesagt: Man kritisiert den *Partner*, also den Menschen, und nicht das, was man eigentlich bemängeln sollte, nämlich sein *Verhalten*. Dieser kleine Unterschied ist bedeutsam und entscheidet über gute oder schlechte Kritik – und ob jemand die kritische Bemerkung annehmen kann oder nicht.

Gute, das heißt das Selbstbewusstsein des Kritisierten nicht berührende Kritik, beschreibt nur störende Verhaltensweisen, beispielsweise während einer Autofahrt: »Du fährst sehr dicht auf. Wenn der vor dir plötzlich bremst, dann knallen wir drauf. Halt bitte mehr Abstand.«

Verletzend ist Kritik, bei der wir uns als Person abgekanzelt, mies gemacht und verachtet fühlen: »Du fährst wie der letzte Mensch. Hast du deinen Führerschein in der Lotterie gewonnen?«

Als unangenehm erleben wir auch Kritik, die nur etwas bemängelt, aber keine Perspektiven zur Korrektur bietet. Da fühlt man sich schnell wie ein begossener Pudel. Leichter wird Kritik ertragen, wenn der Kritisierende klar sagt, was er oder sie statt des »schlechten« Verhaltens erwartet. Dann weiß man immerhin, wie man es besser machen könnte – wie bei der erwähnten Kritik am Fahrstil: *»Halt bitte mehr Abstand.«*

Einige andere Beispiele: »Ich finde es unmöglich, dass du dauernd zu spät kommst. *Sei in Zukunft bitte pünktlich, oder denk an genügend Spielraum zwischen deinen Terminen.*«

»Ich ertrage es nicht, wenn du mich in Gegenwart anderer kritisierst. Bitte, lass das und *sag es mir zu Hause unter vier Augen.*«

»Es stört mich, wenn du den Müll rausbringst, aber

keinen neuen Abfallbeutel in den Mülleimer tust.« Das wäre nur der kritisierende Anteil, der wie ein strafendes Schwert in der Luft hängen bleibt und einen üblen Nachgeschmack erzeugt. Wie hört sich das mit klarem Verhaltenswunsch an? *»Bitte, tu immer einen neuen Beutel in den Mülleimer.«* Jetzt hat der Kritisierte die Chance, aufzuatmen: »Okay, kann ich machen. Sorry!«

Vielleicht denken Sie, bei diesem Beispiel sei der Wunsch doch völlig klar, weil der fehlende Abfallbeutel bemängelt wird. Das kann doch nur heißen, dass ein neuer rein soll. Muss man denn alles haarklein beschreiben? Man muss nicht, aber es hilft, unnötige Missverständnisse zu vermeiden.

Die Grenze zwischen Kritik und Vorwurf ist fließend. Verletzende Kritik ist eigentlich ein Vorwurf, ein Meckern.

Dann gibt es noch die pauschale Kritik, einen allgemeinen Vorwurf als Rundumschlag: »Du bist zu blöd zum Mäusemelken.« »Du bist genau wie deine Mutter.« »Ihr Männer wollt doch immer nur das eine.« »Nie bleibst du sachlich in Gesprächen.« »Egal, was du kochst, es schmeckt alles immer gleich.«

Diese Kritik trifft, weil man sich ungerecht behandelt und abqualifiziert fühlt. Der andere sieht nur noch die negativen Seiten und nicht mehr die positiven. Außerdem weiß man nicht genau, was den Partner eigentlich stört, und das verunsichert zusätzlich.

Werden Übertreibung und Einseitigkeit der negativen Zuschreibung spürbar, kommt es häufig zum Protest. Das Gehörte wird bestritten und der entlastende Gegenangriff gestartet: »Du meinst, *ich* bin zu streng mit den Kindern? Da kann ich nur lachen! *Du* lässt ihnen doch alles durchgehen!«

Die goldene Regel des Kritisierens

Gefährlich für die Kommunikation ist also die Kritik an der Person, das gewaltsame Überstülpen eines subjektiven Urteils: »*Du* hast einfach keinen Stil.« »*Du* bist nun mal träge.« »Dein Vater war genauso ungeschickt wie du.«

Ein Verhalten kann man ändern, nicht jedoch seine Eigenarten, sein Wesen. Deshalb löst Kritik an der Person ein Gefühl von Ohnmacht aus. Sie wird als pauschale Ablehnung erlebt, und das ist so schmerzhaft, dass man sich dagegen verwahren und wehren muss.

Bezieht die Kritik sich dagegen nur auf ein bestimmtes Verhalten, so eröffnen sich damit Chancen für eine Veränderung. Auch hier spielt der Faktor A die Hauptrolle: Du als *Person* gefällst mir. Du bist okay! Leider gibt es da ein *Verhalten*, das mich stört oder ärgert. Aber du als Mensch, du störst natürlich nicht!

Hilfreiche Kritik bezieht sich auf konkretes Verhalten, beschreibt die störenden Verhaltensweisen und zeigt Alternativen (Wünsche) auf.

Ein Beispiel: »Im Urlaub fragst du am Morgen immer, was wir an dem jeweiligen Tag tun wollen (= Beschreibung des störenden Verhaltens). Das stört mich und setzt mich unter Druck. Ich fühle mich wie ein Reiseleiter (= Auswirkung des störenden Verhaltens), und ich hätte gern auch Vorschläge von dir (= Wunsch), sonst macht mir der Urlaub keinen Spaß mehr (= weitere Auswirkung oder Konsequenz des störenden Verhaltens).«

Die goldene Regel des Kritisierens lautet: Beschreibe klar und deutlich das störende Verhalten, schildere, was dieses Verhalten bei dir auslöst, und sage konkret, was du stattdessen gerne hättest, also was der Partner tun könnte.

Wenn wir den anderen Menschen kräftig in die Pfanne hauen und all unseren Frust an ihm abreagieren, wird er keine große Lust mehr verspüren, unsere Wünsche zu erfüllen. Ob sich jemand überhaupt ändern will, hängt davon ab, wie man mit ihm umgeht. Wenn man ihm erst vorhält, was für ein Idiot er doch ist, dann wird er sich sagen: Nun gut, wenn ich in deinen Augen schrecklich bin und der Tonfall deiner Stimme mir verrät, dass du mich nicht mehr magst – warum sollte ich dann jetzt den Müll nach unten tragen oder dich in Gegenwart von Gästen nicht mehr kritisieren?

Ein Mann, der mit seiner Frau zu einem Beratungsgespräch zu mir kam, schilderte sein Gefühl beim Kritisiertwerden folgendermaßen: »Es ist in Ordnung, wenn ich höre, wie sehr dich meine Unpünktlichkeit stört oder wie es dich ärgert, weil ich dir immer wieder ins Wort falle oder den Kindern zu viel durchgehen lasse – aber nur dann, wenn ich gleichzeitig spüre, dass du mich dennoch akzeptierst! Wenn du in mir nur ein Stück Mist siehst, dann werde ich dir doch keinen Gefallen tun, das kannst du wirklich nicht verlangen.«

Besondere Vorsicht ist übrigens geboten, wenn Ihr Gegenüber die Flucht nach vorn antritt und Sie auffordert, kritische Gedanken zu äußern: »Du kannst mir ruhig sagen, was dich stört. Mich haut das schon nicht um!«

Meiner Erfahrung nach ist hier oft der Wunsch der Vater des Gedankens.

Raffiniert fand ich auch die Feststellung eines jungen Mannes: »Natürlich kann ich mit Kritik umgehen. Aber nur, wenn sie auch berechtigt ist.«

Wenn jemand auf diese selbstherrliche Weise auf Kritik reagiert, möchte man wahrscheinlich kontern: »Schau an, und über die Zulassung der Kritik entscheidest du als Herr und Gebieter?« Das wird der andere dann mit einer mehr oder weniger aggressiven Bemerkung parieren, und schon fliegen die Fetzen. Damit wäre man aber weg von dem, was man kritisieren wollte, und hätte sich auf einen Nebenkriegsschauplatz begeben.

Hilfreicher wäre dagegen sicher das genaue Nachfragen, damit der andere die Katze aus dem Sack lassen muss, beispielsweise in der Art: »Was müsste ich sagen, damit meine Kritik in deinen Augen berechtigt wäre?«

So bleibt man beim Thema und behält das Heft in der Hand.

Gefühle zeigen

Kerstin, eine junge Frau, sitzt mir gegenüber und erzählt unter Tränen: »Ich habe meinem Freund schon so oft gesagt, er soll sich nicht mehr mit seiner Ex-Freundin treffen, aber er tut es einfach doch. Er sagt zwar, die Beziehung zu ihr sei gelaufen, dennoch möchte er sich ab und an mal mit ihr unterhalten. Ich kann das nicht ertragen und bin neulich geplatzt. Ich habe ihm an den Kopf geknallt, er sei unfähig, klare Entscheidungen zu fällen, und ich fände es unverschämt von ihm, mich so zu demütigen. Die Leute in unserer kleinen Stadt kriegen doch mit, wenn die sich treffen, und wie stehe ich dann da? Das kann er mir doch nicht antun. Und wissen Sie, was er darauf erwidert hat? Er hat gemeint, das sei einzig und allein mein Problem. Ich solle mich nicht so aufregen.«

Ein Schlagabtausch, der Wunden bei Kerstin hinterlassen hat. Es schmerzt, wenn der Partner kalt und abweisend reagiert und sich nicht anrühren lässt. Doch es könnte auch sein, dass sie seine Reaktion mit verursacht hat, weil sie einerseits zwar mitteilt, was sie stört, ihn andererseits mit der Art ihrer Kritik aber auch abkanzelt und bewertet: Sie bezeichnet sein Verhalten als unverschämt und demütigend, was ihr Partner höchstwahrscheinlich als Bedrohung oder als Angriff erlebt.

Das ist schade, weil das eigentliche Problem von Kerstin bei dieser Art der Kommunikation gar nicht zur Sprache kommt ...

Natürlich ist die junge Frau über die Treffen ihres Freundes mit der Ex beunruhigt. Sie sieht darin eine Bedrohung ihrer noch nicht gefestigten Beziehung, außerdem ist die andere in Kerstins Augen verführerisch, raffiniert und darum gefährlich. Doch all das verrät sie ihm nicht, und er kann deshalb nicht darauf eingehen.

Fast immer führt es zu einer Verhärtung des Gesprächs, wenn man sich um die Gefühle herummogelt. Die eigene Betroffenheit wird nämlich nicht spürbar.

Wenn Kerstin die goldene Regel des Kritisierens anwenden würde, klänge das so: »Es stört mich, wenn du mit deiner Ex Kaffee trinkst (= Beschreibung des störenden Verhaltens). Ich bin beunruhigt, wenn du sie triffst (= Auswirkung des störenden Verhaltens). Bitte nimm Rücksicht auf meine Angst und triff dich nicht mehr mit ihr (= Wunsch und Verhaltensalternative). Ich male mir aus, wie es zwischen euch doch wieder funken könnte (= weitere Auswirkung des störenden Verhaltens). Gib uns eine Chance!«

Kerstin wollte ihre Befürchtung und Sorge nicht ansprechen, um sich nicht zu sehr zu entblößen: »Wenn er davon wüsste, könnte er mich ja erst recht verletzen.«

Natürlich könnte er das – doch warum sollte er es tun? Ist er Feind oder Freund?

Die potenzielle Gefahr lauert an anderer Stelle: Mauert Kerstin, wird ihr Freund seinerseits nicht offen sein, sondern ebenfalls diese trennende »Stärke« zeigen und keinen Millimeter von seinem Standpunkt abweichen.

Verallgemeinernd lässt sich sagen: Sie können ruhig davon ausgehen, dass Ihr Partner Ihnen *eigentlich* entgegenkommen möchte. Das fällt ihm leichter, wenn er erkennen kann, welche Gefühle sein Verhalten bei Ihnen auslöst. Ihre Beziehung muss schon empfindlich gestört sein, wenn der andere Ihnen aus einer Gefühlsäußerung einen Strick dreht. Erst durch die Mitteilung Ihrer Gefühle erscheinen Sie menschlich, also auch verletzbar, und das fördert das Einfühlungsvermögen Ihres Partners.

Zur Illustration eine Familiengeschichte:

Eva kritisiert, dass sich ihr Mann Michael mit ihrem Vater lautstark gestritten hat. Immerhin sei er ihr Vater, und da erwarte sie mehr Respekt.

Michael kontert: »Wenn du ernsthaft der Meinung bist, ich müsste mich respektvoller mit deinem Vater unterhalten, dann bist du auf seiner Seite und nicht auf meiner. Ich darf dich daran erinnern, was er alles unternommen hat, damit wir nicht heiraten, und dann seine Kritik, ich sei ungeeignet für das Geschäft, bloß weil ich nicht studiert habe! Der hat mich noch nie leiden können.«

Michael »macht ein Fass auf«, wodurch die Spannung wächst, und es liegt für Eva nahe, zurückzuschlagen oder sich zu rechtfertigen.

Doch wichtiger ist für sie das Zuhören. Eva ahnt nur dunkel, was ihr Mann ihr sagen will. Sie möchte erst mal richtig verstehen, was Michael tatsächlich meint. Da bietet sich der hilfreiche Dialog als Rettung geradezu an: »Ich höre, dass du sauer auf meinen Vater bist. Er hat dich enttäuscht.«

Eva verhält sich geschickt, indem sie nicht inhaltlich auf Michaels Aussagen eingeht. Sie haben unterschiedliche Positionen, und es ist müßig, darüber zu diskutieren, weil jeder die Welt ja doch aus seinem Blickwinkel betrachtet, weshalb es nur höchst selten eine gemeinsame Wahrheit gibt. Die Idee der »Zweinigung« ist erfolgversprechender, denn sie vermeidet den Streit um die wahre Sicht der Dinge: Du siehst es so, ich sehe es anders, aber wir müssen es ja auch nicht gleich sehen, um uns gern zu haben.

Eva spricht den bei Michael vermuteten Ärger an. Diese Brücke führt weg von den leidigen unbeweglichen Standpunkten und wirkt meistens wie eine Einladung, mehr von sich zu erzählen.

Nachdem Eva diesen Schritt auf ihren Mann zu gemacht hat, hilft ihr nun die goldene Regel weiter.

Erster Schritt: »Was stört dich am Verhalten meines Vaters besonders?«

Zweiter Schritt: »Welches Gefühl löst dieses (störende) Verhalten bei dir aus?«

Dritter Schritt: »Was erwartest du jetzt von mir? Was hilft dir jetzt weiter?«

Auf diese Frage antwortet Michael, er wolle wissen, ob Eva zu ihm oder zu ihrem Vater halte.

Nun könnten Sie einwenden, darum sei es vorhin auch schon gegangen, und durch die ganze Rederei sei Eva nicht viel weitergekommen.

Auf der Inhaltsebene mag das stimmen, entscheidend ist jedoch die Atmosphäre des Gesprächs, und die hat sich durchaus verändert. Weil Eva auch die Position ihres Vaters versteht, will sie sich nicht einfach auf die Seite ihres Mannes schlagen. Mit anderen Worten: Sie muss Michael wohl oder übel enttäuschen, und das federt sie durch den Einsatz des hilfreichen Dialogs ab:

»Ich bin für dich – allerdings nicht für deine Sichtweise in dieser Sache. Ich kann verstehen, dass du ärgerlich bist, das ist für mich in Ordnung. Ich liebe dich, manches sehe ich allerdings anders als du.«

Brücken bauen

Es ist immer klug, mit der Verletzlichkeit des Partners zu rechnen und Kritik deshalb vorsichtig und rücksichtsvoll zu äußern. Wie schon geschildert, helfen Brücken, mögliche Abwehrreaktionen zu vermeiden.

Beispielsweise können Sie nach der auf ein konkretes Verhalten bezogenen Kritik fragen: »Siehst du das ähnlich?« Oder: »Wie siehst du das?« Oder: »Was meinst du dazu?« Äußert der Angesprochene sein Missfallen oder eine ganz andere Sichtweise, können Sie mit dem hilfreichen Dialog weitermachen: »Du meinst also …«

Sie können auch die Wirkung Ihrer kritischen Worte mildern, indem Sie Anerkennung einfließen lassen: »Du ziehst oft so langweilige Klamotten an. Warum kaufst du dir nicht mal was Flottes? *Du hast doch sonst so einen guten Geschmack.*«

Oder: »Ich finde, du bist zu streng mit den Kindern. Mir wäre es lieber, du würdest manche Bestrafung vorher mit mir absprechen, damit wir nicht gegeneinander arbeiten. *Meistens bist du ja angenehm kooperativ.*«

»Fahr bitte nicht so dicht auf. *Du fährst doch ansonsten erfreulich vorsichtig.*«

Ähnlich entspannend wirkt es, wenn man die Kritik um eine versöhnliche Bemerkung anreichert: »x und y stört mich. *Aber vielleicht hast du das gar nicht bemerkt?*« Also in dem genannten Beispiel: »Ich finde, du bist zu streng mit den Kindern. *Aber vielleicht erlebst du es gar nicht so?*« Oder: *»Vermutlich machst du das aus einem bestimmten Grund.«*

Sehr partnerschaftlich wirkt es, wenn Sie das kritische Verhalten genau und ohne Vorwurf beschreiben und dann fragen: »Hast du eine Idee, wie *wir* das regeln können?«

Selbst in einer brisanten Situation kann man konstruktiv kontern, wie folgendes Beispiel zeigt: Eine Teilnehmerin bei einem Kommunikationstraining musterte eine andere, die einen etwas hausbackenen Pullover in greller Farbe trug, und meinte: »Sag mal, gibt's deinen Pullover auch in Schön?«

Allerdings hatte sie die Rechnung ohne die »Pulloverdame« gemacht, denn die war nicht auf den Mund gefallen und fragte prompt zurück: »Kannst du mir auch netter sagen, was du mir eigentlich sagen willst?« Nun stotterte die »Angreiferin« nur noch herum.

Toll, wenn man sich Kritik nicht gleich zu Herzen nimmt, wenn man nicht wie ein Kind beleidigt reagiert. Besonders gut finde ich den konstruktiven Teil der Antwort (»was du mir eigentlich sagen willst«), denn dadurch wird das Gespräch geschickt in sachliche Bahnen gelenkt.

Der Körper spricht mit

Wie Sie Ihre Worte bekräftigen

»Gesichter sind die Lesebücher des Lebens.«
Federico Fellini

Sie: »Ich sage etwas, und du hörst mir überhaupt nicht zu.«
Er: »Das stimmt doch gar nicht. Ich denke intensiv darüber nach.«
Sie: »Aber das müsste ich doch merken!«

Manchmal ist es wie verhext: Wir haben unsere Worte mit Bedacht gewählt, und dennoch kommen wir nicht weiter. Wir können uns einfach nicht verständlich machen.

Häufig liegt das an unserer Körpersprache. Wir reden nämlich nicht nur mit Worten, sondern unterstreichen mit Gesten, Tonfall und Mimik das Gesagte, um die Mitteilung zu verstärken – oder manchmal auch ungewollt zu schwächen.

Haben wir vielleicht zu leise gesprochen, zu monoton oder ohne Blickkontakt? Haben wir dem anderen die kalte Schulter gezeigt? Möglicherweise haben wir auch die Signale unseres Gegenübers übersehen oder nicht berücksichtigt: Waren da nicht kritische Falten auf der Stirn, ein viel sagendes Wippen mit den Fußspitzen, der zur Zimmerdecke gerichtete Blick? All das sind Signale, die Langeweile verraten können.

Wenn zwei Menschen die gleichen Worte sagen, so hat das noch längst nicht die gleiche Wirkung. Es kommt eben darauf an, wie sie die Mitteilung »rüberbringen«, wie sie ihre Körpersprache zur Unterstützung ihrer Worte einsetzen.

Falten auf der Stirn unseres Gesprächspartners, hochgezogene Mundwinkel oder ein wippender Fuß deuten darauf hin, wie er unsere Mitteilung interpretiert, also wie unsere Worte verarbeitet werden. Unbewusst registrieren wir das und berücksichtigen es bei unserer Wortwahl: Lesen wir im stechenden Blick Abneigung, verschärfen wir möglicherweise unsere Argumente oder geben klein bei.

Wir sind nicht nur Zuhörer, sondern auch Zuschauer. Kommunikationsforscher gehen davon aus, dass etwa 70 Prozent der in einer Unterhaltung mitgeteilten Information nur durch Körpersprache übermittelt wird. Mit Gesten, Mimik und Tonfall der Stimme beeinflussen wir ganz entscheidend die Gefühle unseres Gegenübers und wie unsere Worte aufgenommen werden. Ein ernster Gesichtsausdruck mit einem zusammengekniffenen Mund wirkt ganz anders als ein freundliches Lächeln. Unser Ausdruck macht Eindruck. Er sagt mehr als tausend Worte.

Entsprechend stark ist die Wirkung, wenn Menschen sparsam mit den Ausdrucksmöglichkeiten ihres Körpers und ihrer Stimme umgehen: Wir fühlen uns verunsichert. Besonders Frauen beschweren sich häufig über das männliche Pokerface, die starren Gesichtszüge, in denen sie nur wenig »lesen« können. Während eine Frau im Durchschnitt innerhalb von zehn Sekunden sechs verschiedene Gesichtsausdrücke zeigt, wirkt ihr männliches Gegenüber mehr oder weniger versteinert. Das machte vor Urzeiten mal Sinn, weil es der Geheimhaltung diente: Der Feind konnte nicht im Gesicht ablesen, ob eine List geplant war. Heute bringt das nur noch Gebrauchtwagenhändlern Vorteile, für die Partnerschaft ist es eher kontraproduktiv.

Eine deutliche Geste ist das Zeigen der »kalten Schulter«. Stellen Sie sich vor, Ihr Gesprächspartner dreht seinen Oberkörper ein wenig von Ihnen weg und schaut dabei in eine andere Richtung. Sofort werden Sie eine große Distanz zu ihm spüren. Egal, was jetzt mit Worten geäußert wird, die kalte Schulter zeigt Wirkung: Innerlich hat sich der andere von Ihnen verabschiedet. Er hat Sie nicht mehr im Blick.

Doch vielleicht geraten Sie wieder in sein Blickfeld, wenn Sie den anderen anschauen und die Situation beschreiben: »Ich habe den Eindruck, du bist jetzt weit weg von mir.« Mit großer Wahrscheinlichkeit wird Ihr Gesprächspartner darauf reagieren – und Sie bleiben im Gespräch.

Was der Körper verrät

Mit Hilfe der Körpersprache können Sie die Wirkung Ihrer Worte deutlich unterstreichen. Dabei ist der Blickkontakt besonders wichtig. Für einen guten Gesprächsverlauf ist es notwendig, Ihr Gegenüber direkt anzuschauen. Es wirkt irritierend, wenn Ihr Blick hin und her wandert, denn damit signalisieren Sie Langeweile und Desinteresse. Außerdem fehlen dem anderen wichtige Hinweisreize, wenn er über einen längeren Zeitraum den Ausdruck Ihrer Augen und das Mienenspiel in Ihrem Gesicht nicht beobachten kann. Das verunsichert und lässt die Spannung ansteigen. Körpersignale werden vorzugsweise von der rechten, der fühlenden Gehirnhälfte wahrgenommen. Hat diese Gehirnhälfte aber wenig zu tun, weil es wenig zu verarbeiten gibt, wird die linke, die logische Hälfte aktiviert. Als Folge davon fängt Ihr Partner an, Ihnen immer logischere und härtere Argumente um die Ohren zu hauen. Das Gespräch wird frostiger, die Fronten verhärten sich zusehends.

Sie wirken offen, wenn Sie dem anderen Menschen Ihr Gesicht zuwenden und durch Mimik und Gestik ausdrücken, wie das Gehörte auf Sie wirkt: Sie lächeln, runzeln skeptisch die Stirn, wiegen den Kopf hin und her oder kratzen sich hilfesuchend am Kopf, gerade wie Ihnen zumute ist. Ihr Gesprächspartner versteht diese Signale und reagiert darauf:

100 Milliarden Nervenzellen verbinden sich blitzschnell und formen aus akustischem und visuellem Eindruck eine Gesamtinformation, ohne dass der Betreffende sich dessen bewusst wäre.

Wenn Sie die Körpersprache ihres Gesprächspartners entschlüsseln wollen, achten Sie besonders darauf, ob er bei bestimmten Themen den Blick senkt oder zur Seite schaut. Jedes Wegschauen spiegelt ein inneres Weggehen: Der andere langweilt sich oder stimmt dem Gehörten nicht zu. Natürlich können Sie jetzt einfach weiterreden, aber offenbar ist bei Ihrem Gegenüber etwas passiert, und für den Fortgang der Unterredung wäre es hilfreich, das anzusprechen:

- »Ich habe den Eindruck, irgendwas ist gerade bei dir passiert?«
- »Kann es sein, dass du innerlich aus dem Gespräch aussteigst?«
- »Wo bist du gerade mit deinen Gedanken?«

Falls Ihre Vermutung bestätigt wird: Verzichten Sie auf Vorwürfe. Vielleicht haben Sie das, was Sie eigentlich mitteilen wollten, nicht klar auf den Punkt gebracht (weil es Ihnen selbst noch nicht klar ist oder weil Sie eine heftige Reaktion des anderen befürchten), und deshalb langweilt sich Ihr Gesprächspartner und fängt an, sich mit anderen Dingen zu beschäftigen. Wie auch immer: Nehmen Sie es ernst und fragen Sie nach, was Sie besser machen können: »Was würde dir jetzt helfen?« Oder: »Was brauchst du, um wieder ins Gespräch zu kommen?«

Häufig macht sich ein innerliches Aussteigen auch an körperlicher Unruhe bemerkbar: Der andere rutscht im Sessel herum, seine Füße wippen, der Blick wandert umher, die Finger massieren die Nasenspitze, streicheln gedankenverloren die Arme oder spielen mit Haarsträhnen.

Die Füße verraten übrigens noch mehr, sie sind nämlich am schwersten zu kontrollieren. Ein Wippen der Fußspitze kann durchaus einen kräftigen Tritt symbolisieren, und bei innerer Anspannung (wie zum Beispiel beim Lügen) geraten die Füße fast immer in Bewegung – als wollte man flüchten.

Ähnlich verräterisch ist eine Veränderung der Lautstärke: Wird die Stimme plötzlich leiser, so stimmt etwas nicht. Oft kommt dadurch Unsicherheit zum Ausdruck.

Möchten Sie verstanden werden, und soll man Ihre Worte ernst nehmen, dann müssen Sie auch entsprechend laut und deutlich sprechen. Ein dünnes Stimmchen wird kaum beachtet, und was noch schlimmer ist: Muss sich Ihr Gegenüber sehr konzentrieren, um Sie überhaupt hören zu können, so wird ihn das ziemlich rasch sauer machen. Je mehr Sie flüstern, desto mehr Unmut rufen Sie hervor.

Wenn jemand stockend oder zögernd redet, so befürchtet er, etwas Falsches zu sagen. Deshalb überlegt er sich jedes Wort ganz genau, und deshalb verläuft das Gespräch so zäh. Halten Sie an sich und unterbrechen Sie diese Art der Mitteilung nicht durch Fragen oder Allgemeinplätze wie: »Ich weiß schon, was du sagen willst.« Noch schlimmer wäre es, auf Tempo zu drängen: »Nun sag doch mal endlich, was wirklich Sache ist.« Am weitesten kommen Sie mit dem hilfreichen Dialog, indem Sie in Sprechpausen zusammenfassen: »Ich habe das so und so verstanden.« Das gibt Ihrem Partner zunehmend Sicherheit und lockert die Gesprächsbremsen, aber nur bis zu einem gewissen Grad, denn niemand kann ganz und gar aus seiner Haut schlüpfen.

Lange und gewundene Antworten können darauf hindeuten, dass jemand einem heiklen Problem oder einer unangenehmen Antwort ausweichen will. Förderlich für die Unterhaltung sind folgende Bemerkungen:

- »Kann es sein, dass dich im Moment etwas belastet?«
- »Ich habe den Eindruck, das Gespräch ist gerade nicht so leicht für dich.«
- »Ich merke, wie ich unruhig werde. Es würde mir helfen, wenn du unumwunden sagst, was du mir mitteilen möchtest.«

Wenn jemand darauf mit einer Gegenfrage antwortet, so scheut er sich, die Katze aus dem Sack zu lassen. Vermutlich ist sich dieser Mensch unsicher und möchte erst mehr von Ihnen erfahren, bevor er seine eigene Überzeugung preisgibt. Es liegt bei Ihnen, ob Sie mehr »verraten« möchten oder vielleicht sagen: »Du hast jetzt eine Frage gestellt, statt mir zu antworten; das irritiert mich. Um was geht es dir denn?«

Angst oder Abwehr?

Die vor dem Oberkörper gekreuzten Arme können Abwehr des Gehörten bedeuten, es kann aber auch ein Signal für Angst sein: Ihr Gegenüber fühlt sich von Ihren Worten bedroht und will sich schützen.

Wenn Sie in einer solchen Situation unbeirrt weiterreden und den anderen mit noch besseren, sprich heftigeren Argumenten bestürmen, wird die Spannung steigen und Ihr »Opfer« immer mehr zumachen. Hilfreicher wäre es, den »weichen Weg« einzuschlagen, indem Sie fragen:

- »Du hast gerade deine Arme verschränkt. Kann es sein, dass du meine Meinung ablehnst?«
- »Bin ich dir mit meiner Meinung zu dicht auf den Pelz gerückt?«
- »Vielleicht stimmst du gerade mit mir nicht überein?«

Aber Vorsicht: Körpersignale sind nicht immer eindeutig. In einem längeren Gespräch kreuzt man irgendwann schon mal die Arme, um die Muskeln in eine andere Lage zu bringen. Auch aus diesem Grund rate ich zum klärenden Nachfragen. Es wäre zudem bedauerlich und höchst schädlich für das Vertrauen, wenn Sie Körpersignale missbrauchen würden, um Ihr Gegenüber festzunageln: »Du kreuzt die Arme vor der Brust, also willst du dich schützen. Das ist typisch für dich. Du willst eben nicht auf mich eingehen.« Vielleicht will der Partner schon, nur kann er nicht, weil Sie es ihm so schwer machen?

In der Politik schwört man auf die Wirkung des runden Tisches. Zu Recht! Sich frontal gegenüberzusitzen erhöht fast immer die Spannung, denn das ist ja unsere alte Kampfhaltung, in der wir den Gegner belauern und nicht aus den Augen lassen.

Gerade bei wichtigen Gesprächen, zum Beispiel innerhalb einer Familie, verleiht der runde Tisch jedem das gleiche Gewicht. Setzen sich die Familienmitglieder um den Tisch herum, sitzen sie automatisch nebeneinander, können sich gut anschauen und haben kein direktes Gegenüber. Das macht es allen leichter, nicht starr auf einmal eingenommenen Standpunkten zu beharren.

Die folgenden Fragen sollen Ihnen helfen, Ihre eigene Körpersprache zu überprüfen:

- Haben Sie beim Zuhören mit dem Kopf genickt, um das Gespräch in Gang zu halten?
- Haben Sie überwiegend Blickkontakt gehalten?
- Haben Sie den anderen ausreden lassen?
- Haben Sie es vermieden, die Arme zu kreuzen?
- Haben Sie sich Ihrem Gesprächspartner zugewandt?
- Haben Sie auf die kalte Schulter verzichtet?

Oft drücken wir mit unserer Körpersprache etwas aus, was wir nicht so gerne mit Worten sagen möchten, weil wir uns vor der Reaktion des anderen schützen möchten. Vielleicht hören wir auch eine innere Stimme, die meint, manches sollten wir lieber nicht mitteilen, doch dadurch wird das Problem nicht gelöst: Unser Körper drückt das aus, was uns tatsächlich beschäftigt, was wir fühlen. Ärgern Sie sich beispielsweise über eine Mitteilung Ihres Gegenübers, werden Sie diesem Menschen vermutlich die kalte Schulter zeigen. Doch wahrscheinlich ahnt er nichts von Ihrer Verstimmtheit, sondern fühlt sich angesichts Ihrer abgewandten Körperhaltung unwohl und irritiert und wird dann seinerseits angespannter und kühler reagieren. Sie beide geraten in einen Teufelskreis, der die Kommunikation erschwert und zunehmend belastet.

Statt den Körper indirekt sprechen zu lassen, sollten wir lieber klare Worte finden und das mitteilen, was uns tatsächlich bewegt...

Von Wünschen und Ängsten

Wie Sie über Sexualität reden

»Geschlechtsteile sind die einzigen Organe,
deren Besitz man mit anderen teilen kann.«
Max Rychner

»Natürlich würde ich mal gerne über meine sexuellen Wünsche reden. Aber ich bin mir nicht sicher, was mein Mann dazu sagen würde. Vorsichtshalber spreche ich lieber nicht darüber.«

Viele Menschen haben Hemmungen, über Sexualität zu reden, weil sie es nie gelernt haben. Und es ist verdammt schwer, plötzlich damit anzufangen.

Meistens schon nach der Spätausgabe der Tagesschau verwandelt sich Deutschland in eine telepathische Republik. Nirgendwo sonst findet sich so viel Hoffnung auf Gedankenleserei wie im Schlafzimmer. Da kuschelt man sich so richtig in seine Phantasien hinein, verrät sie aber lieber nicht. Und wahrscheinlich fragen wir uns bei keinem anderen Thema so hartnäckig, was denn wohl der oder die andere von uns denken würde, wenn er oder sie wüsste, was wir wirklich möchten.

In der Partnertherapie bitte ich die Frau und den Mann, jeweils aufzuschreiben, was denn der andere am meisten in puncto Sex schätzt und welche Phantasien der oder die Geliebte wohl haben könnte. Anschließend wird verglichen – und gestaunt: Regelmäßig haben die Partner falsch »geraten«; sie wissen tatsächlich wenig von den Vorlieben des anderen. Überall wird heute von der sexuellen Freiheit gesprochen, doch meistens geht es dabei um die Sexualität allgemein und nicht so sehr um die eigene Erotik.

In diesem Lebensbereich wirken sich die in den Kindertagen gelernten Programme besonders nachhaltig aus. Die übliche Aufklärung über Geschlechtliches und Verhütung beinhaltet meistens keine Erziehung zu einer sexuellen Kultur, sondern beschränkt sich auf Verbote: So etwas sagt man nicht! Man berührt sich nicht da unten – das ist schmutzig! Solche Ausdrücke nimmst du nie wieder in den Mund! Kinder verstehen nicht, was solche Verbote bezwecken, und behalten dennoch ihre Lust am nunmehr Verbotenen. Sie lernen dabei, dass Sexualität zweigeteilt ist: in einen sauberen, ordentlichen Bereich für zu Hause und einen obszönen, zotigen unter Kumpels oder Freundinnen. Weil die Partnerbeziehung an die frühere Familienbeziehung erinnert, meinen Männer und Frauen später, entsprechend »ordentlich« und gepflegt miteinander reden zu müssen.

Umso erstaunter sind sie dann, wenn sie sich schließlich zu mehr Offenheit und Obszönität durchgerungen haben, dass sie offene Türen einrennen und keine »Bestrafung« vom Partner bekommen, nur weil sie von Sex im Auto, auf der Wiese oder auf dem Balkon in der Abenddämmerung schwärmen oder gern mal mit dem berühmten G-Punkt experimentieren möchten. Der Bettpartner reagiert ganz anders als die strengen Eltern!

Gerade in der Erotik geht es gar nicht immer darum, dass geäußerte Phantasien und Wünsche prompt erfüllt werden, sondern man möchte sich vielleicht erstmal nur mit Worten näher kommen. Deshalb ist es hier so besonders wichtig, dass wir einander aufmerksam zuhören. Süße Geheimnisse verbinden, denn mit wem sonst kann man so intim reden wie mit dem geliebten Menschen? Wünsche, auch wenn sie einem selbst obszön oder unzumutbar vorkommen, müssen deshalb noch lange nicht abgewehrt oder mies gemacht werden. Sie anzuhören ist eine Sache, sie zu befolgen eine andere! Und vielleicht macht es ja schon Spaß, verbal intim zu werden – eigentlich eine Voraussetzung für angenehme und lustvolle Sexualität.

Oft ist es sinnvoll, eine gewisse Anlaufzeit für solche Gespräche einzuplanen. Also nehmen Sie sich Zeit. Ein schönes Abendessen, ein längerer Spaziergang – fern vom Bett.

Warum das, werden Sie sich vielleicht jetzt fragen. Sollte man nicht lieber in den heimischen vier Wänden reden?

Selbstverständlich ist auch das möglich, doch da droht schnell der Übergang vom lustvollen Reden zum erregten Tun. Anders gesagt: Gespräche über Erotik und Sex verlaufen dann am lockersten, wenn man sich »sicher« fühlen kann, weil kein Bett in der Nähe ist.

Erwarten Sie nicht schon vom ersten Gespräch die ganz große Offenheit. Der Austausch ist immer ein Prozess, der seine Zeit braucht und dessen Intensität wechselt.

Die richtigen Worte finden

Haben Sie und Ihr Partner oder Ihre Partnerin eigentlich angenehme und lustvolle Worte für das, was sie miteinander tun? Es gibt viele Bezeichnungen dafür, »sachliche« wie »Koitus« oder »Akt« und eine Vielzahl von saloppen bis vulgären – wie »Liebe machen«, »bumsen«, »vögeln«, »ficken« –, die manchmal abstoßen, manchmal aber durchaus prickelnd wirken können. Wie möchten Sie »es« denn nennen? Zuerst sollten Sie sich darüber austauschen, damit Sie einander nicht mit unpassenden Worten vor den Kopf stoßen. Besonders verbindend sind ganz persönliche Ausdrücke. Ich erinnere mich noch an ein Paar, das den Begriff »garagieren« benutzte. Zuerst konnte ich damit nichts anfangen, bis sie mir offenbarten, es bedeute so viel wie »in die Garage fahren«. Für die beiden war dieser Ausdruck so kribbelnd, weil nur sie den Code verstanden und ihn ohne »Gefahr« beispielsweise auch während einer Feier anwenden konnten, um sich voller Lust ihre Vorfreude mitzuteilen: »Ach, erinnere mich, ich muss nachher unbedingt noch das Auto in die Garage fahren.«

Natürlich sollten Sie auch für ihre »Sexualwerkzeuge« Wörter finden, die Ihnen beiden angenehm sind und Lust bereiten. Lassen Sie Ihrer Phantasie freien Lauf.

Teilen Sie einander aber auch mit, warum Sie manche Ausdrücke nicht mögen und was Sie mit ihnen verbinden: »Von Muschi haben immer die Jungs in der Schule gefaselt. Ich fand das eklig. Vermutlich reagiere ich deshalb so allergisch auf das Wort.«

Sagen Sie dem Partner, wie seine Wünsche und Ideen auf Sie gewirkt haben. Es schafft Sicherheit, wenn man weiß, woran man ist, und Sicherheit ist gerade beim Thema Sexualität wichtig, um das Gespräch fortsetzen zu können.

Wenn Sie etwas kritisieren möchten, so sollten Sie statt der Kritik besser Ihren Wunsch äußern. Statt: »Du bist meistens viel zu grob«, könnten Sie vorschlagen: »Ich möchte gern einmal ausprobieren, wie das ist, wenn du mir am Anfang über den Rücken streichst, dann vielleicht meinen Nacken küsst und erst danach meine Brustwarzen streichelst.«

Noch eleganter wäre es, wenn Sie sich auf eine für Sie selbst lustvolle Situation bezögen und damit Ihren Wunsch kundtäten, also zum Beispiel: »Es hat mich mächtig erregt, als du neulich bei der Autofahrt ganz lange meine Hand gestreichelt hast.«

»Musst du mir immer auf den Po hauen?« Liane ist mal

wieder verstimmt über die übliche Begrüßung ihres Mannes. Herbert genießt nach neun Stunden Trennung von ihr diese intime Geste und empfindet sie als Zeichen der Nähe und Verbundenheit. »Stell dich doch nicht so an«, erwidert er, und damit ist die Sache für ihn erledigt. Am nächsten Tag findet das gleiche Ritual wieder statt.

Manchmal reicht es nicht aus, seinen Unmut zu äußern, weil der andere das einfach nicht ernst nimmt. Natürlich kann man lautstark protestieren oder beleidigt sein, doch erfahrungsgemäß führt das zu einer heftigen Verstimmung. Hilfreicher ist es, erst einmal die Situation dadurch zu verändern, dass man dem anderen sehr konkret sagt, welches Verhalten man von ihm erwartet. Liane könnte beispielsweise einen klaren Wunsch mitteilen: »Bitte lass den Klaps auf den Po weg. Stattdessen möchte ich von dir mit einer richtig festen Umarmung und einem Kuss begrüßt werden.« Akzeptiert Herbert das immer noch nicht, muss Liane deutlicher werden und erklären, was sie an dem Klaps auf den Po stört oder was sie mit dieser Geste verbindet. Ein »Verbot« setzt Grenzen, die der andere vielleicht immer noch gern überschreiten möchte. Erfolgversprechender ist es, wenn die inneren Schwingungen deutlich werden, denn erst dann ist echtes Verständnis möglich. Das könnte in diesem Beispiel vielleicht so klingen: »Beim Klaps auf den Hintern fühle ich mich wie eine Ware, deren Qualität überprüft wird. Das erlebe ich nicht als liebevoll oder intim.« Jetzt sollte sie ihre Vorstellung von »besserer« Begrüßung anfügen.

Ein intimes Verhalten, das für den einen lustvoll ist, löst beim anderen manchmal genau das Gegenteil aus. Der Klaps auf den Po ist sicherlich nicht verletzend oder als Übergriff gemeint, kann aber dennoch so erlebt werden. Darum ist der Austausch über Wünsche und Erlebtes gerade hier so wichtig.

Falls Ihr Partner etwas von Ihnen verlangt, was Ihre Grenzen überschreitet, sagen Sie das klar und deutlich, aber ohne Abwertung des anderen. Also nicht: »Wie kommst du auf so schmutzige Ideen?« Sondern: »Auch wenn es dich enttäuscht, ich möchte das nicht machen.« Wünsche sind zwar einerseits nicht verboten – aber andererseits auch kein Befehl. Manchmal brauchen wir etwas Zeit, damit ein Gedanke seine Fremdartigkeit verliert. Ich empfehle in solchen Situationen, sich für die Offenheit und Ehrlichkeit des Partners zu bedanken und sich Bedenkzeit bis zum nächsten oder übernächsten Tag (möglichst nicht länger) zu erbitten: »Ich muss das Gehörte erst einmal auf mich wirken lassen. Dafür brauche ich einen Tag Zeit, dann möchte ich noch einmal mit dir darüber reden. Ich werde dich dann ansprechen.«

Sie sollten die Aussprache nicht länger aufschieben, weil Sie Ihre Zusage sonst leicht vergessen. Außerdem ist es für den anderen unbefriedigend, mehrere Tage auf die Fortsetzung des Gesprächs zu warten. Das Vertagen wirkt sich nur dann produktiv aus, wenn es kein Wegschieben des Themas ist.

Schön und für weitere Gespräche ermutigend ist die Erfahrung, über alle Wünsche und Phantasien reden zu können, ohne ein »Miststück«, ein »Flittchen« oder ein »geiler Bock« zu sein. Reden heißt ja noch lange nicht, alles auch in die Tat umzusetzen.

Nirgendwo sonst im Zusammensein von Mann und Frau sind Verletzungen so leicht möglich und so schmerzhaft wie im intimen Erleben. Das ist nicht verwunderlich, denn hier präsentieren wir uns körperlich wie seelisch nackt und schutzlos, und dabei verfügen die wenigsten Menschen über ein stabiles sexuelles Selbstwertgefühl. Da es keine klaren Normen (mehr) gibt, müssen sich die Partner austauschen, absprechen und behutsam miteinander experimentieren. Wenn sie ihm einfach vorwirft, sie könne keinen Orgasmus bekommen, weil er viel zu schnell sei, dann wird das wenig an dem Problem ändern. Möglicherweise ist er nun verunsichert, was seine Anspannung zusätzlich verstärkt, und dann kommt er noch schneller zum Höhepunkt.

Die über unsere Sexualität abgegebenen Urteile können wir meistens nicht überprüfen, und das verleiht der Etikettierung ein so großes Gewicht. Entsprechend zurückhaltend sollten wir deshalb mit sexuellen Urteilen über andere sein.

Tote Hose

Nicole und Roland sind seit fast drei Jahren verheiratet. Ihre Beziehung war bisher recht gut, doch jetzt gibt es Probleme. »Im Bett ist tote Hose«, klagt Nicole. Früher sei zwischen ihnen die Post abgegangen, aber jetzt habe Roland nur noch selten Lust. Das verunsichere sie.

Nicole möchte die sexuelle Beziehung zu ihrem Mann wieder in Schwung bringen. Deshalb hat sie gängige Empfehlungen befolgt und verführerische Dessous angezogen, doch bei Roland zeigt das nicht die ersehnte Wirkung. Nicole ist enttäuscht: »Das törnt doch jeden Mann an – wieso nicht auch dich? Gefalle ich dir nicht mehr? Oder schläfst du mit einer anderen?«

Roland schüttelt den Kopf: »Es hat nichts mit dir zu tun. Es ist einfach die Situation in der Firma. Der Konkurrenzdruck ist mörderisch. Ich weiß nicht mehr, wo mir der Kopf steht. Das verfolgt mich bis nach Hause.«

Darauf Nicole: »Gerade beim Sex kann man doch herrlich abschalten und sich richtig entspannen. Wir sollten uns einfach öfter lieben.«

Nicoles Idee ist eigentlich ganz in Ordnung, aber leider übergeht sie Rolands Problem mit der beruflichen Überforderung. Es passiert leicht, dass man von einer Problemlösung ganz und gar überzeugt ist und die Beweggründe des anderen dabei aus dem Blick verliert. So ist das auch bei Nicole, die Rolands fehlende Lustgefühle nicht wahrhaben will. Sie empfiehlt ihm etwas, für das er im Augenblick gar keine Antenne hat. Vermutlich fühlt er sich unter Druck gesetzt und reagiert darum abweisend: »Kapierst du das denn nicht? Ich habe keinen Bock auf Sex. Ich kann nicht mal daran denken! Ich bin total im Stress.«

Die Heftigkeit seiner Reaktion soll ihr verdeutlichen, dass sie ihn gefälligst verstehen und in Ruhe lassen soll. Allerdings reizen heftige Äußerungen zum Widerspruch, denn man möchte sich nicht von ihnen »erschlagen« lassen und klein beigeben.

Nicole kontert folglich: »Nun tu bloß nicht so, als wäre ich mannstoll. Ist es denn zu viel verlangt, wenn ich einmal oder vielleicht zweimal in der Woche mit dir schlafen möchte? Du bist eben ein toller Liebhaber.«

Mit dem Kompliment möchte sie ihn locken, doch ohne es zu wollen, verstärkt sie damit den Druck: Selbstverständlich schmeichelt es, ein guter Liebhaber zu sein, wenn man allerdings überhaupt nicht an sexuelle Lust denken kann, ist das Kompliment belastend. Um den Druck loszuwerden, dreht Roland nun den Spieß um und klagt seine Partnerin an: »Du siehst nur dich und deine Bedürfnisse. Alles andere ist dir doch total egal.«

Um den Teufelskreis von Anklage, Rechtfertigung und erneuter Anklage zu unterbrechen, habe ich Nicole und Roland den hilfreichen Dialog empfohlen.

Nicole meint nun: »Du bist der Auffassung, ich würde dein Problem nicht ernst nehmen und nur an mich denken.«

Schon dieser eine Satz nimmt ihm einigen Wind aus den Segeln: »Na ja, du denkst ja nicht nur an dich, sondern möchtest mich ablenken und verführen. An sich ist das auch in Ordnung, aber im Augenblick klappt es einfach nicht. Ich kann gar nicht an Sex denken. Mein Kopf ist voll mit anderen Sachen. Es überfordert mich.«

»Du fühlst dich von meinen Wünschen unter Druck gesetzt?«

Roland nickt: »Total. Es gibt doch auch andere Möglichkeiten, um sich zu entspannen und etwas gemeinsam zu erleben.«

Nicole wiederholt sinngemäß: »Du möchtest schon etwas Gemeinsames, aber nicht gleich Sex. Ist das so?«

Roland wirkt erleichtert und scheint sich verstanden zu fühlen: »Ja, es ist momentan einfach so. Ich habe schon Lust auf Sex. Aber irgendwie auch wieder nicht so richtig. Ich kann mich nicht darauf einlassen.«

Das klingt mysteriös, und Nicole widersteht glücklicherweise der Versuchung, hier auf Klarheit zu drängen und dadurch möglicherweise wieder Druck zu erzeugen. Sie lässt ihm und sich Zeit: »Einerseits möchtest du mit mir schlafen, andererseits reicht deine Lust auch nicht richtig aus. Ist das so?«

»Ich glaube schon.«

Jetzt ist die Situation recht klar. Doch hilft das weiter?

Es hilft zunächst einmal indirekt weiter, weil erst in einer guten Atmosphäre die Gesprächspartner ihre festen Standpunkte verlassen können und dadurch Problemlösungen leichter werden.

In solchen Momenten der Entspannung können dem Gespräch besondere Impulse gegeben werden. Nicole fragt: »Und was brauchst du, was hilft dir? Was bringt uns weiter?«

Roland reagiert überraschend ungehalten: »Das habe

ich doch schon vorhin gesagt. Mehr Gemeinsames und andere Arten der Entspannung. Aber du hörst mir ja nie zu.«

»Ich versuche gerade, dir zuzuhören. Aber ich habe noch nicht verstanden, was du mit den Gemeinsamkeiten oder der Entspannung meinst. Kannst du mir das genauer erklären?« In Nicoles Antwort klingt zwar ein wenig Trotz durch, doch sie verfolgt weiterhin ihr Ziel, Roland zu verstehen. Dabei lässt sie sich nicht durch Vorwürfe oder Unterstellungen ablenken.

»Na ja, was unternehmen wir denn noch zusammen? Du gehst regelmäßig ins Fitnessstudio, anschließend bist du kaputt. Du triffst dich mit deinen Kolleginnen, du surfst viel im Internet. Und manchmal bringst du dir sogar noch Arbeit mit nach Hause. Unsere Gemeinsamkeiten beschränken sich nur noch auf das gelegentliche Fernsehen.«

Das Gespräch hat eine interessante Wendung genommen, denn Roland berichtet nun von dem, was ihn stört. Es geht gar nicht mehr um seine Arbeit und den mörderischen Job, sondern um seine Enttäuschung über den Verlust der Zweisamkeit. Möglicherweise hat er sich diese Veränderung in ihrem Zusammenleben bisher noch gar nicht eingestehen können. Vielleicht ist er recht sensibel und empfindet die unterschiedlichen Lebensbereiche als derartig trennend, dass er sich seiner Partnerin innerlich nicht mehr nahe und verbunden fühlt und sie darum nicht begehrt. Und wenn er feinfühlig ist, werden Nicoles sexuelle Erwartungen ihn besonders unter Druck setzen – und vielleicht sogar lähmen.

Sicherlich kostet es einige Selbstbeherrschung, an diesem Punkt nicht mit Gegenvorwürfen zu antworten. (Zum Beispiel: »Und du? Wann kommst du denn mal pünktlich nach Hause? Soll ich vielleicht immer nur auf dich warten? Du hast doch nur noch deinen Job im Kopf. An mich denkst du doch gar nicht mehr. Ich bin bloß noch Luft für dich.«) Doch dann wäre der Teufelskreis von Angriff und Gegenangriff wieder aktiviert – bis einer schließlich kapitulieren würde.

Nicole vertraut weiter dem hilfreichen Dialog: »Du scheinst enttäuscht zu sein, weil ich so viel allein unternehme.« Sie weiß, dass in jedem Vorwurf auch ein Wunsch verborgen ist, und fragt: »Du wünschst dir mehr Gemeinsamkeiten mit mir?«

Mir scheint, dass der Druck in diesem Gespräch nun deutlich nachgelassen hat. Das lässt sich auch an Rolands Reaktion ablesen. Er formuliert seine Bedürfnisse genauer: »Erkundige dich einfach mal nach meinem Tag, danach, was ich erlebt habe. Der Fernseher bleibt aus, und wir unterhalten uns. Statt ins Fitnessstudio zu laufen, könnten wir doch auch zusammen joggen oder mal in die Sauna gehen.«

Nicole: »Könnten wir, aber bisher hast du solche Wünsche kaum geäußert. Deshalb bin ich ja oft alleine unterwegs. Du hast doch nur gejammert, wie kaputt dich deine Arbeit macht. Da habe ich Rücksicht genommen und dich nicht noch mit weiteren Aktivitäten fordern wollen.«

Nicole hat es gut gemeint, doch wie so oft, wenn man einfach nur vermutet, was für den Partner hilfreich und wichtig sein könnte, ging das schief. Unsere hellseherischen Fähigkeiten sind eben, trotz aller liebevollen Gefühle, nicht unbedingt stark genug ausgeprägt.

Roland fragt seufzend: »Und jetzt?«

Nicole fasst zusammen: »Ich habe verstanden, dass es für dich zwei Probleme gibt. Du hast viel Stress im Job, und da steht dir nicht mehr der Sinn nach Sex. Außerdem vermisst du Gemeinsames. Richtig?«

Roland nickt, und Nicole fährt fort: »An welchem Punkt können wir etwas ändern?«

Das Gespräch zwischen den beiden hat sich von den gegenseitigen Vorwürfen weg und zu konkreten Veränderungsmöglichkeiten hin entwickelt. Es geht nicht mehr um die leidige und völlig unproduktive Frage nach dem Verursacher des Problems, also dem Schuldigen, sondern um die Gestaltung des weiteren Zusammenlebens.

Eigentlich erleben Roland und Nicole Ähnliches, wählen als Reaktion aber unterschiedliche Verhaltensweisen. Nicole möchte Roland schonen und gestaltet ihre Freizeit weitgehend ohne ihn. Die sexuelle Intimität ist für sie wichtig, um wieder Nähe und Gemeinsamkeit zu spüren.

Roland braucht zuerst eine Annäherung durch gemeinsame Aktivitäten, um sich angenommen zu fühlen. Erst in dieser für ihn wohligen Atmosphäre kann er sich lustvolle und entspannende Sexualität vorstellen ...

Wie Sie wirkliche Intimität schaffen

Wenn die Atmosphäre angespannt ist, sind wichtige Anliegen oder Bedürfnisse nicht erfüllt worden, und dann lohnt es, sich darüber auszutauschen. Beim Thema Lust gibt es nicht immer eine Einigung, aber doch die Möglichkeit zum verständnisvollen Gespräch.

Vielfach ist die Häufigkeit des sexuellen Beisammenseins ein Streitpunkt, wobei es ein großer Unterschied ist, ob man einfach nicht »will«, und der andere das schlucken muss, oder ob man trotz der momentanen Lustlosigkeit miteinander im Kontakt bleibt und den anderen vielleicht fragt, wie es ihm damit geht: »Kränkt es dich? Fühlst du dich dadurch ungeliebt? Ärgert es dich?«

Es tut dem Partner gut zu hören, wenn der »Verweigerer« sich vorstellen kann, dass er Enttäuschung auslöst: »Ich finde es auch schade – aber es geht heute für mich nicht anders.«

Die Situation wird auf jeden Fall kritisch, wenn der »Abgewiesene« sich gekränkt und vorwurfsvoll zurückzieht. Bei Distanz kühlt sich nämlich auch das erotische Interesse ab.

Viel günstiger ist es, wenn das Paar gerade bei wenigen sexuellen Kontakten durch gemeinsame Unternehmungen verbunden bleibt.

Besonders verletzend wirken vorwurfsvolle Äußerungen, beispielsweise: »Ich finde den Sex mit dir in letzter Zeit ziemlich langweilig.« Auch die Behauptung, der Partner würde »nie« eine gewünschte sexuelle Praktik mitmachen, bewirkt wahrscheinlich keine Verhaltensänderung, sondern eher einen Rückzug.

Bleiben Sie miteinander in Kontakt, indem Sie einander auf konstruktive Weise sehr konkrete Wünsche mitteilen. Auch mit Worten lassen sich Nähe und Intimität herstellen, vorausgesetzt, man benutzt sie taktvoll. Auf jeden Fall ist das (auch kontroverse) Sprechen über Sexualität allemal besser, als vorwurfsvoll schweigend Rücken an Rücken im Bett zu liegen.

Reden ist Silber, Schweigen ist manchmal Gold

Wie Sie ein Gespräch geschickt beginnen

»Erfahrungen – das sind die vernarbten Wunden unserer Dummheit.«
John Osborne

Meistens spüren Frauen schneller als Männer, wenn ihre Beziehung nicht richtig »läuft«. »Wir müssen unbedingt mal reden«, sagen sie, und sie meinen es gut, weil durch ein Gespräch etwas Störendes beseitigt werden kann. Was sie nicht berücksichtigen: Bei einer solchen Gesprächsankündigung zucken 99 Prozent der Männer zusammen. Sie hören eine Bedrohung heraus und haben sofort ein schlechtes Gewissen: »Was habe ich nun schon wieder versäumt? Was wird sie mir vorwerfen?«

Natürlich ist es oft sinnvoll oder sogar notwendig, über eine Beziehung zu reden. Störende Verhaltensweisen haben sich fast unmerklich eingeschlichen, Erwartungen bleiben unerfüllt, persönliche Interessen driften auseinander. Für Frauen sind Gespräche eine Möglichkeit, Kontakt aufzubauen und Nähe herzustellen, während Männer viel eher fürchten, ihnen könnte der Kopf gewaschen werden.

Die Bereitschaft zu klärenden Gesprächen ist deshalb bei vielen Männern nicht gerade ausgeprägt. Sie schieben Abgespanntheit, Zeitmangel oder wichtige persönliche Anliegen vor, um ihnen zu entgehen. Dann ist die Partnerin enttäuscht und zieht sich zurück, was vom Mann als Entlastung erlebt wird. Für ihn ist damit das Problem aus der Welt, doch für sie gärt es im Untergrund weiter und erschwert das Zusammenleben.

Den Problemen auszuweichen ist also kein guter Weg.

Doch wie kann eine Frau ihren Mann zu einer Aussprache bewegen?

Es gelingt am ehesten, wenn sie das Gespräch mit dem konkreten Thema beginnt, damit der Mann gleich weiß, um was es gehen soll, also zum Beispiel: »Ich möchte mit dir über die Schulleistungen von Tobi reden. Er hat in letzter Zeit mehrere Fünfen geschrieben, und ich mache mir Sorgen.« Na bitte, da kann man doch wieder frei durchatmen und das Problem schon mal andenken.

Männer vermuten so schnell Kritik, weil sie von sich aus nur große Probleme ansprechen. Wenn Frauen reden wollen, dann muss es nach Einschätzung der Männer um etwas ganz Schlimmes gehen. Allein schon bei dieser Annahme machen sich Anspannung und Verkrampfung, also psychische Gesprächssaboteure, in ihnen breit, und entsprechend gereizt reagieren sie.

Wenn Sie also mit Ihrem Partner reden wollen, bleiben Sie bei einem konkreten Thema, packen Sie nicht zu viel in das Gespräch. Morgen ist auch noch ein Tag, um ein weiteres Problem anzusprechen. Überschaubare Häppchen erleichtern die Aussprache ungemein, was nicht zuletzt an unserem »Steinzeit-Gehirn« liegt: Als Männer noch Jäger waren, zogen sie auf der Suche nach Erlegbarem tagelang umher. Schweigend konzentrierten sie sich auf das Aufspüren und Verfolgen ihrer potenziellen Beute. Unterhaltungen hätten die Tiere verscheucht. Etwas von diesem steinzeitlichen Jäger steckt immer noch in jedem Mann: Wenn schon Gespräche geführt werden, dann möglichst kurz und nur über konkrete Sachverhalte.

Allgemein gilt: Gespräche wirken umso unangenehmer und bedrohlicher, je weniger man weiß, um was es eigentlich gehen soll. Sie erleichtern sich ein Gespräch ungemein, wenn Sie vorab für sich klären, warum Sie reden wollen. Was soll das Thema sein? Welche Änderungen streben Sie an? Was möchten Sie genau haben, was brauchen Sie?

Auf keinen Fall sollten sich Partner gegenseitig Vorschriften machen. Also nicht: »Du solltest dich mehr um Tobi kümmern.« Oder »Ich meine, du müsstest mal mit Tobi reden.« Solche Formulierungen wirken wie ein Befehl, auch wenn sie nicht so gemeint sind. Sagen Sie besser, was Sie vom Partner genau haben möchten, was Ihnen helfen würde, wonach Sie sich sehnen: »Es würde mich entlasten, wenn du mit Tobi reden würdest.« Oder: »Es wäre eine Hilfe für mich, wenn du x und y tun würdest.«

Und kommen Sie schnell zur Sache! Reden Sie nicht lange um den heißen Brei herum! Zuhören, ohne zu wissen, um was es tatsächlich geht, ermüdet, und schon steigt der andere aus.

Gespräche kann man nicht erzwingen. Finden Sie heraus, ob Ihr Partner zu dem von Ihnen gewünschten Zeitpunkt über Zeit und Energie für eine Unterredung verfügt. Sie verspüren vielleicht gerade das Bedürfnis nach einem Gespräch, doch der andere liest Zeitung oder sieht fern. Mit anderen Worten: Ihr Partner ist beschäftigt, und sei es nur mit dem entstressenden Zappen durch die Fernsehprogramme. Also ist das vielleicht keine gute Zeit für ein Gespräch. Es hilft nichts: Fragen Sie, ob er oder sie im Moment zu einer ernsthaften Unterredung bereit ist. Wenn nicht, dann sollten Sie gemeinsam einen exakten Termin festlegen. Exakt wäre eine Äußerung wie: »Morgen gleich nach der Tagesschau«, nicht »demnächst«.

Ungünstig für Problemgespräche sind Momente, in denen Stress im Spiel ist. Stress ist nämlich ein absoluter Gesprächskiller, weil er gereizt macht. Bei Stress will sich der Organismus schützen, will man nicht auf andere eingehen.

Natürlich erfordert es einige Selbstbeherrschung, dem dringenden Bedürfnis nach einer Klärung nicht gleich nachzugeben. Besonders wenn man sich geärgert hat, möchte man den anderen am liebsten sofort attackieren. Aber manchmal ist es sinnvoller abzuwarten, bis man selbst einen kühlen Kopf hat und der andere genug Zeit zum Nachdenken hatte. Es ist also durchaus sinnvoll, über Verletzungen, Enttäuschungen und Ärger erst zu einem späteren Zeitpunkt zu reden. Manchmal ist Schweigen eben tatsächlich Gold.

Wenn Sie Ihren Partner zu Anfang mit heftigen Gefühlsausbrüchen überfallen, müssen Sie mit deutlicher Abwehr rechnen. Besonders Männer neigen dann zum Blockieren. In einem Beratungsgespräch konfrontierte eine Frau ihren Partner urplötzlich mit ihrer Wut: »Ich finde es zum Kotzen, dass du dich auf jeder Feier um alle anderen Frauen kümmerst und mich links liegen lässt. Ich scheine nur noch Luft für dich zu sein. Du gibst mich total der Lächerlichkeit preis. Das ist absolut unmöglich.«

Der Mann hatte nicht mit diesem Gefühlsausbruch gerechnet. Der Situation entsprechend war vermutlich seine linke Gehirnhälfte aktiviert, und er brauchte jetzt Zeit, die Fakten zu analysieren und dann seine rechte Hirnregion – den Ort seiner Empfindungen – »einzuschalten«. Darum schwieg er einen Moment lang, und das interpretierte seine Partnerin als Desinteresse und Abwehr ihrer Gefühle: »Aber das alles scheint dich nicht zu interessieren. Du reagierst ja nicht mal.«

Aus seiner Sicht musste das eine böse Unterstellung gewesen sein, denn er wollte sie schon verstehen, nur brauchte er dafür eben mehr Zeit. Er war noch gar nicht auf Empfindungsfähigkeit eingestellt und versuchte nun, sich so etwas wie persönlichen Freiraum zu verschaffen, indem er sie auf Abstand hielt: »Stimmt doch gar nicht.«

Dadurch fühlte sich seine Partnerin erneut missachtet, und das Gespräch eskalierte immer mehr.

Besser ist es, in einem solchen Moment die aufwallenden Gefühle zwar auszudrücken, dann aber die Notbremse zu ziehen und den Sachverhalt zu einem späteren Zeitpunkt zu erörtern: »Ich ärgere mich darüber, dass du dich bei jeder Feier um alle anderen Frauen kümmerst und mich links liegen lässt. Ich möchte später mit dir darüber reden. Lass uns jetzt einen konkreten Zeitpunkt vereinbaren.«

Heftige Gefühle blockieren nämlich die Vernunft und erschweren die Suche nach Lösungen oder machen sie sogar unmöglich. Deshalb hilft es, wenn Sie den Gefühlsausbruch und das Gespräch über das zugrunde liegende Problem zeitlich trennen. Falls Sie selbst so sehr in Ihren Gefühlen gefangen sind, dass Sie dazu nicht mehr in der Lage sind, bringt es Sie beide weiter, wenn Ihr Partner für diese Trennung sorgt: »Ich höre, dass du verärgert bist, doch lass uns später in Ruhe über die Ursache sprechen.« Natürlich sollte stets ein genauer Zeitpunkt ausgemacht werden.

Wie würden Sie sich fühlen, wenn Ihr Partner zu Ihnen sagen würde: »Wieso hast du die Sachen nicht aus der Reinigung geholt? Kann ich mich denn niemals auf dich verlassen?«

Als Gesprächseröffnung taugen solche vorwurfsvollen Worte nicht, denn für jedes Gespräch gilt: Angriffe lösen Rechtfertigungen oder Gegenangriffe aus, aber sie laden keinesfalls zu einem Gespräch ein. Wer sich derartig »angemacht« fühlt, wird einen seelischen Schutzpanzer um sich herum aufbauen. Zu einer Änderung seines Verhaltens ist er dann nicht mehr bereit oder fähig.

Mit der Art und Weise, wie Sie das Gespräch beginnen, legen Sie auch seinen weiteren Verlauf fest. Greifen

Sie beispielsweise an, dann werden Sie selbst mit großer Wahrscheinlichkeit ebenfalls angegriffen. Bleiben Sie sachlich und konkret, wird die Kommunikation in ruhigen und produktiven Bahnen verlaufen.

Es fördert eine gute Gesprächsatmosphäre, wenn Sie die Frage »Warum?« gar nicht erst stellen, denn sie erinnert an ein Verhör. Fragen Sie lieber: »Was waren deine Gründe?« Diese Formulierung zielt auf eine sachliche Auseinandersetzung ab und ist deshalb besonders im Gespräch mit Männern nützlich. Außerdem unterstellt sie, der andere habe durchaus Gründe für sein Verhalten gehabt, und das erinnert an den Faktor A. Sie sind an den Motiven des anderen und damit auch an ihm interessiert.

Meinen männlichen Lesern möchte ich in Erinnerung rufen: Frauen schalten immer wieder zwischen der logischen und der fühlenden Hirnhälfte hin und her. Deshalb ist es nicht empfehlenswert, Ihre Partnerin zur Logik zu ermahnen. Sie müsste dann nämlich ihre rechte Gehirnhälfte »abschalten« – und das funktioniert einfach nicht. Agieren Sie lieber mit dem hilfreichen Dialog, um auf den Punkt zu kommen.

Gefängnis Schlafzimmer

Immer wieder höre ich von Paaren, die nichts Besseres zu tun haben, als ausgerechnet im Schlafzimmer erbitterte Streitgespräche zu führen. Das ist schrecklich, und zwar aus zweierlei Gründen: Einmal ist es meistens schon recht spät, wenn sie in das Ruhezimmer gehen, außerdem dauern aufreibende Gespräche oft recht lange, und man denkt die ganze Zeit voller Ärger daran, wie man es bloß schaffen soll, am nächsten Morgen frisch im Büro zu erscheinen. Man ist müde und entsprechend gereizt, und das macht einen friedlichen Gesprächsverlauf fast unmöglich.

Zum anderen vergiften sie ihr »Spielzimmer« mit solchen verbalen Attacken, weil der Raum dann nicht mehr nur für Entspannung steht, sondern auch für nervige Probleme. Das Schlafzimmer bekommt einen anderen emotionalen Beigeschmack.

Meines Erachtens wäre es besser, noch einmal aufzustehen, wenn man unbedingt so spät noch etwas klären will. Andererseits frage ich mich: Warum wartet jemand mit dem Ansprechen eines dicken Brockens ausgerechnet bis zur Schlafenszeit? Das kann doch kein Zufall sein – und ist es auch meistens nicht. Das Schlafzimmer wird als »Gefängnis« missbraucht: Hier kann der andere nicht flüchten oder mal eben zur Fernbedienung des Fernsehers greifen. Hier gehört er mir! Gleichzeitig kann sich hinter der Diskussion im Schlafzimmer aber auch der Wunsch nach Nähe verbergen: Ich möchte gern, dass wir uns trotz des unangenehmen Themas nahe sind. Und im Wohnzimmer fürchte ich, du könntest dich (wieder) entziehen.

Am produktivsten sind Gespräche auf neutralem Boden, beispielsweise in einem Lokal, bei einem Spaziergang oder bei einer Tätigkeit, die beiden Spaß macht, beispielsweise der Gartenarbeit.

Ein gemütliches Essen entspannt, eine neue Umgebung regt an. Auch Politiker schätzen nicht von ungefähr solche Arbeitsessen: Mit vollem Bauch streitet man nicht so gern.

Eine Klientin berichtete mir, wie sie diese Erfahrung für sich nutzt: »Die Kunst besteht darin, nicht einfach ein Gespräch zu fordern, sondern günstige Bedingungen herzustellen, die eine Unterhaltung ermöglichen und erleichtern. Bei uns ist das entweder ein langer (!) Spaziergang oder das berühmte Essen. Irgendwann habe ich meinem

Mann meine Methode verraten. Wenn es jetzt Probleme gibt und ich ihn frage: ›Was hältst du von einem Arbeitsessen?‹, schmunzelt er. Er weiß, dass ich etwas Wichtiges mit ihm bereden möchte, und er hat die Erfahrung gemacht, dass ich ihn während der Mahlzeit nicht in die Pfanne haue.«

Liebe ist wie ein Bankkonto

Wie Sie richtig lieben

»Als sie einander acht Jahre kannten
(und man darf sagen, sie kannten sich gut),
kam ihre Liebe plötzlich abhanden,
wie andern Leuten ein Stock oder Hut.«
Erich Kästner

Warum kommt es in Liebesbeziehungen zu Krisen? Viele Menschen glauben, es liege an groben Versäumnissen, schmerzhaften Enttäuschungen oder einer falschen Partnerwahl. Doch auch in einer zweiten oder dritten Ehe geraten Liebende in einen Dauerstreit oder ziehen sich frustriert voneinander zurück: Der neue Partner bringt alte Probleme.

Beziehungen scheitern nicht so oft an großen Ereignissen, beispielsweise der Untreue, sondern viel eher an den kleinen Störfeldern im Alltag, über die man sich ärgert und in die Wolle kriegt. Die fressen allmählich die Liebe auf: Unstimmigkeiten bei Fragen der Kindererziehung oder der Finanzen, Spannungen mit Familienangehörigen, bei der Aufteilung der Hausarbeit oder Gestaltung der Freizeit.

Liebespartner sind auch Krämer. Immer wieder ziehen sie, jeder für sich, Bilanz: Wie zufrieden bin ich in meiner Beziehung? Bestehen genügend Übereinstimmungen, sind wir füreinander da, fühle ich mich angenommen und geliebt?

Können wir über Konflikte reden oder geraten wir immer wieder aneinander?

Letztlich zerbrechen Partnerschaften aber nicht an den

Problemen an sich, sondern an der Art und Weise, wie die Beteiligten mit den Spannungen umgehen. Gibt es Angriffe, Vorwürfe, Erpressungen und kaum noch Einfühlung und Akzeptanz, wird die Bilanz negativ gesehen. Wenn das Zusammenleben erst einmal so erlebt wird, ist die Wahrnehmung für Kritisches geschärft, und es wird immer mehr Belastendes registriert. Die Beziehung gerät ins Trudeln.

In diesem Stadium raten viele Kommunikationsratgeber zu klärenden Konfliktgesprächen, die angesichts der angespannten Lage nach sehr strengen Regeln durchgeführt werden sollen, um nicht in Streit auszuarten. Aber wenn man innerlich angespannt, erregt und wütend ist, vergisst man die guten Regeln leider nur allzu schnell.

Anspannung führt immer zu einer verzerrten Wahrnehmung: Man hört bevorzugt das, was man hören will, und man will das hören, was man für den nächsten Angriff braucht. Man ist mehr bei sich als beim anderen.

Nach meinen Erfahrungen nutzt es da wenig, wenn die Kontrahenten beispielsweise ein Brainstorming veranstalten, bei dem sie sich kreative Gedanken zu Lösungsmöglichkeiten eines Konfliktes machen sollen. Anschließend wählen sie frohen Mutes eine Alternative aus – und setzen sie doch nicht in die Tat um. Mit Groll im Herzen will und kann man nicht kooperativ oder gar liebevoll einander zugewandt sein, sondern man will zuallererst Beachtung finden.

Deshalb empfehle ich solche Krisengespräche gar nicht erst. Sie sind viel zu riskant, denn ein Misserfolg deprimiert die Beteiligten so sehr, dass sie das Vertrauen in ihre Beziehung vielleicht gänzlich verlieren.

Wenn es sehr schlimm um Sie und Ihren Partner oder Ihre Partnerin bestellt ist, sollten Sie unbedingt fachliche Hilfe in Anspruch nehmen.

Ansonsten sollten Sie Ihre Bilanz in Ordnung bringen. Gute Gespräche sind zweifelsohne ein probates Mittel zum Beziehungsaufbau und zu ihrem Erhalt, doch sie sind nicht das einzige. Es muss auch noch die Bereitschaft dazu kommen, den anderen aktiv und spürbar zu lieben.

In dem Buch »Die sieben Wege zur Effektivität« des amerikanischen Unternehmensberaters Stephen R. Covey fand ich dazu folgende Geschichte.

Nach einem Seminar kam ein Mann auf den Berater zu: *»Meine Frau und ich haben einfach nicht mehr die gleichen Gefühle füreinander wie früher. Ich glaube, ich liebe sie einfach nicht mehr, und sie mich auch nicht. Was kann ich tun?«*

»Das Gefühl ist nicht mehr da?«, fragte ich.

»Richtig, und wir haben drei Kinder, um die wir uns sorgen. Was schlägst du vor?«

»Liebe sie«, antwortete ich.

»Aber ich sage doch, das Gefühl ist einfach nicht mehr da.«

»Liebe sie.«

»Du verstehst nicht. Das Gefühl von Liebe ist einfach nicht da.«

»Dann liebe sie. Wenn das Gefühl nicht da ist, dann ist das ein guter Grund, sie zu lieben.«

»Aber wie liebt man denn, wenn man nicht liebt?«

»Lieben ist ein Verb, mein Freund. Liebe – das Gefühl – ist eine Frucht des Liebens, des Tuns. Also liebe sie.«

Coveys Rat: *»Diene ihr. Bringe Opfer. Höre ihr zu. Fühle mit ihr. Schätze sie. Bestätige sie. Bist du dazu bereit?«*

Sind Sie dazu bereit?

Dann investieren Sie in Ihr Liebeskonto! Das ist krisensicher und bringt viel.

Über das Liebeskonto müsste Ihnen am besten Ihr Banker etwas erzählen können. Er weiß nämlich, wie wichtig

Einzahlungen auf Konten sind, und er wird Ihnen versichern, dass jedes Guthaben schmilzt, wenn man keine Einzahlungen tätigt – wobei Ein- und Auszahlungen in einem entsprechenden Verhältnis stehen müssen.

Wenn zwei Menschen sich kennen lernen, erfreuen sie sich gegenseitig mit kleinen und großen Aufmerksamkeiten: freundlichen Worten, einem Liebesbrief in der Jackentasche, einem Anruf mit Beteuerung der Sehnsucht, einer Überraschung für das Wochenende, einer erotischen Verführung auf dem Sofa, einem kleinen Geschenk, oder man fährt bei Regen mit dem Fahrrad und überlässt dem anderen das Auto, kocht für die Liebste oder den Liebsten, merkt sich das Lieblingsparfum oder besorgt Karten für das Konzert der Lieblingsband. Beide sind höflich, freundlich, offen, einander zugewandt. Das tut gut und lässt das Guthaben auf dem gemeinsamen Liebeskonto kräftig wachsen. Konflikte spielen deshalb keine so gravierende Rolle. Zum Nachgeben ist man leichter bereit, denn man fühlt sich von der spürbaren Zuneigung getragen. Gespräche machen Spaß und werden verständnisvoll und produktiv geführt. Schließlich ist so viel eingezahlt, dass »Hoch-Zeit« herrscht, mit langem »o«. Das Konto ist gefüllt, viele Zuneigungs- und Liebestaler sind aufgestapelt. Ein hübscher Batzen, der so viel Vertrauen weckt, dass die Liebenden nun gemeinsam durchs Leben gehen wollen.

Nur wissen sie leider oft nicht, dass man auch nach der Hochzeit fleißig weiter einzahlen muss, weil man sonst schnell in die Miesen kommt. Das kann Ihnen jeder Bankmensch bestätigen. Nur Verheiratete, oder auch unverheiratete Paare, wollen schlauer sein und meinen, das einmal geschaffene Guthaben würde bis in alle Ewigkeit reichen.

Doch das verhindert der Alltag einer Beziehung: Es ist so viel zu tun, es gibt so viele Absprachen zu treffen, es ist mühsam, sich stets zu einigen, und so viel Sex wie früher läuft auch nicht mehr. Kurzum: Der Stachel der Enttäuschung nistet sich ein und vergiftet die guten Absichten. Und dann spürt man immer deutlicher: Der Partner ist ein ganz schöner Egoist und außerdem längst nicht mehr so liebenswert wie früher. Darum braucht man ihm nun auch nicht mehr so viel Zuneigung zu zeigen. Mit anderen Worten: Enttäuschung führt dazu, dass wir kaum noch auf das Liebeskonto einzahlen. Das ist so etwas wie ein stummer Protest: Wenn ich kühler reagiere, wird der andere sofort merken, dass ich unzufrieden bin, und – noch besser – er wird dann ganz schnell sein Verhalten ändern und mich wieder liebevoller behandeln. Schon ist wieder alles im Lot.

So einfach ist das – in der Theorie. Doch im wirklichen Leben geschieht etwas ganz anderes: Der Partner spürt Ihre Zurückhaltung, ist ebenfalls enttäuscht und wartet darauf, dass Sie auf ihn zugehen. Wenn beide Partner abwarten, geht es aber keinen Schritt weiter.

Noch Dramatischeres spielt sich auf Ihrem Liebeskonto ab, wenn Sie launisches Verhalten zeigen, überzogen reagieren, die Interessen des anderen missachten oder aggressiv kontern. Wundern Sie sich nicht, wenn das Guthaben auf Ihrem Liebeskonto dann rasant schrumpft, bis es vollständig aufgebraucht ist. In einer solchen Situation müssen Sie höllisch aufpassen, was Sie sagen. Ein falsches Wort, und der andere explodiert. Da Sie nun nicht mehr über die schützende Basis der vertrauensvollen Zuneigung verfügen, stellt jede Explosion eine enorme Abhebung von Ihrem gemeinsamen Konto dar, und je mehr Sie abheben, desto mehr schwinden Liebe, Zutrauen und körperliche Anziehung. Die Talfahrt des Kontos beschleunigt sich. Und wie beim Bankkonto ist es verdammt schwer, ein Beziehungskonto aus den Miesen zu holen.

Zudem gibt es einen gravierenden Unterschied zum

Bankkonto: Wenn Sie normalerweise 100 Euro abheben, brauchen Sie nur 100 Euro wieder einzuzahlen. Beim Liebeskonto hingegen ist das Verhältnis nicht 1 : 1, sondern erfahrungsgemäß muss dort *eine* negative Verhaltensweise durch sage und schreibe *drei* bis *fünf* positive ausgebügelt werden. Das liegt an dem negativen Verzerrungseffekt, also an der Tendenz unzufriedener Paare, sich in ihrer Bilanz an negative Erfahrungen deutlich häufiger zu erinnern als an positive Erlebnisse mit dem Partner.

Es ist zwar alles andere als leicht, ein Beziehungskonto aus den Miesen zu holen, aber es ist möglich, wenn Sie richtig investieren.

Und das tun Sie, wenn Sie folgende zehn Tipps beherzigen.

1. Halten Sie zuerst den Mund!

Auch wenn das nicht ganz leicht ist, wie schon der Schauspieler Heinz Ehrhardt wusste: »Nichts auf der Welt ist so schwer zu halten wie der Mund.«

Dennoch: Am wichtigsten für eine gelungene Kommunikation ist das verständnisvolle Zuhören. Um es sich leichter zu machen, können Sie zwischendurch mit dem hilfreichen Dialog eingreifen, bestätigen und sich selbst zum weiteren Zuhören »zwingen«. Dadurch schaffen Sie eine entspannte Atmosphäre, in der Rechtfertigungen und Angriffe nicht nötig, Offenheit und Zugewandtheit dagegen wahrscheinlich sind.

2. Bleiben Sie höflich!

Seien Sie höflich miteinander, und halten Sie unbedingt Versprechen ein (ganz wichtig für Männer!), weil nicht erfüllte Versprechen das Vertrauen zerstören und das Liebeskonto enorm belasten. Falls man sich übernommen hat, sollte man frühzeitig mitteilen, dass man es nicht schafft, und um Verständnis bitten. Natürlich passieren auch Fehler. Dann »darf« man sich entschuldigen: »Das war nicht in Ordnung von mir«; »Tut mir Leid, dass ich dich enttäuscht habe«; »Ich war unfreundlich«; »Ich wollte dich nicht kränken – verzeih mir bitte«.

3. Wählen Sie die richtige Währung für Ihre Einzahlungen!

Was für den einen wichtig ist, muss für den anderen noch lange nicht wichtig sein. Nicht immer entspricht eine Einzahlung den Vorstellungen und Sehnsüchten von beiden Partnern. Wir tun etwas in der Hoffnung, dass der geliebte Mensch sich freut und unseren guten Willen honoriert. Der Partner hat aber vielleicht etwas anderes erwartet, und nun ist auf beiden Seiten die Enttäuschung groß.

In meiner therapeutischen Arbeit war ich einmal an einem solchen Missverständnis nicht ganz unbeteiligt: Das Paar war erst seit kurzem verheiratet, und die Frau bemängelte, ihr Mann unterstütze sie zu wenig. Alles bleibe an ihr hängen, sie fühle sich allmählich ausgenutzt. Er sah das sofort ein, nickte zustimmend und gelobte Besserung.

Nach einer Woche kamen die beiden zum verabredeten Termin wieder, und die dicke Luft zwischen ihnen war sofort spürbar. Er versicherte, ihr ganz viel im Haushalt abgenommen zu haben, damit sie mehr Zeit für das Baby habe. Aber sie habe es ihm überhaupt nicht gedankt.

Sie fuhr ihn an, es sei albern, wenn er das Geschirr abwasche und mit dem Staubsauger hantiere. Das könne sie auch selbst, und das belaste sie nicht besonders. Warum er sich nicht um den Schreibkram und die Versicherungen kümmere?

Mir war sofort klar, was ich in der vorangegangenen Stunde versäumt hatte: Ich hatte dem Paar nicht geholfen, die Währungseinheiten zu klären.

Der Mann hatte aus den Klagen seiner Frau etwas herausgehört und von sich aus beschlossen, ihr im Haushalt zu helfen. Sie hatte jedoch andere Hilfe gemeint, also eine andere Währung erwartet.

Für Abhilfe war in diesem Fall schnell gesorgt, nämlich durch die simple Rückfrage: »Was *genau* möchtest du? Was *genau* sollte ich tun, damit du dich entlastet fühlst?«

»Ich weiß schon, was du sagen willst«, »Ich weiß schon, um was es dir geht« – das glauben viele Lebenspartner voneinander, doch meistens irren sie. Eine Studie aus den USA kommt zu der Einschätzung: »Lebenspartner wissen wenig voneinander.« Bis zu 75 Prozent der Angaben, die Frauen und Männer über ihre Partner machten, erwiesen sich bei einer Überprüfung der Angaben als falsch. Dabei waren 90 Prozent der Befragten felsenfest davon überzeugt, der andere sei wie ein offenes Buch für sie.

Besonders bemerkenswert erscheint mir, dass selbst Paare, die seit Jahren zusammen sind, keine höhere Trefferquote erzielen als solche, die erst wenige Wochen ihr Leben miteinander teilen.

Ich bin der Überzeugung, die wirklichen Interessen und Bedürfnisse können Sie nur im Gespräch erfahren. Was braucht der Mensch an Ihrer Seite, um sich gut zu fühlen? Wonach sehnt er oder sie sich? Wissen Sie das wirklich – oder ahnen Sie es lediglich?

Hier einige Anregungen für ein Gespräch:

- Mit wem kamst du besser klar: mit deinem Vater oder deiner Mutter? Warum?

- Wie sähe der Traumurlaub für dich aus?
- Was törnt dich sexuell am meisten an?
- Welchen Beruf würdest du am liebsten ausüben?
- Wovor fürchtest du dich am meisten?
- Was hat dich in deiner Kindheit stark beeinflusst?
- Wie war das Verhältnis zu deinen Geschwistern? Oder: Wie hast du dich als Einzelkind gefühlt?
- Was hast du dir ganz besonders von deinen Eltern gewünscht (materiell oder emotional)?
- Was ist deine Lieblingsfarbe?
- Welche Musik hörst du am liebsten nach Feierabend?
- Worüber machst du dir im Moment am meisten Sorgen?
- Was wünschst du dir zur Zeit von mir?

Und vergessen Sie nicht: Menschen verändern sich mit den Jahren. Auch wenn Sie meinen, einander gut zu kennen – vielleicht kennen Sie nur die Wünsche und Sehnsüchte Ihres Partners, die er vor zehn Jahren hatte?

4. Wiederholen Sie die Vergangenheit!

Machen Sie einen gedanklichen Ausflug in die Vergangenheit und überlegen Sie, was Sie und Ihre Lebensgefährtin oder Ihr Lebensgefährte am Beginn der Beziehung füreinander und miteinander getan haben: Mehr geredet? Interessierter zugehört? Beim Sex mehr ausprobiert? Abends ins Kino, Theater oder in die Kneipe gegangen? Lange Spaziergänge unternommen?

Ein Paar, das immerhin schon elf Jahre verheiratet war, erinnerte sich recht genau. Er: »Wir haben oft zusammen gekocht. Und wir haben uns umeinander gekümmert, beispielsweise Wasser in die Wanne eingelassen, wenn der andere erschöpft war. Oder die verspannten Nackenmuskeln massiert.« Sie ergänzt: »Wir waren fürsorglicher miteinander, haben überlegt, was der andere brauchen könnte, damit es ihm gut geht. Der andere war viel stärker im Blickfeld, also sein Wohlergehen und was man ihm Gutes tun könnte.«

Falls Ihnen gar nichts einfallen sollte, werfen Sie doch mal einen Blick in Ihr Fotoalbum. Es kann gut sein, dass Sie dabei Fotos von Aktivitäten entdecken, an die Sie gar nicht mehr gedacht haben. Könnten Sie einige davon nicht reaktivieren? Denn mit ziemlicher Wahrscheinlichkeit ist vieles nur dem Alltag zum Opfer gefallen.

In jeder Partnerschaft wechseln sich gute mit nicht so guten Phasen ab. Die genauere Betrachtung der guten Zeiten offenbart, welches Verhalten sich positiv auswirkt: Was machen wir in guten Zeiten in unserer Beziehung anders? Besonders viel bringt die Frage, was *man selbst* in guten Phasen anders macht als in schlechten.

Eine junge Frau meinte dazu: »Es läuft schlecht, wenn ich überfordert bin durch meine Arbeit, den Haushalt und die Kinder. Ich bin dann gereizt und ärgere mich, wenn er den Pascha spielt. Klar, dass ich dann schnell meckere. Ein blödes Wort von ihm, und schon fahre ich aus der Haut.«

Diese Frau beschreibt ihre Überforderung und ihren Ärger. Das enttäuschende Verhalten des Partners bringt dann das Fass zum Überlaufen. Höchstwahrscheinlich wird sie aber auch schon früher vereinzelt überfordert gewesen sein und sich über ihren Partner geärgert haben, das bleibt nicht aus. Ich vermute, dass sie damals aber anders damit umgegangen ist. Vielleicht hat sie rechtzeitig um Unterstützung gebeten, um gar nicht erst meckern zu müssen. Häufig erinnern sich Paare nur an den früheren Zustand ihres Zusammenlebens und nicht an ihr eigenes Verhalten, das diese Stimmung bewirkt hat. Gute oder schlechte Zeiten entstehen ja nicht von alleine, sondern sie werden gemacht, von den Lebenspartnern gestaltet. Die beiden tun etwas, und die Art und Weise ihres Handelns macht ihr Zusammensein angenehm und lustvoll oder belastend und frustrierend.

Stimmungen können nicht direkt verändert werden, sondern nur indirekt über ein bestimmtes Verhalten: Wenn Sie Ihren Partner anschnauzen, dürfen Sie sich nicht über eine miese und gereizte Atmosphäre wundern. Hören Sie dagegen aufmerksam zu und sehen eine Situation auch mal aus der Sicht des anderen, wird sich Ihr Gesprächspartner besser fühlen – und vielleicht schweben Sie beide dann auf Wolke sieben.

Es sind nicht die verflixten Zustände, die uns das Leben sauer machen, sondern wie wir mit ihnen umgehen. Ich freue mich, wenn ich von Paaren höre, die ihre wechselseitigen Vorlieben kennen und respektieren: Wenn einer länger arbeiten muss, nimmt der andere beispielsweise eine Sendung im Fernsehen auf, die der Partner vielleicht gerne gesehen hätte.

Und nicht zuletzt hilft es, Wünsche nach Entlastung frühzeitig (im noch nicht angespannten Zustand) zu äußern. Meistens weiß man nämlich schon im Voraus, welche Tage oder Situationen stressig werden: der große Einkauf, enge Termine, ein besonders großer Auftrag für das Büro, ein krankes Kind.

Ich kenne auch den Einwand, der andere sei zu anspruchsvoll und mache sich durch seine Pingeligkeit den Stress selbst. Aber wenn man nun mal so ist, dann wird man durch die Kritik des Partners schwerlich ein anderer Mensch. In vielen Situationen bedeutet Liebe die Akzeptanz der Andersartigkeit und Unterstützung in schwierigen Situationen: Gerade weil du dazu neigst, dir solche Belastungen aufzuladen, helfe ich dir. Dieser partnerschaftlichen Einstellung liegt eine weise Erkenntnis zugrunde, die vielleicht nicht auf Anhieb einleuchtet: Gute Beziehungen beginnen mit einer Enttäuschung.

5. Entscheiden Sie sich!

Alle Liebenden müssen sich irgendwann zwischen dem realen und dem idealen Partner entscheiden. Zu Beginn ihrer Beziehung betrachten sie sich gegenseitig durch rosarote Brillen, und dann sind sie enttäuscht, wenn allmählich Unterschiede zwischen Erwartung und Realität spürbar werden.

Die Enttäuschung, mit der Beziehungen beginnen, ist wichtig für beständige Zuneigung: Ich muss dich sehen und nehmen, wie du bist – und nicht, wie du sein solltest. Erst wenn wir bereit sind, dem anderen seine Eigenarten nicht vorzuwerfen, sondern sie als gegeben zu akzeptieren und damit umzugehen, wächst echte Verbundenheit. Erst dann haben wir uns wirklich für den anderen entschieden.

Zum Glück entwickeln sich Menschen auch in einer Partnerschaft weiter, doch leider nicht immer so, wie der Gefährte oder die Gefährtin das möchte. Einer ist inzwischen intensiv mit seinem Beruf verheiratet, beim anderen scheint die erotische Leidenschaft eingeschlafen zu sein, die fürsorgliche Hausfrau ist zu einer nörgelnden Zicke geworden, und der sportliche Mann liegt jetzt am liebsten auf dem Sofa und schaut fern.

Es gibt Konflikte, die wir sehr gut mithilfe der hier vorgestellten Empfehlungen regeln können, doch es gibt auch Wesensunterschiede, die sich der Änderung entziehen. Der amerikanische Paartherapeut John Gottmann ist nach vielen Untersuchungen zu der Auffassung gelangt, 69 Prozent aller Ehekonflikte seien nicht lösbar. Natürlich können Sie hoffen, in einer neuen Beziehung mit einem anderen Partner weniger Unterschiede zu entdecken, doch da sind Sie zu 100 Prozent auf dem Holzweg: Auch in jeder neuen Partnerschaft gibt es wieder diese ominösen 69 Prozent. Darum streiten Paare jahrelang verbissen über Ordnung, Macht, Sauberkeit, Kindererziehung, Sexualität, unterschiedliche Werte und was es sonst noch alles gibt. Sie wollen unmögliche 100 Prozent Übereinstimmung.

Bei Problemen in der Partnerschaft haben Sie immer genau drei Wahlmöglichkeiten:

- Sie verändern Ihr Verhalten,
- Sie gehen,
- oder Sie akzeptieren Ihren Partner, wie er nun mal ist.

Alles andere mündet nur in Dauerstreit.

Sie allein entscheiden, ob Sie sich auf das Fehlende, Enttäuschende, Unangenehme in Ihrer Beziehung konzentrieren oder auf das, was Sie von Ihrem Partner haben: die positiven Seiten des Zusammenlebens, seine angenehmen Eigenschaften, das, was Sie von ihm oder ihr lernen können. Sie allein entscheiden, ob Sie in Ärger, Streit und Erpressungen oder in Sympathie, Verständnis und Liebe investieren wollen.

Sie bezweifeln, dass man das tatsächlich bewusst entscheiden kann? Machen Sie ein kleines Experiment: Denken Sie an ein relativ aktuelles Problem. Stellen Sie sich nun die Situation konkret vor.

Jetzt strecken Sie Ihre rechte Hand hoch und krümmen »gaanz laaangsam« die Finger, bis Sie die Hand nach etwa drei Minuten zu einer Faust geballt haben.

Während Sie die Faust gemacht haben – wo war da Ihr Problem? War es nicht »vergessen«? Weil Sie sich auf Ihre Finger konzentriert haben, geriet das Problem in den Hintergrund. Und genauso funktioniert auch die Wahrnehmung von Licht oder Schatten in einer Beziehung.

Deshalb mein Rat: Sagen Sie dem anderen, was Sie

von ihm möchten, formulieren Sie Ihren Wunsch klar und positiv. Passiert daraufhin nichts, wiederholen Sie den Wunsch – wenn aber beim siebten Mal immer noch kein Entgegenkommen zu spüren ist, werden Sie auch nach weiterem Drängen keinen Erfolg erzielen. Der andere kann oder will aus irgendeinem Grund Ihrem Wunsch nicht entsprechen.

Dennoch können Sie sich auf Verbindendes und Gemeinsames konzentrieren: Verabreden Sie einen festen Abend in der Woche, der Ihnen zusammen gehört. Das ist ein »heiliger Abend«, an dem sie füreinander da sind, gemeinsam etwas unternehmen oder auch nur faul zu Hause rumlungern. Ausschlaggebend ist, dass keiner von Ihnen an diesem Abend etwas allein für sich tut.

Viele Paare jammern, weil sie sich (angeblich) auseinander gelebt haben. Was ist da tatsächlich passiert? Nach meinen Erfahrungen haben sie sich zu sehr auf die negativen Aspekte des Partners und ihrer Beziehung konzentriert. Sie spüren das Unterschiedliche und Fehlende und bemühen sich gar nicht mehr, die angenehmen Seiten zu sehen. Beispielsweise ist ein Partner quirlig und unternehmungslustig, der andere eher ruhig und häuslich. Typisch sind dann solche Vorwürfe: »Warum musst du dauernd zu Hause sitzen? Das ist total langweilig. Ich will was erleben!« Der andere kontert: »Du bringst Unruhe und Hektik in unser Leben. Kannst du nicht mal ein bisschen ruhiger sein?«

Oft führen solche Auseinandersetzungen zu einer Diskussion über die richtige Einstellung, wobei übersehen wird, dass jede Sichtweise und jeder Charakterzug Vor- und Nachteile mit sich bringt. Deshalb lohnt es nur, *kurz* über solche Standpunkte zu reden. Falls das nicht zu einer Einigung führt, können Sie vielleicht den folgenden Vorschlag unterbreiten: »An geraden Tagen geht es nach deinen Wünschen, an ungeraden nach meinen.« Eine bessere Einigung werden Sie nicht erzielen.

Ganz philosophisch könnte man auch fragen, warum der Partner sein Verhalten oder gar sein Wesen verändern soll, man selbst aber nicht.

6. Bleiben Sie auch als Eltern ein Liebespaar!

Eltern wollen gute Eltern sein. Sie nehmen ihre Aufgabe ernst und möchten möglichst alles für das Kind tun. Ist die Frau zusätzlich im Beruf, plagt sie eventuell manchmal das schlechte Gewissen: Bekommt mein Kind all das, was es braucht? Kümmere ich mich genügend?

Um das schlechte Gewissen zu bekämpfen, sorgt die Frau noch intensiver für den Nachwuchs. Da entsteht schnell ein Ungleichgewicht der Rollen. Nicht nur, dass Männer in dieser Situation unzufrieden oder sogar eifersüchtig werden, auch viele Frauen übernehmen sich mit ihrer Aufgabe und sind oft zu kaputt für partnerschaftliche Aktionen.

Hintergrund dieser Problematik sind traditionelle Vorstellungen, von denen sich die Partner nicht ganz lösen können: Der Mann sieht seine Rolle darin, als Ernährer optimal für die Familie zu sorgen, und engagiert sich in seinem Beruf. Aber dabei kommt seine Vaterrolle zu kurz, worüber seine Frau enttäuscht ist: Hatten sie nicht einmal vereinbart, gemeinsam für die Kinder zu sorgen?

Sie fühlt sich im Stich gelassen und möchte keinesfalls, dass das Kind auch noch zu kurz kommt. Also geht sie ganz in der Mutterrolle auf.

Andere Eltern tappen in die Eltern-Falle: Vater und Mutter immer – Liebespaar ganz selten. Sie vernachlässigen ihre Liebesbeziehung und glauben, später, wenn die Kinder größer sind, wieder richtig füreinander da sein zu können. Doch was all die Jahre zu kurz kommt, stirbt häufig immer mehr ab und kann nicht irgendwann einfach wiederbelebt werden.

Die Geburt des ersten Kindes stellt einen besonders krisenanfälligen Moment für jede Beziehung dar. Die Mutter ist erschöpft, vielleicht zusätzlich noch über die mangelnde Unterstützung des Mannes enttäuscht, die sexuelle Beziehung verschlechtert sich, unterschiedliche Auffassungen über die Kindererziehung belasten das Zusammenleben. Nun wären Gespräche besonders wichtig, doch meistens scheint gerade jetzt die Zeit für intensive Kommunikation zu fehlen. Spannungen werden nicht mehr abgebaut, Probleme immer weiter aufgestaut. Die Beziehung driftet auseinander, die Partner leben in verschiedenen Welten.

Gerade Eltern müssen sich bemühen, ein Liebespaar zu bleiben. Dafür ist immer wieder eine dosierte Trennung vom Kind notwendig: ein Abend zu zweit, ein Wochenende nur für sich, ein Urlaub ohne Kind – all das stärkt die Zweisamkeit, die dann wieder die Belastungen des Familienlebens verkraften kann. Großeltern oder Babysitter können in solchen Zeiten ohne weiteres die Betreuung der Kleinen übernehmen, und die Eltern brauchen sich deshalb noch lange nicht als Rabeneltern zu fühlen.

7. Loben Sie!

Niels und Marita sind ein höchst ungleiches Paar: er groß und schlank, sie klein und rund. Niels stört Maritas Leibesfülle, sie könnte damit leben, versteht andererseits aber auch, dass so viel Körpermasse aus seiner Sicht wenig attraktiv wirkt. Also versucht sie abzunehmen, allerdings nicht so konsequent, dass sich rasch ein Erfolg einstellen würde. Mal purzeln zwei Kilo, dann ist wieder ein Kilo drauf, und sie weiß auch, warum: »Ich esse halt liebend gern.«

Durch Niels' kritische Bemerkungen erlebt Marita permanent Misserfolge. Es ist fraglich, ob sie den Kampf gegen ihr Übergewicht auf diese Weise gewinnen kann, denn Abnehmen ist kein Kinderspiel. Wahrscheinlich wäre es hilfreich für sie, von ihm unterstützt zu werden. Doch Niels ist auf das Ergebnis, die angepeilten 60 Kilo Endgewicht, fixiert – und vorher gibt es kein Lob, denn: »Sonst wird sie übermütig.«

Aber da irrt er: Ein Lob von ihm schon für eine kleine Gewichtsreduktion würde Marita motivieren weiterzumachen. Ein Lob wirkt mehr als tausend andere Worte!

Ähnlich ergeht es vielen Männern bei der Arbeit im Haushalt: Sie räumen das Geschirr falsch in die Spülmaschine ein, legen die Pullover nicht in das richtige Fach und hängen die Küchenreibe an den falschen Haken. Ständig heißt es, sie sollten sich mehr an der Hausarbeit beteiligen, und wenn sie es dann tun, können sie es ihrer Frau nie recht machen.

Ist es da ein Wunder, wenn sie frustriert das Handtuch werfen? Wie viel klüger wäre es von den Frauen, kleine Fehler zu übersehen und Gelungenes zu loben, damit sie beim nächsten Mal nicht wieder alles alleine machen müssen.

8. Akzeptieren Sie unterschiedliche Gesprächsstile!

Ich glaube, dass Gespräche beim Auftreten von Problemen und Spannungen unumgänglich sind, um gemeinsam Lösungen zu finden, sich anzunähern und die Beziehung zu stabilisieren. Aber sie sind nicht die einzige Möglichkeit, Nähe zu erleben. Es gibt auch noch Blicke, Zärtlichkeiten oder gemeinsame Unternehmungen.

Schwierig kann es werden, wenn die Partnerin erwartet, ihr Lebensgefährte müsste über seine Gefühle sprechen, damit sie sich nahe sein können. Reden gehört nun mal nicht zu den Stärken des Mannes, und seine Emotionen erlebt er oft als unkontrollierbar und deshalb bedrohlich. Männer genießen Nähe meist eher beim gemeinsamen Tun.

Es gibt die Gesprächskultur der Frauen und die der Männer. Sie sind unterschiedlich, doch keine von beiden ist besser, wertvoller oder nützlicher. Es bringt Paare nicht weiter, wenn die Forderung besteht, der Mann müsse besonders auf die sprachlichen Bedürfnisse seiner Partnerin eingehen, denn Männer tun sich gerade damit schwer und verfallen dann lieber in abwartendes Schweigen. Der Buchautor und Literaturwissenschaftler Dietrich Schwanitz kritisiert in einem Interview mit dem Magazin Focus, Frauen sähen nicht, »dass Männer nicht missglückte Frauen sind, sondern Wesen mit einer eigenständigen Kultur. Nur die Frau, die das sieht, hat eine realistische Chance, den Mann in ihrem Sinne zu beeinflussen«. Schwanitz ergänzt: »Durch die Meinungsführerschaft der Frauen in Sachen authentischer Kommunikation besteht die Gefahr, dass die Grenzen der weiblichen Optik nicht mehr gesehen werden. Und die Männer haben sich fast völlig aus dem Gespräch zwischen den Geschlechtern verabschiedet.«

Erst wenn wir die unterschiedlichen Kommunikationsmöglichkeiten von Männern und Frauen achten, werden wir eine Atmosphäre der Angstfreiheit und gegenseitigen Wertschätzung erreichen. Dazu gehört vielleicht auch die Äußerung: »Schade, dass du nicht über deine Empfindungen in dieser Angelegenheit sprichst.« Es ist schade – aber nicht das Ende der Kommunikation, und darum drückt der Satz nur das Bedauern aus und auf keinen Fall einen Vorwurf.

Ich finde, es ist auch ein Zeichen von Liebe, wenn Männer geduldiger zuhören, wohl wissend, dass Frauen manchmal etwas länger um den Kern der Sache herumreden. Es kommt bei Gesprächen ja nicht in erster Linie auf höchste Effizienz und Tempo an.

Eine gute Möglichkeit, sich näher zu kommen, besteht darin, dass jeder dem anderen das gibt, was wichtig und verbindend ist. Der Mann könnte den hilfreichen Dialog nutzen und vor allen Dingen zuhören. Die Frau könnte Dinge mit ihm gemeinsam unternehmen und sich für sein Hobby interessieren, denn darin offenbaren Männer viel von ihrem sonst geheimen und unbewussten Innenleben. So profitieren beide vom anderen und festigen ihre Beziehung.

9. Sammeln Sie Pluspunkte!

Gerade wenn es Ihnen schwer fällt, in einer angespannten Atmosphäre noch die guten Seiten des geliebten Menschen zu erkennen, ist folgende Übung für Sie geeignet:

Notieren Sie sich an einem ruhigen Abend (denn Sie benötigen Zeit!) 15 bis 20 positive Eigenschaften oder Verhaltensweisen Ihres Partners oder Ihrer Partnerin.

Sie können sich an frühere Zeiten erinnern und sich fragen, ob die damaligen Sonnenseiten heute noch vorhanden sind (auch wenn sie leider nur noch selten erlebt werden), oder auch aufschreiben, was Außenstehende an Ihrem Lebensgefährten angenehm finden. Damit Sie nicht zu lange am Bleistift kauen, hier ein paar Anregungen. Vielleicht entdecken Sie: Hilfsbereitschaft? Zuverlässigkeit? Humor? Feste Überzeugungen? Spontaneität? Kreativität? Unternehmungsgeist? Mut? Sensibilität? Guter Vater – gute Mutter? Vielleicht ist sie oder er besonders verantwortungsvoll? Oder zärtlich? Im Bett temperamentvoll? Oder gerade nicht so fordernd? Partnerschaftlich? Rücksichtsvoll? Liebevoll und warmherzig? Kann gut zuhören? Hat gute Ideen? Unterstützt mich? Ist großzügig? Sportlich? Attraktiv? Verführerisch?

Diese angenehmen Eigenschaften stehen nun gut lesbar auf dem Blatt Papier, und das hängen Sie an einen Ort, wo es Ihnen möglichst oft ins Auge fällt: Das kann die Küchentür sein, das Schlüsselbrett, der Schuhschrank oder der Spiegel im Badezimmer. Selbstverständlich darf auch der Mensch an Ihrer Seite diese Worte lesen. Es schadet ja nichts, etwas Positives über sich zu erfahren.

Da Sie oft auf Ihre Aufzeichnungen blicken, buddeln sich die notierten Eigenschaften langsam und sicher in Ihr Gehirn ein und nehmen dort Raum ein. Und da man bevorzugt das wahrnimmt, woran man denkt, werden Sie in Zukunft bevorzugt diese angenehmen Verhaltensweisen oder Eigenschaften registrieren, wodurch sich Ihr Bild vom anderen nachhaltig verändern wird.

10. Seien Sie offen für Veränderungen!

In Liebesdingen sind Menschen oft ungerecht. Weil den einen etwas am Verhalten des anderen stört, erwartet er, dass der dieses Verhalten prompt abstellt. Weil einer im Urlaub eine Abenteuertour im Gebirge machen möchte, gerät der andere in Harnisch. A möchte gerne einen Hund anschaffen, doch B wehrt erschrocken ab: »Das kannst du mir doch nicht antun, wo ich mich vor den Viechern fürchte.«

Oft entwickeln sich Spannungen und Streitereien zu einer ausgewachsenen Krise, weil einer der Partner etwas verändern möchte und der andere sich händeringend dagegen sträubt.

Vielleicht möchte der Aktivere aus Angst vor dem Älterwerden und den damit einhergehenden Einschränkungen sich selbst und seinem Lebensgefährten etwas beweisen; möglicherweise ist das bisherige Leben zu eintönig geworden, denn es fehlen die Herausforderungen, unter Umständen hat einer der beiden neue Anschauungen, Interessen oder Sehnsüchte entwickelt.

Manchmal sind Änderungen im Zusammenleben notwendig, weil sich die äußere Situation verändert hat. Beispielsweise hat das jüngste Kind das Elternhaus verlassen, nun möchte die Frau mehr mit ihrem Mann unternehmen. Weil er darauf nicht eingeht, schlägt sie vor, einen Hund anzuschaffen.

Das bewährte Zusammenleben gerät oft dann aus den Fugen, wenn ein Partner sich vor den vom anderen gewünschten Veränderungen fürchtet und heftig Widerstand dagegen leistet. Man meint, nicht über seinen Schatten springen zu können, die eigene Angst wird stärker gewichtet als die Wünsche des Partners nach Entwicklung.

Zum Beispiel könnte jemand, der sich vor Hunden fürchtet, durch intensive Beschäftigung mit einem eigenen Vierbeiner seine Furcht besiegen. Oder jemand, der mit Schrecken an die Gebirgstour im Urlaub denkt, könnte dem Partner zuliebe seine Angst aushalten und ausprobieren, ob eine gemeinsam erlebte Bewährungsprobe nicht sogar als verbindend erlebt wird.

Häufig lassen wir uns von Ängsten steuern, die nicht selten sogar noch aus unserer Kindheit stammen, und blockieren damit uns selbst und unseren Partner.

Wenn wir einmal gewagt haben, an unseren Ängsten zu rütteln, merken wir, dass man am Angstschweiß auf der Stirn meistens nicht stirbt. Man kann die Angst aushalten und sie dadurch überwinden, oft sogar verlernen. Man kann auch offen darüber sprechen: »Ich möchte die Tour durch die Berge nicht mitmachen, weil ich mich davor fürchte.«

Vielleicht hat der andere Verständnis dafür, oder es lassen sich über genauere Informationen zu dieser Wanderung Befürchtungen abbauen.

Auf jeden Fall schafft es ein besseres Klima, wenn wir aufrichtig über unsere Beweggründe reden, als wenn wir dem anderen Vorwürfe machen oder ihm etwas auszureden versuchen.

Der Dichter George Bernard Shaw meinte, Angst sei die Triebfeder des Krieges. Manchmal ist sie auch die Ursache für das Erstarren und Scheitern von Beziehungen.

Zu guter Letzt

Liebe macht blind – aber nicht taub!

Achtungsvolle Gespräche sind der einfachste und effektivste Weg, etwas für das Zusammenleben zu tun.

Vielleicht hat es Sie überrascht, dass ich immer wieder kleine Probleme und Unstimmigkeiten beschrieben habe. Doch das spiegelt die Realität wider! Es sind nämlich diese alltäglichen Probleme, die sich anhäufen, die groß und größer werden – bis man sich schließlich erdrückt fühlt. Und dann kippt das Bild von der Beziehung und vom Partner ganz schnell ins Negative um.

Jedes Gespräch kann die Einschätzung des Lebensgefährten oder der Lebensgefährtin beeinflussen. Durch konstruktive und partnerschaftliche Kommunikation findet sogar noch bei negativer Bilanz der Beziehung eine Änderung in der Wahrnehmung und Bewertung des anderen Menschen statt. Es gibt immer noch eine Chance – doch nicht in alle Ewigkeit.

Fangen Sie darum jetzt an, Ihr Gesprächsverhalten zu ändern. Werden Sie ein echter Gesprächspartner!

Ich habe Beispiele und Erfahrungen aus meiner Praxis geschildert, woran Sie sehen, dass sich andere Paare mit ähnlichen Problemen herumschlagen wie Sie.

Die Schwierigkeit besteht nicht darin, dass es Probleme gibt, sondern dass sie oft ungünstig oder gar nicht angepackt werden.

Menschen machen Fehler und sind keinesfalls auch nur annähernd vollkommen. Doch was hindert Sie, darüber mit Ihrem Partner zu sprechen? Gespräche sind zwar nicht die Lösung für alle Probleme – doch wenn Sie nicht reden, werden Sie keine Entspannung herbeiführen. Gemeinsames Reden ist notwendig, um sich zu verständigen, einander nahe zu kommen und Probleme anzupacken.

Auch bei Beachtung aller Gesprächstipps werden Sie mit Ihrem Partner noch in Streit geraten – doch es wird eine andere Art des Streitens sein.

Kommunikation ist ein Prozess: Fangen Sie an, um immer besser zu werden!

Als mir neulich ein Spediteur einen Karton lieferte, stand da groß und deutlich zu lesen: Achtung, Elektrogerät! Vorsichtig behandeln!

Ich würde mich freuen, wenn Sie diesen Spruch für Ihr Zusammenleben abwandeln und beherzigen:

Achtung, Mensch! Vorsichtig behandeln!

Literaturverzeichnis

Bambeck, Joern J.: Softpower. Gewinnen statt siegen, München 1991

Beck, Aaron T.: Liebe ist nie genug. Köln 1992

Birkenbihl, Vera F.: Der Birkenbihl Power-Tag, Landsberg/Lech 1998

Cialdini, Robert B.: Die Psychologie des Überzeugens, Bern 1997

Covey, Stephen R.: Die sieben Wege zur Effektivität, Frankfurt/Main 1992

Ehrhardt, Ute: Die Klügere gibt nicht mehr nach. Frauen sind einfach besser, Frankfurt/Main 2000

Gottmann, John M.: Die 7 Geheimnisse der glücklichen Ehe, Hamburg 2000

Notarius, Clifford/Markman, Howard: Wir können uns doch verstehen. Paare lernen mit Differenzen leben, Hamburg 1996

Prodöhl, Dominik: Gelingen und Scheitern ehelicher Partnerschaft, Göttingen 1979

Schwanitz, Dietrich: Vorbild Gentleman. Interview in: Focus, Heft 23/2001, S. 180

Shaywitz, Bennet A. et al: Sex differences in the functional organization of the brain for language. In: Nature 373, S.607-609; 1995

Emnid-Studie: Ein Mann, kein Wort. In: Focus, Heft 11/2002, S. 242

Tange, Ernst Günter (Hrsg.): Der boshafte Zitatenschatz. Bissige Definitionen, treffende Bonmots und charmante Gemeinheiten, Frankfurt/Main, 2001

Tannen, Deborah: Du kannst mich einfach nicht verstehen. Warum Männer und Frauen aneinander vorbeireden, Hamburg 1991

Warum enden alle Hollywood-Liebesfilme mit einem Happyend?

Michael Mary
5 WEGE
DIE LIEBE ZU LEBEN
Sachbuch
272 Seiten
ISBN 3-404-60532-2

Vermutlich weil niemand sehen möchte, wie Julia Roberts und Richard Gere sich in *Pretty Woman II* auf dem Sofa beim Fernsehen langweilen ... Denn der Zahn der Zeit nagt auch an Beziehungen von Traumfrauen und -prinzen. Wo sind sie auf einmal hin, die Schmetterlinge im Bauch, die Leidenschaft, die Lust aufeinander? Und was kann man tun, wenn die Lust, nicht aber die Liebe nachlässt? Michael Mary hat mit etwa 50 Paaren gesprochen und aus ihren individuellen Lösungen fünf Modelle herausgefiltert. Sie reichen von der leidenschaftlichen, aber seriellen Beziehung auf Zeit bis zum offenen Seitensprung.

Bastei Lübbe Taschenbuch